阿拉伯的劳伦斯
空间的游戏

Lawrence of Arabia
Spatial Play

阿难 / 著

上海三联书店

A Ma Colonelle

οὐ φροντὶς

如果有什么其他人写了一本关于我的书，我会毫不迟疑地立马杀了他。

　　　　　　　　　　——托马斯·爱德华·劳伦斯《书信》

　　一种言之成理的说法是，传奇比列举事实表达了更多的真，相对于历史探究，环绕着一个伟人的传奇会告诉我们更多。

　　　　　　　　　　——格肖姆·肖勒姆《赛巴太·赛维》

目　　录

附录

序

托马斯·爱德华·劳伦斯（Thomas Edward Lawrence），"阿拉伯的劳伦斯"，二十世纪神秘莫测的存在，经久不衰的困惑：英雄，骗子，考古学家，帝国间谍，受虐狂，军人，作家，蓝眼睛的骑士，神魂颠倒的表演者，最后的十字军战士……不过，重要的不是名字，而是命名的意义。劳伦斯的生命由事件组成，事实却很有限。T. E. 劳伦斯 1888 年 8 月 16 日生于威尔士的特雷玛多克（Tremadoc），是劳伦斯夫妇的第二个孩子，被家人称作"耐德"（Ned）。劳伦斯的父亲原名托马斯·罗伯特·泰格·查普曼（Thomas Robert Tighe Chapman），是爱尔兰的七世韦斯特米斯从男爵（Baronet of Westmeath），后更名劳伦斯。查普曼在婚姻存续期间寄情于家庭教师萨拉·詹内（Sarah Junner），并育有兄弟五人，威尔（Will）和弗兰克（Frank）死于一战的西线战场，长子鲍勃（M. R. Lawrence）一直陪伴母亲左右，包括长时间地待在动荡不定的中国，最小的儿子阿诺德（A. W. Lawrence）后为剑桥大学教授，T. E. 劳伦斯的遗产托管人。劳伦斯何时获知自己的非婚生身份不得而知，对他的影响同样莫衷一是，包括他相互矛盾的自我陈述。总之，开端注定了一切：出处含混其辞，耻辱与生俱来，贝都因式的游牧生活，辗转苏格兰、法国、格恩西（Guernsey）、新森林（the New Forest），最后定居牛津。牛津与其说是终点，不如说是另一个起点。一个考古优等生不可限量的未来被自己的"白日梦"打断；劳伦斯用了两年时间把自己变成了"传奇"，把剩余的时间用来"逃亡"。似乎所有的努力就是成为"他人"，生活在别处，使生命成为书写，而不是书写生命。他短暂的生命也是倒数的生命，纵然人皆如此，但很少有人像劳伦斯那样分秒必争地从死亡开始倒数。1935年5月19日，46岁的劳伦斯死于一场看似荒谬的车祸。

对于战火频仍的中东而言，劳伦斯是决定性的推手之一，也是大卫·里恩的浪漫英雄：这两者都不是本书的兴趣，我也不会讨论"塞克斯－皮科协定"，"麦克马洪－侯赛因来往书信"或者"贝尔福宣言"，尽管对于今天的中东它们至关重要。相对于劳伦斯对"实在"的解构，三十岁成为将军并授封爵士，成就伟业，厕身传奇，等等，只能算是他雄心壮志中微不足道的部分。无论生前还是身后，膜拜与物议如影随形，劳伦斯对此了如指掌："如果你愿意在殖民部开启你的全新生涯，你会拥有一份最棒的工作。他带着那种自若的，灿烂的，诡秘的微笑说道：'这里的工作几个月后就会结束。问题已经解决，短期内不会有乱子。''那你怎么办？''你所能看到的一切无非是我身后扬起的一小片尘土。'"（ALIV）不过，劳伦斯的许多批评者惯于把自身偏见归之于劳伦斯,随后付之批评。"表演"是其哲学的姿态,伪造事实则是智能的局限,那绝非劳伦斯所为:他基于"风格"将事实更改为事件,但其读者惯于将事件视为事实。劳伦斯当然难称无辜,因为他始终摇摆在一个亲证者的诚实与一位艺术家的创造力之间。鉴于其悲天悯人和过分聪颖,他注定会被恶意和蠢货所伤;相对于一个愚昧、粗鄙和黑暗的时代,劳伦斯似乎来自某个陌生的星球。阿拉伯起义五十年后,尘封的档案开始逐布公开,加上新进的考古学发现和战争现场研究的推进,有关劳伦斯是否伪造事实的争议正在消泯。比如,理查·艾丁顿(Richard Aldington)的中伤之作今天看来更多的是意气用事,因为劳伦斯正是他所憎恶的那个日薄西山的帝国的英雄〔"可我发现劳伦斯并不像艾丁顿所声称的那样是一个'撒谎成性的人',在事实问题上《智慧七柱》异常准确"(LA1084)〕。即便如此,关涉劳伦斯的争议一如既往。"争议"是肢解事实的严肃方式。况且,即便没有见证者,没有封存的档案,没有考古学发现,没有战争研究的最新进展,事实仍旧会准确无误,除了个别的"日期和数字",但"准确无误的事实"没有意义,因为它们绝非"游击哲学"或"天体生物学"的材料,正如事实不是事件一样。劳伦斯的"游击哲学",真幻交织的哲学,闪光的断片,拼接的生命力,连同消失的消失;一旦视其有,它会是无;一旦视其无,它会是有。劳伦斯以"波斯细密画"的手法实施自我涂抹,孜孜不倦地致力于消失。劳伦斯毕其一生都是"竞技游戏"的旁观者,在供职皇家空军期间,他甚至因为拒绝升职考试而始终处在最低等级,但在无与伦比的追逐游戏中,他令所有人望尘莫及。对他来说,"移动"不是运动,而是策略。

劳伦斯是个书虫,堪称无书不读,但几乎从不阅读哲学,或许斯宾诺莎与波纳迪诺·泰雷西奥(Bernardino Telesio 或 Telesius)是仅有的例外。劳伦斯曾认真研读《论事物的本质》(*De rerum natura iuxta propria principia*),对泰雷西奥推崇备至。另外,罗素是他在书信中唯一一位也仅一次提及过的现代哲学家,但劳伦斯说他"愚蠢,傻气,是一个笨蛋(fat‑head)"。纵然如此,在二十世纪的众多传奇中,没有谁会比劳伦斯更能激发哲学的好奇心;他过分抽象,哲学于他而言乃是无用之物。换句话说,劳伦斯是一位从不染指哲学的哲学家;借助书写和行动,劳伦斯开始勾勒自己哲学的轮廓:"白日梦"及其反向机制:使梦幻成为现实,使现实成为梦幻;如若建构为虚,那么解构为实;不是纯粹的消失和关系,也不是作为消失的消失,甚至不是作为关系的关系;与其说"游击战"是一种军事措辞,不如说是一种哲学措辞。《智慧七柱》,绝无仅有的"作品",溢美〔"厕身英语最伟大的作品之列。记叙战争与冒险,它无与匹敌。"(丘吉尔语)〕与物议〔"他(指 D. H. 劳伦斯)的小气惊到了我。我几乎无法相信,我八百页的书竟然未能赢得哪怕半个字的认可……"〕不足为凭,因为估价基于惯常的尺度,《智慧七柱》绝非惯常之作。事实上,劳伦斯与《智慧七柱》互为隐喻,这一点也同等地适用于《铸造》和对荷马的翻译。看上去自觉地置身某个确定的区域,但却隐秘地抹掉了任何界限；任何轻微的移动足以改变一切。当人们把劳伦斯定义为"传奇"的时候，他们只是招供了自己的困惑："真实"的劳伦斯该当如何？我没有试图作答，也不会有答案，更不会试图分别"真实"与"传奇"，或者把梦幻视为虚妄，把消失视为消亡，因为劳伦斯堪称"实在"最伟大的解构者。他的"真实"隐藏在细小的移动中。至于何谓"真实"或"实在"，我会提供自己的态度。

本书不是传记〔依据杰瑞米·威尔森(Jeremy Wilson)，除了个别的例外，众多的劳伦斯传记堪称中庸之作，即使它们的作者是罗伯特·格里夫斯或李德·哈特。这个论断在某种意义上也适用于威尔森自己的"授权传记"：这部翔实的传记只能说中规中矩，恰恰未能厕身他所赞赏的"例外"，比如保罗·亚当(Paul Adam)，安德烈·马尔罗和维多利亚·奥坎波(Victoria Ocampo)，甚至不如他早年为《小众诗集》(*Minorities*)撰写的前言，以及约翰·马克(John Mack)《我们的无序王子》来得印象深刻〕，当然也不是"历史研究"，甚至不是关涉劳伦斯的"常规研究"，"我关注抽象和形而上学"，无意面面俱到，更兼材料匮乏，无缘查阅博德利图书馆(The Bodleian Library)，以及遍布世界的馆藏劳伦斯文献，许多方面注定付之阙如，关于飞艇(鱼雷艇的先驱)的部分就是一例。我仅仅满足于捕捉劳伦斯可能的形象，截取事件和断片，触摸真实可感的影子，然后连缀成篇。有鉴于此，本书最多不过是材料汇编、文献挪用、思想聚集、传奇新编，或者其他。或许只是一个"故事"，主题关涉勇敢、才智、脆弱、消失、自虐、模糊的边界、熠熠生辉的星空……相对于劳伦斯云谲波诡的生命，充满预示性的姿态，瑰丽奇崛的手笔，我只能提供暗淡的书写。

书稿完成后，我与友人短暂地游历了尘土飞扬的埃及。尽管大马士革、麦加、麦地那、亚喀巴、吉达，甚至西奈半岛均无从涉足，但灼热的沙漠、骆驼、嘈杂的巴扎、面孔黧黑的阿拉伯人伸手可及。我们乘船顺流而下，岸边的椰子树和褐色远山举目可见，如泣如诉的阿拉伯音乐回荡在耳际，血色残阳凝固在没有时间的天际。或许公元前1479年图特摩斯三世围攻麦吉杜要塞，公元1169年萨拉丁成为埃及之王，1918年劳伦斯挺进大马士革的时候也面对着同样的夕阳。从数年前的多塞特到几年前的土耳其和伊朗，再到去年十月的耶路撒冷，以及十个月后的开罗，我作为"游历者"仅只触及劳伦斯空间的边界，但地理学的切近说明不了什么，或许距离真正的"天体生物学"更加遥远，因为观光者的游船对劳伦斯而言不啻耻辱之地。真正的游历者是查尔斯·蒙塔古·道蒂（Charles Montagu Daughty）、格特鲁德·贝尔（Gertrude L. Bell）和威尔弗雷德·塞西格（Wilfred Thesiger）。至于劳伦斯，他的经验与游历无关，即便为了考察十字军城堡徒步叙利亚，与莱奥纳德·伍伦（C. Leonard Woolley）在"洵之旷野"（The Wilderness of Zin）挖掘赫梯和拜占庭遗迹也跟游历无关，更不用说持续了两年的阿拉伯战争了。在沙漠与星辰之上，劳伦斯淋漓尽致地书写着自己的意志。他不止一次说过，与其被视为"行动者"，他更愿意被视为"书写者"，但你没资格这么说，直到有一天你成为行动者。正如威廉·弗朗西斯·巴特勒爵士（Sir William Francis Butler）所言：如果战士与思想者各行其是，那么思想者都是懦夫，战士都是蠢货。毫无书生意气的思想者一如天资卓绝的战士，永远寥若晨星。T. E. 劳伦斯就是其中最为独特的那一个。

我要感谢黄韬先生，没有他的帮助和耐心本书难以印行；我要感谢林大官人多年前送了我第一本《智慧七柱》；我要感谢 Derek 和楚荷就几个希腊语词，Derek 就附录中的几个段落的翻译，以及 Abdallah 就几个阿拉伯语译名所给予的帮助；我同样要感谢 Leo、Ludwig、Isidore 和 Ireneo 帮我购买书籍。黑格尔曾经说过，"序"总是写在最后，并且"不要把序言当真。序言宣布了一个计划，除非计划得以实现，否则什么也不是"。深感此言不虚。

阿　难
2019 年 8 月 16 日　亚历山大

想象的地图

塞麦尔瓦斯(Semmelweis)的出现似乎超越了他自身天才的力量，或许那正是他所有的不幸最深刻的原因。
　　　　——路易-费迪南·塞利纳《塞麦尔瓦斯的生平与著作》

有关劳伦斯的一切源于一个白日梦或一个白日梦的定义："人皆有梦：各个不同。那些夜晚入梦的人醒来发现心灵蒙尘深处所梦的一切无非虚幻而已：白日做梦的人是危险的，因为他们睁眼行梦并促其可能。我正是如此。"(SPS23)白日梦对劳伦斯来说是一种"行动"，而不是荒诞不经、转瞬即逝的幻影；不仅是可见的梦幻，而且要在梦中行走。换句话说，在成为梦想中的"骑士"之前，劳伦斯已是骑士，至少已经像骑士那样要求自己，尽管在"传奇"之前是对传奇漫长的沉醉。所以，当这个不拘泥于陈规的牛津本科生只身远行的时候，他已经为自己想象的地图画下了第一笔。甚至从他迷恋黄铜拓片(rub brasses)开始，劳伦斯的"白日梦"就已经开始，但梦想的基石是对十字军城堡的研究。在某种意义上，重要的不是他就十字军城堡说了些什么，而是他所选

1

择的方向,因为选择本身蕴含了一切。劳伦斯十七岁那年启程去往东安格利亚,就此开始了他实在的行走和想象的勾勒。自此以后,详尽的田野调查与狂野的白日梦就再也没有分开过。工作时无限投入,反思时极度超然,那正是他的状态。此外,贯穿劳伦斯一生的最突出的两个特质在最初时刻就已铸就:对细节的沉醉和对梦幻的痴迷。可见的梦成为梦的象征,对详尽之梦的百折不挠成为隐喻,并在不同层面上呈现为战术与战略,对空间的挪置和对时间的压缩,对引证的喜爱和对"他异性"的沉迷。甚至可以说,正是那种善于将相互冲突的品质集于一身的非凡天赋造就了劳伦斯。[①] 他至少绘制了三份"地图":最著名的地图是从麦加到大马士革,其次是他行走的地图,最后是他头脑中的地图;前两幅描画可见的地标,最后一幅描画不可见的地标;三者的拓扑构成了劳伦斯"想象的地图"。对劳伦斯来说,地图的功能不是实施描摹或标示而是发明。想象的勾勒终究会变得实在,实在的现身会再次变成想象,如此以至无穷。在可见与不可见的循环往复的背后是变幻不定、让人目眩的劳伦斯。

---

① 劳伦斯绝非偶然地成为博尔赫斯的英雄,因为他们分享了这两种特质,尽管后者只是一介书生。对博尔赫斯来说,"传奇"不是行动而是想象的一部分,是细节的不可通融和想象的不可勾销。看上去不可调和的这种特质甚至成为《智慧七柱》的标志:"把威廉·莫里斯的美学宣言用于《智慧七柱》,劳伦斯希望可以藉此制造出像战争那样相互冲突的效果。于是,编排的雅致与坎宁顿沙漠武士的冷酷,以及劳伦斯文本中刻画精微的暴力恰成对比。"A. J. Plotke, Eric Kennington and Seven Pillars of Wisdom: A Reassessment, Biography, Vol. 7, No. 2(Spring 1984), p170.

在梦中行走等于行走在梦中:"战前的数年我曾在东闪米特地区来来去去,了解村民与部落人,叙利亚与美索不达米亚城里人的生活方式。"(SPO34)不论作为考古学家,游历者,"土地丈量员"(劳伦斯不仅像《城堡》中的 K 一样是一个测度梦幻的人,而且中东也像"城堡"一样拥有梦幻的质地;对劳伦斯来说没有禁地,对 K 来说无处不是禁地),还是其他,战争开始前的数次中东之行对劳伦斯来说都是必要的预演。在动身去中东以前,劳伦斯先行去了东安格利亚(1905 年),威尔士(1907 年春天),三次长距离的法国夏日骑行(1906、1907 和 1908 年),实地考察了法国的城堡建筑,尤其芒什的圣米歇尔山(Mont St. Michel)和理查一世时期的建筑杰作诺曼底的盖拉城堡(Chateau Gaillard)〔"毫无疑问,盖拉城堡与东方毫无关系"(CCI112)〕。1909 年夏天的 7 月至 8 月间,劳伦斯徒步中东,历程 1100 公里。他从塞得港踏上阿拉比亚的土地,依次探访了贝鲁特(Beirut)、的黎波里(Tripoli)、杰贝尔(Jebail)、巴特隆(Batrun)、迈赛哈(Mseilha)、安斐(Enfeh)、萨菲他(Safita)、马斯亚德(Masyad)、拉塔基亚(Latakia)、阿勒颇(Aleppo)、乌尔法(Urfa)、塞鲁基(Seruj)、泰欧·巴萨(Tell Bashar)、大马士革。回程途中在那不勒斯稍作停留,并在那里买到了让他爱不释手的修普诺斯(Hypnos)头像。劳伦斯沿着地中海的边缘行走,似乎特意避开了摩西的线路,但重温了耶稣的部分线路,对"我们的主"足迹所到之处不以为然。这是劳伦斯的第一次中东之行,仅仅几年后这里将成为他的传奇之地。1910—1913 年他跟随 D. G. 贺加斯(David George Hogarth)在卡赫米士(Carchemish)挖掘赫梯遗迹,并在那里邂逅了《智慧七柱》传说中的题献者萨利姆·阿赫迈德·达胡姆(Salim Ahmed Dahoum)。1914 年与莱奥纳德·伍伦在"洵之旷野"一起工作并合作撰写《洵之旷野》(后来他拒绝署名),此时的意图已不止于考古。① 当战鼓擂响的时候,劳伦斯正在伦敦从容不迫地整理《洵之旷野》的文稿。他从未失灵的直觉告诉他,书写历史的时刻已经来临,即将名垂青史的游击战士"阿拉伯的劳伦斯"将以"游击战"的方式出人意料地登上舞台。

动身去中东之前,劳伦斯无数次地想象过中东;一旦置身中东,他开始无数次地想象自己能在那里做点什么。同样,在阅读蒂尔的威廉,查尔斯·奥曼爵士(Sir Charles Oman)的同时,他也在阅读莫里斯·德·萨克森伯爵(Maurice de Saxe)、克劳塞维茨,以及普罗柯皮乌斯(Procopius)。劳伦斯的梦无所不包,阿拉比亚只是可见的一部分:"我感觉自己终于踏上了通向南方的道路,以及所有光荣的东方;希腊、迦太基、埃及、蒂尔、叙利亚、意大利、西班牙、西西里、克里特……它们都在那里,一切都伸手可及。我现在比济慈更能理解科尔特斯(Cortes)的感受,'沉默降临到

---

① 攻陷大马士革前,22 岁的达胡姆死于伤寒,让向来情感超然的劳伦斯伤心不已。

4

图 1　在凝视转向他之前,他的凝视早已存在。

达里恩(Darien)山顶'。"(LSL15)①不过,是梦的真实还是真实的梦,是想象的真实还是真实的想象?劳伦斯非但拒绝区分,反而倾向于消泯它们的界限。他已经无数次地丈量过想象的地图,或者已经无数次在梦中丈量过它们,现在他要手持这张地图在"实在"中复制所有的路标。劳伦斯的第一站就是十字军城堡。城堡的功能不限于军事,它还是十字军的象征。正如十字军城堡注定与十字军相连一样,他的获奖毕业论文已然是无畏的证明;他在耶稣学院的导师普勒(R. L. Poole)不无颤栗地就此评价说:"与其称铲子为铲子,你不如一律称其为血腥的铁锹。"(L10)劳伦斯明确反对查尔斯·奥曼的观点("西方建筑师……许多年间都是十字军建筑师小心翼翼的复制者")。除了难以测度的潜能,作为考古学家的"远大前程",还有非凡的勇气和不羁。后者远非一个"学位论文"所能禁锢。因此与论文同等重要甚至更为重要的是与论文相伴的经验和想象,同一时期的书信,对"异在风景"的称颂,比如驰名天下的库尔德城堡(Crac des Chevaliers)或"骑士堡":"作为秩序风格的完备例证,或许是世界上保存最完好也是最让人神往的城堡,构成了任何叙利亚城堡建筑叙事最为恰如其分的注解"(CCI77),以及他毫不含混的结论("十字军建筑师在

---

① 这句诗引自约翰·济慈《初读查普曼的荷马》,科尔特斯是最早见到墨西哥城的欧洲人,但济慈混淆了科尔特斯与巴尔博亚(Balboa),后者才是第一个发现太平洋的欧洲人。参见 John Keats, The Complete Poems, Wordsworth Poetry Library 2001, p473。

许多年间都是西方建筑师的复制者")。① 似乎为了佐证这一点，邓尼斯·普林格勒（Denys Pringle）在为《十字军城堡》撰写的前言中提及爱德华一世，不自觉地复制了劳伦斯想象的真实："在圣地滞留的西方的游历者不管有没有看到库尔德城堡、马卡布城堡（Marqab），或者萨法德城堡（Safad），大都会检视一下蒂尔和阿卡的城墙。1271—1272 年间的一个这样的访问者就是英格兰的爱德华王子，也就是后来的爱德华一世。滞留阿卡期间的王子似乎不仅看到而且确实为增强城市的防卫贡献良多，因为二十年后当阿卡陷于马穆鲁克之手时，'爱德华勋爵的碉堡（sbaralium domini Odoardi）'是最难攻克的外围工事之一，在靠近城市的外墙之前，穆斯林不得不深挖地道才能越过它。"（CCIXXXIX）

没有细节的梦等于没有梦的细节，两者都不可信。亚喀巴不久就将成为传奇，但现在的它还是平淡无奇的材料："现代亚喀巴是一个大约一千人的村庄，村里的绝大多数建筑均由土砖或者由淤泥沙滩上的卵石砌成。唯一打磨过的石头来自古老的长方形要塞，边角处设有门楼和圆形塔楼，由粉红和白色的石头砌成，看

---

① 在《上帝的战争》的前言里，克里斯托弗·提耶曼（Christopher Tyerman）不可避免地提及斯蒂文·朗西曼爵士（Sir Steven Runciman）和他的《十字军史》。提耶曼的敬畏之情变成了无足轻重的比较：纸笔与键盘的差异。那未必是提耶曼的缺点，他也未必这么看，尽管提耶曼并不像弗里德里希·基特勒那样论及书写工具对书写的影响，但他也未必觉得情感激荡、人性毕现的书写就是荣耀。

上去建造于 15 世纪晚期或者 16 世纪。要塞尽管已经部分损毁，但依旧用作军事总部，内有驻军把守。要塞与村庄房舍的前面是一条狭长地带，被树篱围成一圈，全是棕榈树；最外围的树就在沙滩上，好在这里几乎没有潮汐。村庄现今的所在地已没有先前被占据时的任何标记；没有古老的石头，也没有发现陶器。环绕堤坝的古老城市很有可能也是由土砖建成。多亏其材料的可溶性，现代的亚喀巴如果被摧毁，五十年后将不会有任何痕迹留存。如果古代的艾拉（Aila）由石头砌成，那么其石料将被旧物新用。"（WZ168）当下的亚喀巴还只是握在劳伦斯手中的一块普通的铁，但很快就将被他锻造成奇幻城堡中熠熠生辉的童话礼物：三年后，在沙里夫·纳希尔（Sharif Nasir）与奥达·塔伊（Auda abu Tayi）及其贝都因部落的协助下，劳伦斯穿越 600 公里沙漠，闪电般地攻取亚喀巴。土耳其人想到了他会进攻亚喀巴，但做梦也没有想到他会从陆地发起进攻。就其想象力、速度和猝不及防而言，或许只有翻越阿尔卑斯山的汉尼拔可以相提并论。功能与风景构成了两极：一位考古学家的风景刻画，连同一部杰作中看似不相干的风景切片都是一种极端，唯有将两者相连才能解释它们的准确。劳伦斯先期书写"风景的地图"，既提供了"他异"的风景，对庞杂色调的敏感和欣喜，也提供了风景的他者视角——似乎劳伦斯正从未来的某一时刻回忆这片景色：想象致使时间成为时间的折叠。劳伦斯若有所思地面对着当下景色，行将发生的一切似乎历历在目，当他数年后把类似的风景"复制"到《智慧七

8

柱》中的时候,看上去几乎是他发明了它们:"下山的路极为险峻。山旁各色石头混立其间;灰—绿色的石灰岩峭壁直下数百码,大片的沟壑色彩斑斓,不是黑色斑岩和闪长岩触目的断片,就是松软的沙石被水流冲刷后在浅色背景上留下的粉红和红色的印记。材料的混杂使得道路异常的坑洼不平。只有极少的路面做了平整;但凡可能道路均由石头砌成,只需稍做处理即可,因为石头易碎,肌理细薄。所以对石匠而言,大量可用于女儿墙或挡土墙的方石伸手可及。然而,石头的这同一种便利对于废弃的道路却是灾难性的,因为几个季节的雨水会将松软的部分冲积成一个巨大的不规则的梯级;另一方面,急流易于改道,会把石灰岩深埋于被水冲刷的大量滑动的卵石之下。"(WZ11)对劳伦斯来说,细节的巨细无遗对应于梦幻的狂放不羁,当然,惊心动魄的"想象的挪置"是看不见的,唯有"缺乏想象力"的笔录才真正清晰可见。

中东是他想象的地图,劳伦斯先期制作了"真拟的地图"。所谓"真拟的地图"就是由梦幻、实在与消失的点和坐标共同组成。不仅如此,地图上的每一个点都会指示着"我们",置身"中东"的我们,想象"中东"的我们,"我们"可以是任何人。参描中东的地图就此把中东带入真拟之中,此后的行动只是持续地予以印证和复制。中东像劳伦斯自己一样成为"真拟"(Realistic Virtuality)的最佳样本,尽管支撑"真拟"的注定是鲜血、痛苦与自虐。蒂尔的威廉(William Archbishop of Tyre)之所以伟大,并非因为他更为"真实",而是因为他的"方式":威廉"超越了几乎所有中世纪的同时代人,除去他的作品在艺术上的均衡,还有他固有的兴趣和其主题史诗般的完备性"①。重要的是如何去"看",是非凡的均衡和完备,以及史诗的眼光,未必是"实在"或通行的"真"。针对时空的沉思并非本然地携带着伦理特性,而是伦理特性发明了针对时空的沉思。尽管翻译《奥德赛》对劳伦斯来说看似偶然,但特洛伊或者伊萨卡注定不可或缺;伊萨卡的确不是他的家,但劳伦斯未必有家可归。他的"叙事"从吉达开始是可以理解的〔"我们终于到了吉达的外港,那座悬于炫目天空和其氤氲在宽广湖面上的蜃影中的倒影间的白色城市,阿拉伯的酷热像一把脱鞘之剑刺得我们说不出话来。"(RD15)〕,正如失败的阿拉伯起义开始于麦地那一样;在劳伦斯"中东战场"的所有阵地中,吉达和腊比格(Rabegh)是最不显眼的,但却是可以设想的最靠南的端点,与麦加和塔伊夫(Taif)咫尺之隔。② 至于麦地那,那只是一个可以想象的地名,它在战争中存在的价值就是它的"不存在",因为劳伦斯特意不去攻取它:"从各方面来说,他们最好保持原样,他们看

---

① William Archbishop of Tyre, A History of Deeds Done Beyond the Sea, Columbia University Press 1943, p4. "史诗的完备"可被视为一种真正的客观性并能同时容纳相互冲突的观点:"我转向斯特林(Stirling)的时候还在呐呐自语:'大马士革在燃烧',想到这个伟大的城市要为我们带给她的自由付出化为灰烬的代价,我不禁悲从中来。"(SPO792)
② 劳伦斯的"战场"(theatre)也是剧院,后者或许更为合适,那样的话,与之相关的"阵地"都是道具。他靠近吉达的时候同时也靠近了真幻之间,一如但丁在人生的中途堕入幽暗的森林。

重麦地那并想保住它。让他们去!"(WP277)换句话说,麦地那会不攻自破:"首先,我们直奔亚喀巴,并轻松攻取,然后拿下塔夫勒(Tafileh)和死海;接着是阿兹拉克(Azrak)和德拉(Deraa),最后是大马士革,所有的一切都将有意识地依据我在病床上的设想一环扣一环地实现。"(WP268)历经他最初的行走,在卡赫米士的挖掘,以及阿拉伯起义,劳伦斯想象的地图和实在的行走最终得以完备,他的"中东战场"就此完成。当然,想象的实质就是复制曾经的线路或者激活废弃的线路。于是,诸多重合和差异注定存于劳伦斯的地图,十字军的进攻线路(劳伦斯的进攻与十字军背道而驰),摩西的出埃及记,以及他自己早先的行走线路之间,因为重合乃是题中应有之义,复制的偏移正是他所需要的。换句话说,想象就是复制的差异。与空间的交织相对应的是梦想的交织:唯愿自己是摩西那样的先知,耶稣那样的救星,阿喀琉斯与奥德修斯那样的混合体,十字军那样的解救者,或者那个将亚瑟、梅林和兰斯洛集于一身的人。不仅如此,阿喀琉斯、奥德修斯、亚瑟、贝利萨留斯(Flavius Belisarius)、狮心理查、萨拉丁对他来说不仅是名字也是地点、人与地理、时间与传奇,实在与梦幻开始融为一体,并且马不停蹄地朝着坍落奔去。

此外,一种真正的行动也是一种展示的"行动",比如把"自己"或自己的"想象"拼接成一本书或者书的载体。有鉴于此,《智慧七柱》作为"名称"并不像人们所认为的那样与内容无关,一如杜尚的《泉》之于小便池。相反,《智慧七柱》不仅是一个名字,还是劳伦斯"想象空间"的笔录。《智慧七柱》意指中东的七个城市，但究竟是哪七个城市其实并不确定，即便劳伦斯自己也说法不一，但至少包括如下的候选者：阿勒颇，巴格达（Baghdad），贝鲁特，开罗（Cairo），君士坦丁堡（Constantinolple），大马士革，耶路撒冷（Jerusalem），麦地那，士麦那（Smyrna），乌尔法。依据劳伦斯，更详尽的解读深藏于犹太拉比文献的繁琐解读之中，对此李德·哈特向牛津瓦德汉学院的院长，以及曼斯菲尔德学院的米隆（T. W. Mearon）教授求教后解释如下：密得拉西（Midrash）就"She hath hewn out her seven pillars"（"智慧凿出七根柱子"《箴言》，第九章，第一节）给出两个解释，第一，she（智慧 wisdom）营造了七重天并赠予人类；其次，七柱就是七块土地。"如果人（亚当）是义人并恪守律法，他将承继那七块土地；否则将被逐出那七块土地。"劳伦斯或许知道第二个解释。关于七柱的其他解释如下：律法七书；创世的七天（Rashi）；歌革（Gog）的七年（《以西结书》，第三十九章，第九节）。（LBII130）此外，数字"七"在闪语中意味着完满。与摇摆不定的指称相比，劳伦斯对空间的勾勒确定无疑。不妨试着将七个最有可能的候选城市连为一体，即阿勒颇、巴格达、开罗、君士坦丁堡、大马士革、耶路撒冷，以及麦地那。作为起点的开罗将与摩西和萨拉丁相连，劳伦斯选定的费萨尔王子终将成为伊拉克国王费萨尔一世，巴格达是其都城，君士坦丁堡是白日梦的目的所在，一如当年的十字军试图解放的耶路撒冷，特洛伊就在安纳托利亚，不仅隶属于劳伦斯的勾勒，也是荷马的英雄们的辉煌与悲伤之地,奥德修斯归乡之途的起点。当劳伦斯后来动手翻译《奥德赛》的时候,他定然会无数次地想起它。劳伦斯从未去过麦地那,战前他曾计划前往,但战争打断了一切,麦地那成为想象的支点,也是战争不可见的支点。劳伦斯"宇宙建筑"的地基就此被划定,随后将在《智慧七柱》中予以再置。

在《智慧七柱》的尾声,劳伦斯又一次清点了自己"想象的地图",没有哪一个节点不历历在目:"当大马士革攻陷时,我认定自己是唯一拥有清晰意图的人,我曾意欲在阿拉伯世界中构建出这个新的帝国,并筹划了阿拉伯的后续阶段;在盟友将他们逐出贝鲁特之前,他们可以在没有我的情况下攻取安条克,即便这一切还只是停留在纸上。重塑安纳托利亚所必要的土耳其因素已经伸手可及,不妨在盟友看清其胜利的空洞之前将其握在手中,此时的他们正因为弗兰德斯的德军而变得慷慨莫名。一个强大的叙利亚必将支配麦加。也门唾手可得,重心东移,巴格达已体面地到了我手上。"(SPO813)提及安条克的时候想必劳伦斯不会忘记 1097 年 10 月到 1098 年 6 月的安条克之围。作为十字军的朋友(尽管第四次东征时将其劫掠一空;劳伦斯的学位论文将其考察的范围限定在"前三次十字军东征,1095—1193")和劳伦斯的敌人,君士坦丁堡行将瓦解,但奥斯曼帝国的断片不是劳伦斯的梦,而是他梦的断片;在"通向大马士革的道路"上,保罗被闪电击中,但"心之死亡"先期击碎了劳伦斯:"当我踏上阿拉伯土地的时候,大马士革看上去不是我的刀鞘;但其陷落却昭示出我的行动之源的枯竭。两年来无时无刻不萦绕在我心头的最为强大的动机是一种个人动机,尽管这里并没有提及。在那些日子中,剧烈的疼痛和欢乐就像高塔一样耸立触目;但像回流的空气一样,这个隐秘的驱动重新组成了生命持久不去的元素,直到最后时刻的到来。在我们抵达大马士革之前,它已经死了。"(SPS684)①梦想就此成为断片,不再是血与火的激荡,而是在遥远清寂的无人天际孤独地闪耀。即便劳伦斯刷新了所有的梦,鉴于"作为主要驱动的抽象野心的非实在性(insubstantiality)",梦"终究还是一个梦":"写在这里只是为那些称其为幻想的(fantastic)人而作。它是一个幻想——相信没有权威,没有城市、船只、工厂、商店、来复枪、自己的领袖,仅凭一个民族的蒙昧精神(an illiterate spirit of nationality)就可以对付全副武装的土耳其人,并将其赶出古老的首都。"(SPO813)的确,梦终究是梦,只是梦醒之后是否依然是梦并不确定。事实上,梦醒时刻是梦中之梦,一如消失是消失的材料:"他们鉴于我的分享把我们战斗素材的物品和对象给了我。我竭尽所能研究它们,以一种既不无趣也不随意的方式将其运用到极致。经过如此操练,材料的源泉被用来激发精神之物,我意

---

① 更具体的"心之死亡"源自更具体的原因:"我已决定独自前往大马士革,希望被杀死在途中。我们要求他们为我们的谎言而战,我无法容忍。"(LSL111)这个"更具体的原因"究竟是什么其实众说纷纭,参见马尔康姆·布朗在脚注中所做的综述。

图中剩余的那一小部分必定将轻而易举。"(SPO813)梦没有终结,只是转换了阵地:梦的抽象变成对"书"的抽象的梦。

　　所谓的"历史真实"就是 T. E. 劳伦斯生于 1888 年 8 月 16 日或者 1888 年 8 月 15 日(依据早期传记作者罗伯特·格里夫斯和李德·哈特),后一个日子也是军事史上的另一位英雄拿破仑·波拿巴的生日。不难看出,哪怕最细小的"事实"都是一种摇摆。元素是真实的,比如鲜血,石油,杀戮和逃亡,其他的则是"真拟"。劳伦斯根据自己想象制作了真拟的地图,然后复归于梦幻,剩下的只有复制。不过,在所有的参与其事者中,劳伦斯是最清醒的那一个,尽管他总是为自己的"不真实"耿耿于怀。① 依据洛威尔·托马斯(Lowell Thomas):"我在不断咨询的过程中向他反复求证,想知道我收集的轶事是否真实? 他放声大笑,回答说:'历史毕竟不是由真实组成的,你又何必担心?'"② 就像克里斯多夫·提耶曼所说的那样,十字军是一个"发明";作为"最后的十字军骑士",劳伦斯发明了自己。

---

① 亚历山大·科尔达(Alexander Korda)曾就拍摄劳伦斯电影的事宜寻求与劳伦斯接触,那是后者去世前的最后一年,但他没有接受:"我憎恶被拍成电影(being celluloided)的想法。"让人印象深刻的是他拒绝的理由:"我为数甚少的观影经验只是深化了我对其浅薄的胡编乱造和粗鄙的印象……"他喜爱的样式是"新闻剧院"(news-theatres),其实就是纪录片("随处可见的短片,只呈现事实、图片、时下的事实"),劳伦斯还提到相机,"作为新闻报道的相机是完全靠谱的;但当它试图再创造时,它就铸成了大错,让我浑身不适。"(LSL520)顺便说一句,"赛璐璐"(celluloid)既指胶片又指虚幻。

② *The Waking Dream of T. E. Lawrence: Essays on His Life, Literature, and Legacy*, Ed. by Charles M. Stang, Palgrave 2002, p102.

智慧七柱

没有任何平坦之地可供人驻足片刻。全是高低不平,不
是开足马力,就是猛踩刹车。

——托马斯·爱德华·劳伦斯

1922 年,时任中东事务局政治顾问的劳伦斯告诉丘吉尔,说
自己尚有诸多事务亟待处理,决意挂职而去。安德烈·马尔罗的
评点准确无误:"劳伦斯其实很清楚,只有一件事情。"①那唯一的
事情就是他的书。确切地说,是去"制作"他的书:"我要讲述的是
人类所能书写的最为璀璨的故事之一。"劳伦斯同样清楚,沙漠中
的战斗已经结束,另一场战斗还在继续,或许更加艰苦卓绝,因为
在"行动者"(man of action)与"书写者"(man of letters)之间,劳
伦斯选择了后者。1919—1920 年冬春之际,为了重写《智慧七
柱》,劳伦斯连续数月把自己囚禁在威斯敏斯特巴顿街(Barton

---

① Andre Malraux, Lawrence and the Demon of the Absolute, *The Hudson Review*,
Vol. 8, No. 4(Winter,1956), p519 - 532.

Street)赫伯特·巴克爵士(Sir Herber Baker)家的阁楼里,废寝忘食,夜以继日,迹近崩溃。为了重现德拉的耻辱,他重温了身体的苦痛。时常弃绝睡眠和进食,有一次近乎迷狂地不间断地书写了四十八个小时。在写作的间歇,他漫无边际地踯躅在深夜的伦敦,就像狄更斯小说中的那些精灵。纵然未及德·萨克森伯爵那样戏谑〔在病中一挥而就,用十三个夜晚草拟而成《兵法奇想录》(Mes reveries),自承以军事化的方式写作,旨在消除无聊,娱乐并引导自己,无意树立战争艺术的新技法〕,但谈及写作《智慧七柱》的动机时,劳伦斯同样显得漫不经心。事实上,所有历经的一切,诸如残酷、死亡、耻辱、友谊、背叛、不眠之夜、血色残阳、沙漠、骆驼、星辰……只配得上成为一本书的材料,书是他哲学的材料,姿态是他的人物,沙漠是他的练习簿,劳伦斯袭用了威廉·莫里斯的手法,开始制作那幅叫作《智慧七柱》的"波斯细密画"。

与其说《智慧七柱》是一个已然完成的作品,一本确定的书,不如说是一连串的"事件":漫长的时间切片,未曾写出的一切,"回忆","制作","消失","再现","重写","复制","改制","删节","完整"……T. E. 萧清楚地交代了《智慧七柱》的节点:初稿写于"巴黎和会"期间,1919 年几近完成,当年的圣诞节"丢失"在雷丁火车站(另一种说法是被偷走)。只有三个人看过丢失的书稿,其中就包括 D. G. 贺加斯。1919 年 12 月重写于牛津,1920年冬春之际完稿于伦敦,此后一直在修改,直到两年后被他亲手

17

毁掉。① 1920 年 9 月又一次重写，1922 年 5 月完成，在此稿的基础上印了 8 册，史称"牛津版"。继续修改，1926"认捐版"面世，印了一百余册，另说 201 册或 207 册，确切数目不详；没有人知道确切数目，除了劳伦斯自己。1927 年，认捐版《智慧七柱》的节本《沙漠起义记》出版，旋即成为畅销书（就像他会在《智慧七柱》中由衷地礼赞敌人一样，劳伦斯在删节作品时既客观又冷酷；他以匪夷所思的速度完成最后的"挪置"，《沙漠起义记》就此成为一部"现成品"杰作）。劳伦斯去世后三个月，认捐版《智慧七柱》大量印行（更动了少量细节）。抛却爱德华·加内特（Edward Garnett）操刀的《阿拉伯战争》（基于牛津版《智慧七柱》），《智慧七柱》至少拥有六个版本：1922 年牛津版，1926 年的认捐版，节本《沙漠起义记》，丢失的《智慧七柱》（A. W. 劳伦斯言说自己的兄长几乎"过目不忘"，一个过目不忘的人竟会忘记自己的泣血之作？过目不忘的记忆力只是非凡"再生"的基础，但鉴于"原本"不在，精准程度已无从查考。或许丢弃它正是劳伦斯的心愿？正如事后他如释重负地告诉萧伯纳的那样："我丢了那鬼东西！"），以及 1922 年 5 月 10 日毁掉的《智慧七柱》。此外，劳伦斯战前就曾写过一本"游记"，也叫"智慧七柱"（The Seven Pillars of Wisdom），显然并不满意，于是写竟即焚。（LB68）劳伦斯的读

---

① 参见劳伦斯在认捐版《智慧七柱》前言中的"自述"，以及 Stephen E. Tabachnick, *Lawrence of Arabia: An Encyclopedia*, Greenwood Press 2004, p171。

者能够甄别牛津版与认捐版的差异,但只能想象丢失的《智慧七柱》与现存的《智慧七柱》的差异。

杰弗里·迈耶斯(Jeffrey Meyers)说《智慧七柱》"像《罗马帝国衰亡史》或《塞缪尔·约翰逊传》一样,是一本备受尊崇却少人阅读的书",劳伦斯的态度或许更加难以捉摸:伴随着持续不断的自贬,他希望《智慧七柱》能够厕身《卡拉马佐夫兄弟》、《查拉图斯特拉如是说》和《莫比·迪克》的行列。[①] 不过,为什么不是《孙子兵法》、《战争论》、《忏悔录》、利奥(Leo Africanus)的《描画非洲》或者查尔斯·道蒂的《阿拉比亚沙漠纪行》,甚至不是《荷马史诗》或《战争与和平》,或者其他? 能否厕身其中并不重要,重要的是这三本书的特质:让人窒息的罪恶与救赎的戏剧,"第五福音书(尼采自承)",刻画细节无以复加的残酷寓言。除此以外,这三本书尽管品质迥异,但分享了一个共同的特点:它们不只是"文学",《查拉图斯特拉如是说》很难说是文学,尤为重要的是,它们无一例外都是"拼接的杰作"。不是"典范的文学"并非《智慧七柱》的缺点,它的抱负不止成为用英文写就的"第四本",而是将三

---

① 在论及《智慧七柱》时,马尔罗敏锐地意识到"引言与其说是书的引言,不如说是他隐秘记忆的引言;他的戏剧,连同他的肖像被书写在了书的边缘;只有这幅肖像的化身才使得《智慧七柱》得以超越一部历史画卷,并厕身(如果不是天才之作)《卡拉马佐夫兄弟》和《查拉图斯特拉如是说》的行列,成为他梦寐以求的那部伟大的'指控之作'(accusatory work)。"Andre Malraux, Lawrence and the Demon of the Absolute, *The Hudson Review*, Vol. 8, No. 4(Winter, 1956), p527.

者集于一身，成为高度自觉的"拼接之作"，一部"未来之书"。格里夫斯就此评价说："无懈可击的理想所激发的那种让人头皮发麻的紧张感是压迫性的。"对于《智慧七柱》来说，"拼接"并非手工制品，而是无手的劳作：如若切近促其破碎，那么去远则加速吸引。这不仅激发出如影随形的争议，而且决定性地造就了《智慧七柱》异乎寻常的"风格"。作为曾经的模仿者和后来的批评者，马尔罗指责劳伦斯缺少想象力的说法不足为凭，因为"想象"对他来说不是虚构，而是截取事实的方式：从行动到书，就像从想象到真实，堪称对预期的倒置；如果行动使其轻盈，那么书写使其滞重。正因为如此，一旦视《智慧七柱》为"游击手册"，它就不只是游击手册；一旦视其为"艺术作品"，它就超越了艺术作品。"视为"和"是"当然不是一回事，但没有"视为"，"是"是什么？况且，罪恶、耻辱和愧疚是探讨的对象，更是践行的对象，从而使他在每一个卡拉马佐夫兄弟身上都能找到自己的影子，包括斯麦尔佳科夫。[①] 此外，《智慧七柱》使自我成为"作品"，所谓的"自我"不过是对自我的逃离、弃绝、质疑、羞耻、寻求、增殖，"作品"就是对作品的犹疑与审视，书就是不可能的书……重要的是平衡：身负绝世功绩，却没有与之匹敌的手笔，或者相反，两者均不值得称道。荷马不是阿喀琉斯，阿喀琉斯不是荷马。荷马只是"一个书虫"，尽管劳

---

① 耐人寻味的是，以实玛利〔（Ishmael），先知默罕默德自承是以实玛利的后裔〕和斯麦尔佳科夫都是私生子，某种意义上劳伦斯也不例外。

伦斯宁愿写出《奥德赛》而不是《智慧七柱》；歌德从未引发他的兴致；至于莎士比亚，他是"最伟大的诗人，但只有二流的才智"；或者他的尊崇者博尔赫斯——总是梦想成为英雄，却始终没有缚鸡之力。劳伦斯有一次不无戏谑地说自己比那些教授们更适合翻译《伊利亚特》，因为他非但不是"学院学者"，而且还是个杀人者。纵然如此，这只是表面的平衡，真正的平衡来自他处。因为很难将现实与梦想分开，真实与虚拟分开，作为行动的书与作为书的行动分开，即使行动是写作的注脚，写作是行动的停顿依然不够准确，因为无法确定哪一个更为确定：行动是更为真实的虚拟，书写是更为虚拟的真实？因为可见的《智慧七柱》是对回忆的回忆，"真正"的《智慧七柱》就是那本丢失的书，那本不可见的《智慧七柱》，不断分解的《智慧七柱》：甫一现身便告消失，即便伸手可及，也会一触即碎。对劳伦斯来说，如若存在是消失的方式，那么消失是存在的方式。

依据 J.R.R.托尔金的《贝奥武甫：怪物与批评家》，一部伟大作品基于它的"完整性"，而完整性基于对"完整"的不同理解。[①] 托尔金的颠覆性评论更新了阅读"伟大作品"的方式，同

---

① 托尔金认为，人们习惯于把历史真实与诗意真实混为一谈，这一点也适用于《智慧七柱》。"学者们"总是对《智慧七柱》的"真实性"耿耿于怀，但很少有人对荷马提出同样的要求，尽管《莫比·迪克》对鲸鱼刻画入微，却鲜有鱼类研究所把它列为教材。另外，人们总是徒劳无益地试图在荷马与修昔底德和司马迁之间做出区分，就像人们不清楚吉本、蒙森或普雷斯科特究竟是历史学家还是艺术家一样。其实，那些"伟大的历史学家"有赖于自己对于史实的直觉而不是"收集事实"，冯·兰克并非例外。

时也在提醒他的读者：写出《指环王》与《霍比特人》的那个人也写出了《贝奥武甫：怪物与批评家》。换句话说，《贝奥武甫：怪物与批评家》对于托尔金的意义与《文学中的超自然恐怖》对于H.P.洛夫克拉夫特的意义大体相当。如果"繁星满天"是一本书的话，那么完整与破碎会因人而异。"把整个世界浓缩在一本书里"，麦克卢汉谈及《芬尼根守灵夜》的话也适用于《智慧七柱》。即使《智慧七柱》不像《芬尼根守灵夜》那样令人生畏，也会像后者那样难以评估：回忆录，忏悔录，自传，传道书（福音书，跟随尼采的脚步），史诗，传奇……《智慧七柱》似乎是这一切，又不是任何一种。劳伦斯只是轻微地移动，就足以使《智慧七柱》既适合某个定义又不适合某个定义。相互冲突的品质正是"完整性"的要素；重要的不是选择立场，而是选择赞成与反对。一如劳伦斯所言，《智慧七柱》是一只"独角兽"，他自己也是如此。《智慧七柱》不是一本书，劳伦斯也不是它的作者：它难以规范，无与伦比，呼吸着只属于自己的空气，吞食着只有它可以消化的食物；它只在想象中存在，但的确存在；它的确存在，但只在想象中存在。《智慧七柱》像一只野兽那样无从描画，难以驯服，既让人不安又让人沉醉，既引导又校正着解读和想象它的方式：构建机器，使"我"模制其中；拼接怪兽，使之生机勃勃；收集星辰，然后编辑成册。

A．第一人称单数

劳伦斯上校依旧阔步前行，而我已然掉队。

——托马斯·爱德华·萧

"我"（I）是个问题，然后是一连串问题：忏悔的悖论，回忆的不可能，"我"的含混或失败的沉思，"我"的表演，叙事的非同一性，作为"艺术作品"的《智慧七柱》，作为功能的"我"，消失的"我"或者我的"消失"。《智慧七柱》的全部飘忽来自它的双重含混：难以捉摸的"第一人称单数"，无法定义的文本。《智慧七柱》用简单过去时写就，但从未有过单纯的回忆，因为它同时用现在时写作，为将来时而写，为非时态而写。可见的时态与不可见的时态的并置，写作时间与记忆时间的穿插，心境与事实的杂糅，写作的"我"与回忆的我相互叠加，回忆的我与回忆中的我彼此解构。劳伦斯回旋在多重自我、多种关系、众多文本之间，它们相互勾连，彼此对应，次第拆解。作为功能的"我"与作为功能的"文体"同样相互对应。后者显而易见，前者刚好相反。文本的多重品质可被视为"第一人称单数"的多重用法，因此不难理解，为什么支配着《智慧七柱》的那种致命的含混看上去像是控制的失败：回忆录，"远征记"，忏悔录，自传，传奇或史诗，抑或其他？《智慧七柱》的读者不仅在这本书中发现了荷马、色诺芬、马洛礼，而且还发现了奥古斯丁与笛卡尔，甚至还会发现《智慧七柱》像《追忆似水年华》那样将自传、沉思、描写、评论和叙事集于一身。不过，《智慧七柱》不是《远征记》，不是回忆录，不是"反回忆录"（即便在马尔罗的意义上）；不是"忏悔录"，因为劳伦斯"过于骄傲而无法忏悔"（马尔罗语）；不是自传，除非在宽泛的意义，比如把《荒原》视为T. S. 艾略特的自传；也不是《追忆似水年华》，因为《追忆似水年华》中的"马塞尔"不是《智慧七柱》中的"我"，甚至很难说"我"是一个以实玛利式的劫后余生者，尽管无一例外它们都是"第一人称单数"。

"叫我T. E. 劳伦斯。"如果《智慧七柱》袭用《莫比·迪克》式的开篇或许更为合适，因为后者始于命名，似乎"以实玛利"沉默了数千年后第一次被说出，并被重新命名："叫我以实玛利。多年以前……""我"是叙事者，同时又是参与者，亚哈（Ahab），鲸鱼，大海是叙事的主角。当然，亚哈已然死去，以实玛利还活着。但以实玛利不是麦尔维尔，就像马塞尔不是普鲁斯特，巴尔达缪不是塞利纳一样……对于小说家来说这不是问题，对于不是"小说家"劳伦斯来说确实是个问题：很难说他就是"阿拉伯的劳伦斯"，一如很难说他不是"阿拉伯的劳伦斯"。关键是移动和躲闪，持续的勾销，没有停歇的反复。时间的次序无法置换，劳伦斯写作《智慧七柱》的时候,洛威尔·托马斯已经结束他在美国和伦敦的"表演",关于劳伦斯的"短片"也同步上映。甚至早在 1919 年,托马斯的巡回讲座已使"阿拉伯的劳伦斯"不胫而走。鲁道夫·瓦伦蒂诺(Rudolph Valentino)1921 年的电影《酋长》(*The Sheik*)助长了人们对阿拉伯的想象。托马斯的《与劳伦斯一起在阿拉伯》率先出版,1924 和 1925 年分别印行于美国和英国。此外,1926 年认捐版《智慧七柱》只在小范围内印行了一百余册或两百余册,公开发行要等到劳伦斯去世的 1935 年。1927 年 3 月印行的《沙漠起义记》极为畅销,但只是一个节本,是对"原本的讽喻"。《智慧七柱》的读者会自动地把 T. E. 劳伦斯置换为"阿拉伯的劳伦斯",电影《阿拉伯的劳伦斯》的观者或许只知道"阿拉伯的劳伦斯",至于"T. E. 劳伦斯",J. H. 罗斯,或者 T. E. 萧,他们是谁? 此外,作为"作者"的 T. E. 劳伦斯与《智慧七柱》中的"我"是同一个人吗? 作为对象的我,还是叙事的我? 我与我是什么关系? 什么是回忆? 难道回忆就是召唤沉睡的幽灵? 什么是忏悔? 难道是面对超验之物的告解? 回复"曾经的我"? 回忆的可能有赖于"我"的可能,而我则是我的不可能;或者我是我可能的消失或正在消失的我。不然的话,那是自行展开的回忆,一种松开的意愿,一条没有河岸的河流?

劳伦斯未能兑现他的诺言,忏悔势在必行。一般来说,忏悔录都是第一人称,包括托马斯·德·昆西。依纳爵·罗耀拉的《自传》和格特鲁德·斯坦因的《爱丽丝·B. 托克拉斯自传》

（*Alice B. Toklas*）或许是仅有的例外。① 斯坦因刻意地模拟了爱丽丝·托克拉斯可能的笔法，在虚拟或真实的托克拉斯笔下，斯坦因变成了"第三人称"："真正的我"是她，真正的她是"我"。表面看去，"自传"袭用了第三人称，我就是"他者"，但就斯坦因而言，我就是她，她就是我，根本没有他者。当我是她时我是我，换句话说，我就是我和她之间的裂隙。获致"自我"的方式就是成为他，对斯坦因来说是成为她。当然，他相对于她获得规定，反之亦然。斯坦因是他还是她不可判定，即便对托克拉斯也是如此。有点像麦克卢汉的戏谑之言："我——我几乎不知道，先生，就在当下——至少今早起床时我知道我是谁，但从那一刻起我认为我已然更换了很多次。"② 或者把"主体"推至悬崖的边缘："如果我写了一本叫做《世界，我如何发现它》的书，我要在里面报道我的身体，并说明哪些部分服从我的意志，哪些不服从。这其实是一种孤立主体，或者毋宁在表明，在某种重要意义上没有主体的手法：在这本书里唯独没有关于主体的谈论。"（*Tractatus* 5.631）一方面"忏悔"就是忏悔的普遍性，因而很难说《忏悔录》中的"我"不是奥

---

① 格里夫斯的《我，克劳狄乌斯》（*I*，*Claudius*）并非例外。不过，如果将其看成针对《智慧七柱》的讽喻性模拟，这本书即刻就会变得独一无二。因此丝毫不出意外，劳伦斯认可它的技法，但并不喜欢这本书，"所有的角色都被刻画得很阴郁，格里夫斯轻信最坏的一切，接受任何臭名昭著的谣言"。劳伦斯顺便还把侦探小说贬为"文学的高尔夫"，说它们把头脑的专注力浪费在荒诞不经（imaginary）的问题上（LBII220）。

② Marshall McLuhan, Quentin Fiore, *The Medium is the Massage*, Produced by Jerome Agel, Digitalized Edition 1996, p154.

古斯丁,一如很难说那就是奥古斯丁,因为"我"被不断地"复制",比如阿伯拉尔的《自述》(*Historia Calamitatum*),诺维奇的茉莉亚(Julian of Norwich)的《启示之书》(*A Book of Showings*),圣·特蕾莎的《自传》,或者其他。对"圣徒们"来说,我忏悔所以我存在,换一种说法同样正确:我忏悔所以我不存在:"我的罪在于说'我'。我是整全。但这个特定的'我'就是上帝。它不是某个'我'。恶试图区分,它禁止上帝等同于整全。"①另一方面,忏悔录激发着模仿、复制、反讽与颠覆,从奥古斯丁,到笛卡尔,到卢梭,再到托马斯·德·昆西概莫能外。发明的秘密源于复制的差异。此外,"忏悔录"无不与身体相关,即便忏悔录的反讽(比如卢梭:如果卢梭无意反讽,那么时代是其反讽)也是针对身体的,甚至德·昆西也不例外:不是克制的失败,而是过度地沉迷。谁在忏悔,难道身体在忏悔?将罪与身体相连就已经预设了心身二元论,价值与力量的区分,意志的失败。

　　忏悔的普遍性一如忏悔者对身体普遍的敌视。至于笛卡尔的《沉思录》,它不动声色地完成了自己的双重置换:把忏悔的普遍性转换成沉思的普遍性(很少有人会把《沉思录》视为《忏悔录》,除非把笛卡尔视为尼采的先驱,第一个谋杀上帝的人。不

---

① Simone Weil,*An Anthology*,Ed. And Intro. by Sian Miles,Penguin Books,p103."极乐甚至刨除了极乐的感受,因为灵魂的对象中没有留下说'我'的角落。当其不在场时,我们难以想象这类快乐,因而寻求它们的动力付之阙如。"

过,一个刺客究竟会不会忏悔仍旧无法确定),把伦理倒置(很难设想《高卢战记》的作者会以"我"来开篇,理由很简单,对凯撒来说,"我"是伦理的污点):不去说"我"才是伦理的污点;于是,"我"拥有伦理学与形而上学的双重意谓:"我"首先是心智操练,然后才是形而上学的确定性。关于"自我"的自传确保了自我的存在,自我确保了自传的存在。因此看上去无关紧要的"娓娓道来"的细节其实缺一不可。正因为缺一不可,笛卡尔的"我"是不可能的。"我"其实是一个悖论:如果"我"是笛卡尔,我就不是笛卡尔;如果"我"不是笛卡尔,我就是笛卡尔。名字对笛卡尔来说与其说是事实不如说是发明。如果"我"是身体,那么"我思"就难以规避循环论证;如果"我"与身体无关,那就无需费力去探讨心身关系。笛卡尔只是草拟了身体的形状,然后开始谈论机器,技术与哲学。笛卡尔的身体是虚拟的身体,与"疼"无关。"哲学的身体"从来不懂"疼"为何物,即使在探讨疼的时候。

"追忆"是自明的,但无法确定那是回忆还是重复,反思还是忏悔,记录还是想象,真实还是虚构。《智慧七柱》提供了绝无仅有的挑战:"我"是谁?写作的我,所写的我?如果那是我的回忆,那么完整无缺的"我"就是我预设的一部分,但对于持续逃逸的"我"来说,我注定不是我。预设的我既是真实的又是虚构的。弃绝是以区分为基础的,而区分就是区分的不可能。如果我不是我,那么我是谁?让人惊奇的是,劳伦斯竟然没有用"他"展开《智慧七柱》。作为叙事者的"我"与作为"阿拉伯的劳伦斯"的"我"似乎是真实的,似乎又是虚拟的。"反思的我"乃是双重自我:既在《智慧七柱》中反思又在反思《智慧七柱》,不仅是"双重自我",而且是双重运动。时间的错置使我成为"他"。那是一种自传,或者是"失败的自传"?似乎都不是,《智慧七柱》根本不是自传。一个"忏悔者"不可能是一位艺术家,反之亦然。① 每一种文体都在召唤一种特定的"我",每一种文体的每一种文本同样如是。含混既是风格的表象,也是自我的拼接;第一人称单数不啻第一人称复数。在"巴黎和会"上重拾阿拉伯服饰,似乎在不同的舞台上复制了曾经的演出。拿破仑的战争给了克劳塞维茨决定性的推动,因此《战争论》堪称回忆之作,但这位普鲁士少将并没有袭用过去时,他面对的似乎不是特定的时间而是所有可能的时间。尽管《智慧七柱》袭用了简单过去时,但劳伦斯并不想留在过去,也并不想见证未来。严格而言,《智慧七柱》处理时间的方式与《战争论》并无不同:它清晰地截取时间,却没有为时间留下任何助跑的距离;时间被做了放大处理,似乎《智慧七柱》的读者正面对着永恒的某个切片。换句话说,时间无足轻重。劳伦斯用自己的方式重写了《亚瑟之死》,抹掉时间与延续传奇其实是一回事。鉴于《智慧七柱》是《亚瑟之死》让人心动的反讽,不妨将其命名为《一位英雄之死》。

---

① 这也就是为什么维特根斯坦谈及奥古斯丁《忏悔录》的时候会说那些感叹词同样重要的原因。当然,《忏悔录》的作者托尔斯泰不是艺术家,真正的艺术家是《安娜·卡列尼娜》的作者。

劳伦斯渴望埋葬自己,也的确试图清算过去。问题在于,没有哪一个书写者不将写作混同于所写,劳伦斯尤其如此。我就是我与我之间的裂隙,我将从这个裂隙中脱身而去。当我认为我已不是我时,我还是我。我只是不知道究竟是我假装我不是我,还是我相信我已不是我? 所有人都没有反对,因而我没有做梦:逻辑是不可动摇的;所有人都没有反对,所以我在做梦。此外,鉴于我提供的事件既无法否认又无法赞同,于是他们别无选择,要么明智地保持沉默,要么只能成为同谋和伪证者。劳伦斯在《智慧七柱》中发明了"自我",所谓的自我就是自我的自指悖论,是生机勃勃的无限回归,既是我的罪过,我的回忆,我的骄傲,我的救赎,我的消失,我的疑问,也是"我"与"我们"。我的回忆携带着我的罪过,我的罪过蚕食着我的骄傲,我的骄傲伴随着我的忏悔,我的忏悔启示着我的救赎,紧随其后的是失败的救赎,断片的自我,空洞的表演,消失的消失。"就我自己而言,经年勉力地生活于阿拉伯的衣冠下,模仿他们的心智基础,取消了我的英国自我,让我得以全新地审视西方及其传统……这些自我(these selves)有时会在虚空中交谈,疯狂近在咫尺……"(SPS30)因此没有预成的自我,有的只是构建、摧毁、寻找、逃逸、隐匿、遮蔽和表演的自我,如果还可以称之为"自我"的话。自我就是自我的麻烦,目击自我如何消失就是自我的呈现方式。

劳伦斯不会依照任何模式行事,也不会陷入任何模式。"叙事的同一性"? 如果叙事意指"单纯"的叙事,那么就没有叙事的

图2 劳伦斯最为人所知，也最故作姿态的照片之一。劳伦斯非常热衷也非常擅长拍照，但对照片极端不信任。没有什么会比照片更能捕捉他的特性，因为照片无他，无非表演者的行头，逃逸者的面具，还魂者的尸首。

同一性，因为当你为曾经的自己撰写墓志铭的时候，你也把当下的悲悯刻于其上。叙事就像德谟克利特的"原子"那样时刻伴随着"偏移"。当我说"过去的我"的时候，过去尚未过去；当我说过去延伸到现在时，过去已被隔断。分离心智或身体心智化的笛卡尔式的"怀疑"恰好是最让人怀疑的部分。一个冷酷的行动者不过是一种机制,一个迟疑往复的哈姆雷特不是"英雄主义",只能说是英雄般地面对非英雄主义的进退维谷。重要的不是回忆某物,而是回忆回忆。追问会伴随着操练和犹疑。回忆的蜘蛛网会把试图还原为直线的一切努力悉数织入网中。就这样,双重时间不断累积,多重自我彼此叠加。一个无与伦比的"自我分析者"就是那个迫使精神分析学家退避三舍的人,因此鲜有精神分析学家涉足其中,拉康也不例外:对劳伦斯实施可能的精神分析的结论就是重复劳伦斯自己或者重复拉康自己。约翰·马克或许是个例外,但他明智地葆有谦卑的姿态。① 我所刻画的是我记忆的一切,要么我不是我,要么我就是"复合自我"。所记之物同样如此。劳伦斯闪亮多变的形象活在他人的记忆中,他的双眼"即便在灯光下也蓝得让人心惊,它们不会迎着对方的眼睛,而是上下闪动,似乎在清点对方的衣服和四肢"②。另外,"写作是铭刻的行为,会摧毁活生生的记忆"(《费德罗》)。书写绝非纯洁无辜的通道,

---

① "书的作者掌控了书中的一切,他可以自由选择或拒绝他所期望的经验层面,并导入他希望的光照之中,把自己呈现为英雄,恶棍,受难者。他可以隐藏,扭曲,发明。" Mark Calderbank, *For Only Those Deserve the Name*, Sussex Academic Press 2017, p6. 这一点毋庸置疑,但 Calderbank 的结论却是错误的:"我们在谈论一本书,而不是血肉之躯。"相反,我们不仅在谈论一本书也在谈论血肉之躯,凡事诉诸区分是我们的疾病之一。劳伦斯致力于让人消融于书,让历史消融于传奇,让实在消融于虚拟,让消失消融于消失,别人的困惑与他无关:"我希望你知道,我其实不太考虑我自己或者关于我自己的一切。"(LL625)

② Robert Graves, *Good Bye To All That*, Penguin Books 2011, p308.

文本的愉悦,承载过去的容器……或者换一种说法,书写是铭记的遗忘,无法完结的过程,漫长的操练,凝结的痛苦或幸福,聚集灰烬的方式。

如同维米尔"如实地"刻画了代尔夫特一样,劳伦斯不仅"如实地"刻画了阿拉伯沙漠而且"真实"地呈现了自己。据说维米尔借助"暗箱"(camera obscura)完成了大部分画作,包括《带珍珠耳环的少女》和《代尔夫特风景》,后者是否借助暗箱其实非常可疑。纵然如此,使用暗箱无损于维米尔的伟大,相反,正是使用暗箱的维米尔先期提供了面对技术的启示性姿态:维米尔的暗箱就像劳伦斯的面具,当你盯着那位循规蹈矩的"模仿者"或者那副稀松平常的面具时,一种超凡脱俗的诗意和一种无法复制的卓越就此脱身而去。所谓的"准确无误"就是想象的准确无误;劳伦斯似乎没有任何想象,因为想象对他来说就是准确无误的"看"。不仅如此,认定可以把"真实"从神话中彻底拯救出来本身就是神话,认为"传奇"与真实根本无涉本身就是一种传奇。所以,认为 T. E. 劳伦斯或者约翰内斯·维米尔缺少想象力的说法是因为"看"的失败或自身想象的失败。与笛卡尔相反,劳伦斯寻求"自我"的消失或者消失的自我。作为"个人"消失的方式不外乎两种:自愿成为机器的零件或者自动走向虚拟。留存的方式就是恰如其分地消失:不是消失,不是作为消失的消失,而是既消失又不消失,是走在消失的途中,因为没有什么会比决然的消失更为触目惊心,而"作为消失的消失"就是消失的"在场"。如果自愿成为机器的零件是自我隐匿的策略，那么我们并不清楚究竟要隐匿什么：当我是我时我是他，当我是他时我不再是我。

　　自我救赎的可能性源于"真诚的救赎必定了无挂碍且秉赤子之心"（SPS568），以及《智慧七柱》的超验性。不是超验性本身，而是作为艺术作品的超验性，或者马尔罗所说的那种"绝对的恶魔"（Le Demon de l' Absolu）〔劳伦斯"理想标准（Ideal standard）的法译，似乎比英文更为恰如其分"〕。就前者而言，劳伦斯的"伟大的才能和兴趣秉承着一个天赋异禀的孩子的特质"（萧伯纳语），但他却是"可怕的孩子们"中最可怕的那一个；至于后者，马尔罗认为劳伦斯最终没有达成心愿，劳伦斯自己也这么认为。"自我"已然不再，救赎从何说起？或者刚好相反：只有自我按部就班地消失，救赎才会最终实现？每个人都是别无选择的"时代之子"，但时代之子意味着估价的尺度，劳伦斯从未间断的自贬招供了对这种尺度的臣服；另一方面，"自贬的自我"成为"自我机器"的一部分，从而勾销了这种估价。同样，"我"连同"我的意图"是一部伟大作品的元素。历久弥新的"忒修斯之船"已然是一条破船。如果一条破船依旧是一条船，那么这条破船已经不能使用；一旦换一种思路，一条弃船的材料就是星辰闪烁的源泉。"我"的众多层面来自观察者，包括作为观察者的自己。问题在于，从未有过无动于衷的观察者，尤其作为观察者的自己，因为我不止实施观察，我在观察的同时还在试图回忆，修改，审视，批评，夸耀，表演，遮蔽，我不是我的对象，我消失在我的关系与我的过程之中,尤其当叙事者是"第一人称单数"的时候。"Personne"对埃莱娜·西苏(Helene Cixous)来说既可以是"一个人"也可以是"无人","如果'我'——真正的主体,无意识的主体——是我所能是,那么'我'始终在逃逸之中"①。另外,依据昂利·阿特朗(Henri Atlan),喀巴拉式的解释所要传达的正是"这样一个事实,即词语 ani〔'我(I)'〕与词语 ain〔无(nothingness)〕由同样的字母组成"②。既作为主格又作为宾格,既是沉思又是沉思对象的"我自己(Myself)"(认捐版《智慧七柱》第一百零三章)是一篇短小的解构杰作:自我的存在就是作为害羞的我,害羞不过是自我逃逸的样式:"真相其实在于,我不喜欢我看到和听到的'我自己'。"(SPS584)即便如此,如同一部伟大著作要求着一种完整性或一种可能的完整性一样,劳伦斯始终都在断片般的复数自我中不遗余力地寻求一种和解,即便在自我放逐的《铸造》中,他也没有放弃过这种努力,只是出人意料地袭用了心灵与精神相互冲突的方式:"冲突"再一次出现——心灵(mind)与精神(spirit)的冲突。然而,这里的人如此健康,他们不会为了让心灵更易于消化而把肉食切成碎块;因此他们是完整的,一如我们因此是有病的。人,生而为一(Man,who was born as one),当他思考时就会破碎为细小的折光:如果把思想导入绝望或沉思,就会暂时重获那种一

---

① Helene Cixous, *Volleys of Humanity*: *Essays* 1972—2009, Edinburgh University Press 2011, p42.

② Henri Atlan, *Selected Writings*, Fordham University Press 2011, p324.

图 3　人群中的劳伦斯，丝毫看不出他的羞涩。

36

（one）。尚不止如此。他可以与他的伙伴们一起获得他的一，与他们分享他宇宙中的木头与石块：鉴于他的灵魂因黑暗或美好而呈现出不同的消化面色（the digestive complexion），从而相应地关及幻想中的万物（如果他是肯定的）或幻想中的无（nothing）（如果他是虚无主义者）的所有宇宙。"圣人和罪人会触摸（touch）——作为伟大的圣人和伟大的罪人。"（TM149）

B. 游击战

夫兵形象水。水之行避高而趋下。兵之形避实而击虚。
水因地而制流。兵因敌而制胜。故兵无常势。水无常形。
能因敌变化而取胜者。谓之神。

——《孙子兵法：虚实》

所有伟大的创造都是历久弥新，所谓的创造就是发明的瞬
间，发明就是被认定的发现。军事史上最富想象力的篇章书写在
了中东和北非，比如图特摩斯三世、亚历山大、汉尼拔、贝利萨留
斯、萨拉丁、拿破仑、T.E.劳伦斯，以及隆美尔。劳伦斯不仅是最
伟大的游击战士，他的"游击战"还是自我和哲学的隐喻，是"游击
哲学"或"星辰哲学"的简明指南。除却为大英百科全书撰写的条
目《游击战的科学》（署名 T.E.劳伦斯和李德·哈特），1920 年的
《起义的进化》，以及散落各处的言论，关及游击战最重要的"文
献"就是《智慧七柱》本身，尤其牛津版第三十五和第三十六章，认
捐版第三十三章。各种重叠往复均可被视为某种特别的"集结"。
如果旨在书写游击战的"论文"，那么只需一字不落地挪置劳伦斯

的阐述即可,无需再行多言。不过,特定章节乃是星丛中的星辰,"游击哲学"的姿态,绝非可以移植的器官,因为《智慧七柱》既是一本"游击手册",又远非一本游击手册。换句话说,游击战不仅是刚刚结束的故事,同时还是回忆游击战,论述游击战,开展游击战:《智慧七柱》本身就是一种特定的游击战,是"游击风格"或"风格的游击",是劳伦斯的"否定神学"。战争不仅成为书写,而且书写成为战争;"游击战"不再止于军事措辞,它既是战术又是战略,既是战略又是哲学,既是哲学又是哲学的实践。对于恩格斯、列宁、毛泽东、切·格瓦拉,或者卡尔·施密特论及游击战的同类著作,这一点完全不适用。

"游击战"源自西班牙语 Guerra,就是小型战争,或者西班牙辞典所说的那种"游击战:游击队的战争(Guerrilla: War of partisans)"①。作为无师自通的战术天才,劳伦斯的军事知识似乎源自他在牛津的阅读:"我当然读了那些常规书籍,太多的书,克劳塞维茨和约米尼,马汉与福煦(Foch),操演过拿破仑的战役,研究过汉尼拔的战术,追随过贝利萨留斯的战争,就像牛津的其他人一样。"(SPO103)事实并非如此,一旦付诸战争书写,劳伦斯即刻变身,高度浓缩的论述源自他与生俱来的洞察,加上艰苦卓

---

① 参见 Bert Levy, Guerrilla Warfare, Paladin Press 1964。莱维特别提及"觉醒者赫里沃德"(Hereward the Wake),抗击"征服者威廉"的撒克逊英雄,"失败的游击战士":赫里沃德从劳伦斯开始其考古冒险的东安格利亚起兵,最后兵败伊里(Ely)。

绝的研习。在给李德·哈特的信中,劳伦斯道出心声:"我只就战争艺术写了几页纸,但在其中我征召了源自五种语言的我的先行者们的贡献。"(LL769)此外,"他的军事成就源自他对自身处境所拥有的本能的战术洞察力"(WP16)。一个学艺者谦卑的开端以匪夷所思的速度反转,劳伦斯在最短的时间内成为逾越者。纵然如此,就像"考古学者"劳伦斯从未以考古为业一样,研习游击战的劳伦斯始终都是一个"爱好者",因为对他来说,所谓的"'专家'就是那个原地踏步的人"①。

---

① "我不信任专家,通常他们都是拘于高墙之内的才智之士,熟知他们监狱庭院的每一块石头;然而我必须知道石头凿自哪个采石场,石匠挣了多少钱。"(SPS581)"专业化"和"业余化"的对立在麦克卢汉那里获致最为清晰的表达:"'专业化'是环境化的,'业余化'是反环境化的。专业化把个人消融到总体环境的样式之中。业余化寻求一种对个人的总体觉悟和对社会的基本规则的批判性觉悟的发展。业余者输得起。专业人士则试图分类和细化,无批判地接受环境的基本规则。他的同仁们的公众反应所提供的基本规则成为他赞同且毫无察觉的通行环境。'专家'就是那个裹足不前的人。"Marshall McLuhan Quentin Fiore, The Medium is the Massage, Produced by Jerome Agel, Digitalized Edition 1996, p94. 说到"业余",数学中的皮埃尔·费马,物理学和化学中的迈克尔·法拉第,哲学中的维特根斯坦,传播学中的麦克卢汉,战争艺术中的 T. E. 劳伦斯就是完美无缺的典范。依据斯蒂芬·塔巴切内克(Stephen E. Tabachnick),T. E. 劳伦斯堪称我们时代的"百科全书人",甚至可与博闻强记的列奥纳多·达·芬奇相提并论。顺理成章,他们从不掩饰对体制和专家的憎恶。维特根斯坦自不待言,在论及查尔斯·道蒂时,劳伦斯说后者"把所有的阿拉比亚尽收囊中,只为后继者留下了特为专家们准备的下脚料"(参见劳伦斯为《阿拉比亚沙漠纪行》撰写的导言)。所谓的"学术传承"无非平庸之辈的托词,背后是庞大和匿名的体制,一架威逼的官僚机器,被恰如其分地命名为"学术共同体",置身其中或者渴望跻身其中的"学者们"由衷或虚伪地称颂它的"独立"和"公正",热烈地分享着某种未曾言明的共谋:毕其一生的梦想就是心照不宣地把自己列入对方的参考书目,(转下页)

尽管表面看去,《智慧七柱》的"风格"与克劳塞维茨的《战争论》相似,比如"短小的章节,不正常的连接,非系统化的组织……"但后者是一台通体透明的"战争机器",完全没有前者的诗意,即便萨克森伯爵"为何是个作家让我困惑,因为他没有展示出对句子形状的喜爱,他的某些段落已经陈旧。我认为那源于他对人类的兴趣",相对而言,"克劳塞维茨那里没有人,所以他的战争论变成了怪物般无生命的科学:它失去了它的艺术。萨克森生机勃勃,所以为战争的创造更新了生命"(LBII76)①。就勾连劳伦斯的想象和把现实变为虚拟而言,再没有什么会比游击战更为适合,因为所谓的"游击战"就是倏忽而至,遽然而逝,不可见,无所拥有,个体化,非接触,不可预期,出人意表,高度机动,难以测度的连接,让人目眩的转换。

（接上页）从而成为"学术权力"的一部分。"专家们"最热衷的意识形态"关键词"不外乎"真""纯粹""正宗""规范""道地""进路""论证"云云,但他们会告诉你说那是"哲学的语言"。甚至连谈论"规训"的福柯也被规训到"学术话语"之中,随之成为话语的规训。

① 《战争论》不乏伟大的智慧,同时也是一台冗赘的机器,与《孙子兵法》相比是如此。"通体透明"中不太透明的例外是《战争论》的结尾:不仅是一部未竟之作,更是一部悲天悯人之作。正像雷蒙·阿隆所说的那样,克劳塞维茨与其说在引导不如说在启示。阿隆的评点富于启示之处在于他更像在评点一部"艺术作品":"从一开始,物质与道德的辩证法就把作为一位年轻军官的克劳塞维茨与那些伟大的体系建造者联系在了一起。克劳塞维茨是那些心灵中的一个,他们很早就找到了自己的主题,当他们死去的时候他们还在发现新的变体:心灵长于直觉性的知觉,也倾向于将其知觉建构成一个体系。此类作品只能被作为一个整体来理解,意义决定于整体的结构。"Raymond Aron，Clausewitz，Prentice-Hall 1985，p232.

疾病是沉思的起点："大约有十天我躺在帐篷里，承受着身体的虚弱，我的动物自我就此溜走并藏了起来，直到耻辱消散。"（SPS193）对于真实可感的行动劳伦斯时常避而不谈，理由很简单：赵括没有资格谈兵，换句话说，只有赵括才去谈兵。① 劳伦斯只谈论游击战的形而上学，游击战是劳伦斯的形而上学："不管怎样，我的兴趣一直以来都是抽象的，尤其会从形而上学方面关注战争哲学与理论。"（SPS33）"流俗的军事见解陶醉于福煦的信条，现代战争的规范就是寻找敌人的军队，寻找它的中坚力量，并在战斗中将其摧毁。"（WP276）也就是所谓的"绝对战争"。战争对他们来说不是别的，不过是"用鲜血购买的胜利"，可我们"支付不起伤亡"。问题在于，有对称战争，就有非对称战争；有正规军，就有非正规军；有可见，就有不可见。不仅如此，游击战一直存在，并且始终存在。就像窃贼或"忍者"：举目一无所见，转头已无踪迹。"赛博世界"中的黑客堪称游击战士的别名，游击战士则是反抗"整全世界"的义士。对战争的"房屋"来说，战略就是结构，战术就是配置，居住在房子里的人的情感就是心理学，"我"的职责就是统领。一名指挥官就像一位建筑大师，要为全局负责。战略，战争中的目的，每一个部分都与整体相关的一种概观；战术，达致战略目的

---

① 像春秋战国时期那些伟大的中国经典一样，《孙子兵法》介于"道""器"之间：道无坚实，器不可用。"天下之治方术者多矣。皆以其有为不可加矣。"（《庄子·天下》）

的手段,战争阶梯上特定的梯级。它们的对立是错误的,其实它们只是沉思战争元素的视角,这些元素包括几何学、生物学和心理学三种,劳伦斯制定了针对这三种元素的完备方案:几何因素已被翻译成阿拉伯的计数方式,就"像一只手套那样严丝合缝";生物因素已昭示了我们,战术路线的发展与我们部落人的天才天然契合;至于心理因素,为了使其成形,劳伦斯借用了色诺芬的"diathetics"。"当其中的平民被教会了为自由的理想而死的时候你就赢得了这个省份:敌人的在场或不在场只是第二位的。"(WP280)

作为"战争—哲学家"(war-philosopher),劳伦斯直截了当地整合或更新了孙子、莱布尼茨和维特根斯坦的"哲学"。"阿拉伯战争应该与之相反,简单并个体化。每一个人都要上前线,且独立不依。我们的效力是每个个人的个体化战力。在我看来,在我们算计精当的战争中,个体战力的总和至少要等于一个复合体系同等兵力的战力。"(SPS348)差异的极致与无差异的同一就此相合。"个体化",由不可见的"单子"组成,相互之间的确没有窗口;它们不断地转换、生成,彼此间的关系近乎先验的连动。因此,如果没有"前定和谐",那么莱布尼茨的"单子论"就是哲学中的"游击战";如果用"可见"置换"可说",用"不可见"置换"不可说",那么《逻辑哲学论》就是维特根斯坦的"游击战"。那样的话,所有的"言说"都是朝向"沉默"的进攻。不过,如果没有上帝或者上帝已然隐身,那么该用什么取代"前定和谐"? 很少阅读哲学未必就是缺点,甚至哲学家维特根斯坦也很少阅读哲学,因为阅读不等于资质,否则遍布世界的大学哲学系瞬间就会挤满品种各异的哲学家。况且,劳伦斯"阅读斯宾诺莎的速度甚至超过了我阅读侦探小说的速度,且能够把握精义,铭记于心"(LF261)。劳伦斯试图取消对"单子"的界定或者重新予以界定,使"无约束的军队(An Undisciplined Army)"成为否定神学的元素,从而隐秘地取缔了莱布尼茨的上帝。换言之,穷尽个体的潜能是"游击哲学"的关键。所以应该设想,上帝是战略大师而不是钟表匠。① 劳伦斯对于"划界"问题远不像维特根斯坦那样在意:未发生的事态就是发生的事态,沉默不是无声,无就是有。默然无声的沙漠既是诗意盎然之地也是血腥杀戮之地。作为毁灭和虚空的激情,"游击战"理应是"一种影响,一个观念,某种无从触摸、难以摧毁的物,没有前或者后,就像一种气体在游弋"(SPS198)。单子得以活动的"虚空"成为另一种"单子",真实成为虚拟,至于虚拟本身,它比真实更为真实。此外,过程尤为重要。时间不啻空间的折叠,空间堪称不可见的时间。劳伦斯对虚空的称颂听起来就像是孙子遥远的回声:"故举秋毫不为多力。见日月不为明目。闻雷霆不为聪耳"(《孙子·形篇》),不止如此,"行千里而不劳者,行于无人之地也。攻而必取者,攻其所不守也。守而必固者,守其所不攻

---

① 在人与机器的战争中,人只有是人才是游击战士,否则胜利也是失败,甚至无从谈及失败的尊严。

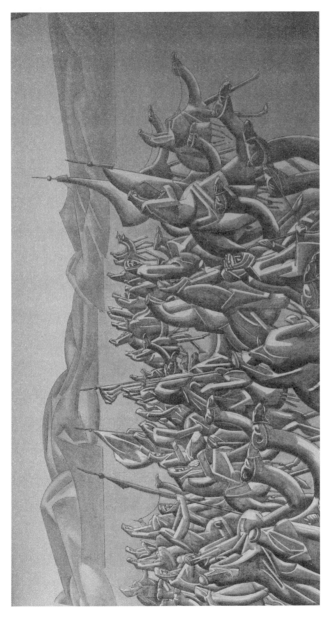

图 4 由埃里克·坎宁顿依据劳伦斯所拍照片绘制而成。最洗练，也最大程度地将解放者与屠杀者，浩瀚沙漠与冷漠远山，杂乱无章与节律森然集于一身。

也。故善攻者敌不知其所守,善守者敌不知其所攻。微乎微乎,至于无形。神乎神乎,至于无声。故能为敌之司命"(《孙子·虚实》),所以,"故形兵之极,至于无形。无形则深间不能窥,知者不能谋"(《孙子·虚实》)。"死生之地"乃是化实为虚的能力,避实就虚的真谛不止于虚空还包括直觉与情感,即使在形而上学意义上也不同于"虚无",甚至也不是从亚里士多德到索罗维约夫直至阿甘本的"潜能"。① "虚"就是不可见,是无边的危险,是随时实施攻击的可能性。反过来,我们的据点堪称坚不可摧,因为我们"不仅防备攻击,而且防备攻击的恐惧"(SPS202)。在下列情境下,虚空大体上等同于非理性的直觉:"十分之九的战术都可以在学校里学到;但那非理性的十分之一就像翠鸟掠过池塘,是测度将军们的要害。"(SPS199)其变体涉及道德:"它的某些部分关及个人,因而成为一种有关人类善良的稀罕艺术,借助特意的情感超越了心灵逐步推导的逻辑结论。它的精微远超战术,也更加值得付出,因为它要处理难以操控的一切。"(SPS198)沙漠与游击战拥有相似性,不仅是(不是指沙漠间或出现的海市蜃楼)遮蔽之地,而且是真实的虚拟之地和白日梦幻之所。不是可见而是不可见,不是接触而是疏离:"绝大多数战争都是接触战争,双方会尽

---

① 科耶夫把索罗维约夫解释成一个洗练的普罗提诺与一个亚里士多德的杂拌:"鉴于'绝对'(Absolute)既不是'无'(nothingness)也不是'在'(being),被索罗维约夫定义为存在的潜能(posse esse, puissance de l'etre),因为存在与非存在之间的第三者只能被设想为存在的潜能。"Alexandre Kojeve, The Religious Metaphysics of Vladimir Solovyov, Palgrave 2018, p22.

力短兵相接以规避战术上的措手不及。我们的战争应该是疏离战争。我们会借助无边的未知沙漠的无声威胁包抄敌人，直到实施攻击前我们决不会暴露自己。"（WP279）但是同时，"他们必须拥有摧毁或瘫痪敌人集约通讯的技术装备，因为非正规战争几乎就是威利森（Willisen）的战略定义：'对通讯的研究（the study of communication）。'让敌人失去通讯，我们不需要通讯"。首先"摧毁"汗志铁路（让其继续运作，但确保其丧失功能），切断土耳其人的通讯。绝对战争与非正规起义不同，"镇压起义者的战争既乱且慢，就像用刀喝汤"（SPO196）。起义刚好相反，乃是避实就虚，并且不是守虚，而是朝向虚的移动。① 一个战士的逃跑是不可想象的，但对一个游击战士来说，逃跑乃是题中应有之义。有鉴于此，惊心动魄的逃亡与出其不意的攻击缺一不可："常备战术乃是

---

① 李德·哈特常常慧眼独具，也惯于把自己的名字签在那些伟大名字的旁边，诸如 T. E. 劳伦斯的《游击战的科学》或者埃尔文·隆美尔的《隆美尔文件》。劳伦斯对此洞若观火："他是一个非常出色且眼光独到的军事作家——但遗憾的是，我的战术和原理刚好可以全盘支撑他所力推的战争理论。"（HLLB392）即便如此，在对劳伦斯的估价中李德·哈特还是展示出一个军事思想家非凡的预见性："军事史不会因为他仅仅是一个非常规战争的领袖而将其忽略。他远不止是游击天才——毋宁倒是战略天才，且富有洞见地预示出国家对工业资源不断增长的依赖所衍生出的平民战争的游击倾向。"Liddell Hart, *T. E. Lawrence: In Arabia and After*, Jonathan Cape 1943, p470. 至于隆美尔，与劳伦斯相比，战术精湛，战略薄弱，缺乏政治头脑的隆美尔不过是帝国的一把快刀。"游击战"不是"网络战争"，但却在赛博空间中获致其完美无缺的表达：登临的个体化，由实在切入虚拟，先验的整体性。网络战争乃是同语反复，因为每一位上网者都是一位战士，唯一的区别是消失的意志而非消失本身，是抽象的真拟之战，且永无尽头。

扰和跑;不是推进,而是袭击。阿拉伯军队从未尝试去保持或增进优势,而是游离,是在别处再次攻击。利用最小的力量,以最快的速度,达于最远的距离。"(WP281)时间的加速意味着空间的折叠:它将因其无而有,因其虚而实。至于胜利,它取决于"速度,隐藏,精准的攻击"。战争不仅"制造意外,消失,死亡,突破",而且发明速度,从孙子到保罗·维利尼奥概莫能外。[1]"数目与区域间的比率决定了战争的品质。阿拉伯人以五倍于土耳其人的机动性,只需五分之一的人数就足以应对。"(WP280)对空间的想象力是决定胜负的关键。除此以外,就"运动中的火力"和高度机动性而言,蒙古铁骑堪称个中典范:"当十三世纪的欧洲士兵无畏地面对蒙古人时,他们的无助就像波兰骑兵面对纳粹坦克(Panzers)时的无助。蒙古军队就是'现代'军队,它与二十世纪军队的区别不在于战争艺术,只在于科学与技术的进步。"[2]"魔鬼的骑手"一骑绝尘,效仿者紧追不舍。依据詹姆斯·钱伯斯,隆美尔和巴顿既是速不台的学生也是速不台的崇拜者,但他首先应该

---

[1] *Virilio Live*, Ed. by John Armitage, Sage Publications, 2001, p72. 另外,与德勒兹极富想象且诗意激荡的《重复与差异》和《感觉的逻辑》相比,《千高原》的片段,后来单行出版的《游牧学:战争机器》只能算是平庸之作,虽然整体而言,致力于援引、重叠、重复、变化、跨越、纠缠的《千高原》是另一回事。即便如此,《游牧学:战争机器》仍然是德勒兹哲学地图上不可或缺的标识。顺便说一句,德勒兹的洞见是一张渔网,上面有无数的网眼,任何一个网眼都足以让劳伦斯脱身而去。《千高原》与《反俄狄浦斯》极其尴尬或者极其合乎逻辑地陷入"机器书写"的中途。

[2] James Chambers, *The Devil's Horsemen: The Mongol Invasion of Europe*, Book Club Associates, 1979, p67.

想到"阿拉伯的劳伦斯";首先是劳伦斯,然后才是隆美尔、巴顿、韦维尔(Archibald Wavell)、奥德・温盖特、毛泽东与武元甲。

"游击战"真正的目的不是让敌人消失,而是让自己自由。我们决不会是敌人的目标,我们的目标也决不会是敌人;我们在没有敌人的地方实施进攻,几乎没有防守,除非"事出偶然"。正因为如此,"土耳其军队是个事故,不是目标。我们真正的战略目的就是寻找最薄弱的环节,只是死死咬住,直到时间开始促成大面积的溃败。阿拉伯军队必须借助最大程度地拓展自己的战线以便把有可能最为漫长的消极防守加诸土耳其人(算得上战争在物质意义上最昂贵的形式)"(WP280)。游击战的目的也不是物质:"我们的王国根植在每一个人的心中;鉴于我们不需要任何物质维系生存,我们必定也不会为了杀戮提供任何物质。"不仅如此,"我们没有任何物质可以失去,所以最好的战线就是什么都不保护,不发一枪"(SPS201)。对于时间、空间和速度的理解因此变得至关重要,一如战术与战略的转换:"阿拉伯人没有什么好失去的,因此他们也没有什么要捍卫和消灭的。他们的通行证不是打击力量,而是速度和

图5　埃里克・坎宁顿的劳伦斯。精准地捕捉到了劳伦斯相互冲突的特质:悲天悯人与冷酷无情,超凡魅力与极度危险。

时间,这给予他们战略而非战术活力。范围更多地关及战略而非力量。发明牛肉罐头比发明火药更深刻地改变了陆战。"(WP281)战争的目的旨在结束战争。战争是一种伦理。如果需要一种明确的伦理,那就是"非战":伤亡是无谓的,死亡是副产品,屠杀是一种挫败。"引而不发"的重要性并非一目了然,因为"人们总是害怕危险的结果超过危险本身"①。劳伦斯对"非战"的思考再次回应了孙子("不战而屈人之兵"),但要在战术之外加入道德因素:"考验不是物理的而是道德的,因此战斗是个错误。"不仅如此,仇恨远非杀戮的理由。劳伦斯从未失去他的"批评者",诸如指责他滥杀无辜,或者说他是一个"浪漫的法西斯",等等不一,但他也从未失去自己让人迷惑的双面。圣徒总是出人意料地选择了骗子和说谎者的面具,反之亦然。② "欢乐只可能被

① Maurice de Saxe, *Reveries on the Art of War*, Dover Publications, Inc. 2007, p99.
② "塔法斯(Tafas)大屠杀"一再被引证,旨在证明劳伦斯的"滥杀无辜"。塔法斯是大马士革西南方向大约60公里的一个小镇,与德拉咫尺之遥。为了报复土耳其人对它的血洗,或者由于"德拉事件"引发的复仇火焰,阿拉伯士兵在劳伦斯的带领下大开杀戒,直至将200名土耳其俘虏一并屠杀。劳伦斯承担了责任,但关于他责任的份额却众说纷纭。"德拉事件"是不是导火索不得而知,但德拉无疑是其梦想破灭之地。当劳伦斯随后攻取德拉时,他拒绝栖身城中,显然无从忘怀自己所遭受的身体之痛,同时也将幻灭铭刻在册:"我在此处感受过人之恶行:因此我痛恨德拉,我与部下每晚都睡在古旧的机场里……目标就在前面:身后是两年的努力,其艰苦卓绝已被忘却,或者已被美化。"(SPS659)劳伦斯的"冷酷无情"铸就了他的超凡自控,超然姿态,他者的凝视。如果"德拉事件"只是劳伦斯的虚构,那么"艺术家劳伦斯"可谓心细如发,特意在认捐版中添加了牛津版所没有的关及德拉的上述线索。

一个活人品尝"，抽象的正义或者良善是没有意义的，"爱你的邻居"不只是一句箴言："他是我唯一真正的朋友，也是我曾经有过的唯一真正的朋友。他是曾经到过这个星球的最好的人之一，超过了基督之流。他痛恨不公。"（AD442）

总之，"游击战"就是逃跑，躲闪，隐藏，袭击，非接触；非正规，个体化，不可见，猝然而至，不可预期；不妨将其"归结为五十个字：机动，安全（以拒绝成为敌人目标的形式），时间，以及教诲（那种把每一个主体都变成友善者的想法），胜利取决于反抗者的数目，因为代数因素最终将是决定性的，与之相比，手段的完美和精神的挣扎只是徒然"（WP284）。游击战一般而言就是"阴影中的战争"（Robert Asprey），游击战士则是"看不见的军队"（Max Boot）。对劳伦斯来说尚不止如此，"游击战"是其生命的必然：在刷新军事措辞的同时，"游击战"成为绝无仅有的"哲学措辞"。它不仅运行于沙漠之上，而且开展于书页之间。表面上按照时间顺序实施叙事的《智慧七柱》看上去就像是福煦四平八稳的军事理论，其实不过是假象而已，因为《智慧七柱》是关于战争艺术的"形而上学沉思"，而不是论述战争艺术。即便牛津版与认捐版中集中论及游击战的章节也不例外：它们依然是机体的器官，机器的零件，既无法移植也不可或缺；《智慧七柱》所有关及游击战的论述均可用于作为游击战的《智慧七柱》。于是，《智慧七柱》就是《智慧七柱》的"自指悖论"：如果它是关于游击战的论述，它就不是游击战；如果它不是关于游击战的论述，它就是游击战。劳伦斯在《智慧七柱》中将战争提炼为美学，美学就此成为战争。实施区分的是战略不是研究，研究者恰恰没能对后两者付诸区分。如果拒绝变更切入的角度，那么作为"游击战"的《智慧七柱》与作为"风格"的《智慧七柱》将完美重合。一如劳伦斯所言，阿拉伯起义只是"插曲中的插曲"，在世界战争史上无足轻重，但另一方面，他的"战争艺术"堪称典范中的典范。不过，劳伦斯是战争史的游击战士，不是战争史上的游击战士。这足以解释卡尔·施密特和雷蒙·阿隆为何会对劳伦斯不置一辞：似乎军事史上最有天赋的游击战士从未存在过似的，似乎《智慧七柱》(不仅仅限于其中章节)不是最伟大的"游击哲学"似的；特意忽略劳伦斯是施密特或者阿隆"政治哲学"的一部分，对劳伦斯而言则是一次成功的"游击战"。"我思考自己的问题主要从汗志出发，付诸我所知晓的人与地理。如果照此写下会过分冗长；论证已被压缩成一种抽象的形式，更像灯下作业而非野外实战。不幸的很，所有的军事写作都是如此。"(SPS202)这并非遁词，反而正是他的心愿：我立志写下军事史上最乏味的一章，藉此"我"得以脱身而去。①

　　"古老的战争曲终人散，我的作用已然结束。"(LSL155)劳伦

---

① 与其说施密特与阿隆关注的是战争，不如说关注的是政治。尽管他们相去甚远，但无不熟记克劳塞维茨的信条"战争是政治的延续"，因此不难理解为何一个纳粹公法学家和一个右翼知识分子都会不约而同地对"红色克劳塞维茨"谱系(从恩格斯到托洛茨基)青睐有加，甚至乐于对切·格瓦拉这种半吊子游击战士大费笔墨；除了"名气"，无论理论还是实战格瓦拉均乏善可陈。

图6　劳伦斯的签名照,摄于攻陷大马士革的次日。未来的一切已尽收眼底,周围却挤满了没头的苍蝇,"无人可以测度他沸腾的内心"。

斯1号攻陷大马士革,4号离开。先到埃及,然后回家。无人可以猜度他沸腾的内心:"惟愿我没有到过那里:阿拉伯就像已经翻过的一页;续集是一些无聊的东西;难道你希望给一出悲剧安排一个皆大欢喜的结局?"(LBI15)极速逃离本应意味着终结,但其实不然,劳伦斯既不是巴顿也不是隆美尔:战争结束了,一切刚刚开始。确切地说,一场战役刚刚结束,另一场战役就在眼前;不仅"游击战"刚刚开始,他的"灵魂转换"也是如此:"战争艺术简单而言就是产生这种转换的艺术,它的装备,它的过程,甚至它加诸敌人的伤亡,只是指向这个目的的手段——它真正的对象是武

士的灵魂。"①伟大灵魂的相互评点听起来就像是他们的"自述"，
正如他们对问题的评点可以相互置换一样。

① Simone Weil, *An Anthology*, Ed. and Intro. by Sian Miles, Penguin Books, 2005, p205. 战争改变了劳伦斯, 也改变了中东, 就此被改变的中东从此再也没有改变过: "1916 到 1921 年间加诸中东的地缘政治的律条自此没有本质上的改变。本地区直到今天依然被分裂主义、暴力、棘手的冲突、难以言传的人类苦难所撕裂。" Neil Faulkner, *Lawrence of Arabia's War*, Yale University Press, 2016, p467. 对中东而言, 不知是幸运还是不幸, "游击战"成为劳伦斯经久不衰的政治遗产的一部分。埃里·凯杜里(Elie Kedourie)甚至认为劳伦斯美化了恐怖主义。对劳伦斯大相径庭的估价不是基于他的复杂天性而是基于其中的某一方面。理性和控制是其性格中的特质, 同样, 如果控制存在, 失控就一定存在: 天才离毁灭只有一张书桌的距离。有一点毫无疑问, 没有自行消失的"游击战士"最终都会走向其反面。

C. 耻辱、风景、读者与劳伦斯的骆驼

> 读者终究会发现自己孤立无援：他必须独自决断，自行拿主意。
>
> ——赫伯特·米德论《智慧七柱》

马克斯·舍勒基于人类在宇宙构成中的独特位置，即立于神与动物之间，赋予"羞耻"独一无二的位置。比如，一般情况下，很难说"一条狗羞红了脸"（拟人除外）。舍勒的时代似乎还很难把机器纳入视野，即便今天也很难说"一台害羞的机器"，除非它精于模仿或者正在进化。不过，一台可以进化到自发害羞的机器已经不再是机器。况且，舍勒的"人"是一种抽象，否则无法解释"人形动物"：人很多，拥有羞耻感的人很少。"我"独自在场，但不可能独自耻辱，耻辱意味着他人的在场，意味着自我就是他人："我"成为我的观者，从而意味着逃逸和传播的可能性。或许只有在一个由神、人、机器和动物构成的宇宙中才能谈论"羞耻"的可能性。没有"他者"就没有耻辱；他者不仅包括"自己"，也包括作为"绝对他者"的上帝；可以在模仿和隐喻的意义上谈论动物和机器的耻

辱;"唯我论"没有羞耻。同样,耻辱是一种宗教情怀,尽管神是没有耻辱的。

风景拥有一张人的脸,但与人无关;劳伦斯可以向苍茫宇宙敞开心扉,但无需感到羞耻,即使在谈及羞耻的时候:"毕竟我们彼此长时间地生活在裸露的沙漠上,冷漠的天空下。白天炽热的太阳烤炙着我们,粗粝的风让我们头晕目眩。晚上我们被露水浸透,不可计数的星辰的沉默让我们羞于自己的微不足道。"(SPO8)风景之下的"耻辱"就像脱缰的野马,风景成为带刺的庇护之所,是消失的寓言和真拟画廊。重要的不是劳伦斯是否像德勒兹所说的那样是"文学史上最伟大的风景画家之一",而是"风景"为何重要?乍一看去,《智慧七柱》就像是一本"风景相册",似乎只是在沉醉风景的间歇他才顺带写到了战争。劳伦斯的沙漠无异于麦尔维尔的大海,除了难以分类,重要的是其含混:既是真实又是虚构,既是传奇又是现实,如若部分是真实,那么整体是虚构;如若沙漠是可见的梦幻,那么梦幻就是不可见的沙漠:昏昏欲睡,单调,冷漠,抽象,一种超验的恐怖,一种确定的不确定性,一种从未停歇的永恒,正如李德·哈特所言:"沙漠就在他的血液之中。他与沙漠的精神本为一体。"(LF182)作为寓言的风景是难以触摸的;鉴于它伸手可及,因此咫尺天涯。或许在刻画沙漠的时候,劳伦斯片刻也没有忘记过麦尔维尔对"鲸之白"(The Whiteness of the Whale)的刻画:"见证了极地白熊,赤道白鲨；不正是它们的光滑、怪异的白才使得它们拥有一种超验的恐怖？"①不仅如此，"一旦目睹了银河的白色深度，难道不正是它的不确定性才使它预示了无心的虚空和宇宙的无垠，从而借助一种毁灭的思想从背后将我们刺伤？就其本质而言，白正是颜色可见的不在场的颜色，同时是所有颜色的具体化；有鉴于此，在无边的雪原上，存在着这样一种失声的无色，充满了意义——让我们从一种无色而又全色的无神论中退缩？"②那些不可命名的神秘之物对劳伦斯来说无从判定，尽管对麦尔维尔来说确定无疑："虽然两者都不知道神秘的记号所暗示的无名之物置身何处；但对我就像对那只小马驹一样，那些事物必定存在于某处。虽然这个可见世界的很多层面看上去由爱构成，但不可见的世界则由恐怖构成。"③那些可以命名的神秘之物同样如此，比如"独角兽"。对劳伦斯来说，"独角兽"的存在是千真万确的。此外，沙漠不仅是最为具体的抽象，也是最为真实的虚幻："沙漠的本质就是孤独的个人，是道路之子，始终在移动，像在坟墓中那样尽力地远离世界。"（SPO784）

风景既不再现亦不衬托，而是一种切片，是作为他者的"人物"。反过来，"作为他者的人物"是一种风景。与其说那是一种人类学视角不如说是一种宇宙视角。有鉴于此，对风景的沉醉是

---

① *Herman Melville*，Exeter Books 1984，p151.

② Ibid，p155.

③ Ibid.

对"天体生物学"的痴迷；劳伦斯似乎置身星际之间，展现出不可思议的灵魂出窍，一种热情洋溢的超然礼赞，伴随着巨细无遗的清点："佩特拉，哦，利兹，是世界上最神奇的地方，不是因为它的古迹，那只能排在第二位，而是因为它的岩石的颜色，全都是红色，黑色和灰色，杂以蜿蜒的绿色和蓝色的条纹……因为它的峭壁，悬崖，以及山峰的形状，绝妙的峡谷，泉水川流不息，满眼望去都是夹竹桃、常春藤和蕨类植物，有时只有一只骆驼那么宽，几公里长……如果你不来这里，你永远不知道佩特拉什么样……对你说一个地方何等美丽你不会有丝毫的概念，直到见到它你才会确信不移。"（L95）甚至在"洵之旷野"，作为"考古学家"的劳伦斯所提供的图片与其说在指示遗址和物品的精确性，不如说在指示风景的苍凉：那些"风景切片"不像康斯太勃尔，而是一种"异在"，洋溢着让人欣喜的陌生性；有时候有点像透纳的大海，拥有一种吞噬的力量。沙漠是具体的风景，作为风景的沙漠是一种抽象。风景的抽象投射出劳伦斯对抽象的热爱。一般而言，过分依附就会终于丧失。只有在那些稀有的时刻，那是劳伦斯的"失控"时刻，每当这种时候，他都会坦承自己的失控，从而使失控变成操控的特定时刻。只有在这种时刻劳伦斯才会想起他所熟悉的不列颠风景："那是傍晚，在西奈（Sinai）的沙滩上，夕阳正在下沉，我的眼里全是霞光璀璨，因为我厌倦死了我的生活，前所未有地渴望着英格兰阴沉的天空。这个夕阳狂暴，撩人，野蛮；像气流一样更新了沙漠的颜色——就像它的每一个夜晚一样，——使沙漠的色彩生机勃勃,而我想要的则是虚弱,沮丧,灰暗的雾气蒙蒙,不要这个如此水晶般分明的世界,绝对的正确和错误。"(SPS560)对陌生欣喜若狂,对熟悉形同陌路。换句话说,投入未知是一种激情,怀念是一种不良情感。那个在荒凉的宇宙中捡拾断片的人,试图依据某种秩序将它们排成一个系列,但它们却执拗地四散奔逃。灵魂中的单调与梦幻开始佩戴与其自身最为匹配的面具。归根结蒂,"美"是不可置信的;"美"与"血腥"不啻调制梦幻的材料:"那个人的脸已经血肉模糊,血从他被染红的脖子的边缘喷溅出来,他喊叫着跌跌撞撞地扑向我们。不知深浅地乱撞一通,跌倒了又爬起来,伸开的双臂在空中抓挠,疼痛已使他变得疯狂。过了一会儿就躺下没了动静,刚才四散奔逃的我们大着胆子走上前去,但他已经死了。"(SPS546)《智慧七柱》看上去严守线性顺序,但镜头的戏剧性超越了叙事的连贯性,极致跳切几乎无处不在,堪称其想象的逻辑,从而合乎逻辑地激发了新的跳切:"雨一大早就下个不停,快到中午时才停了下来。看到这么多雨水扑面而来让我们非常开心,在西那(Semna)的帐篷里待得如此舒适,以致我们推迟了出发,直到午后再次放晴。我们在清新的峡谷里骑着骆驼往西走去。"(SPO148)顺便说一句,就其深沉和复杂,跳切的频率,无从剪辑的剪辑(将伸手可及的图像与超越图像的内省剪辑在一起,既极度抽象又极度具体),以及一种隐秘的哲学而言,《智慧七柱》都远非大卫·里恩的那部"同名电影"可比(里恩最初的用名就是《智慧七柱》,鉴于 A. W. 劳伦斯的不懈反

图7 T.E.劳伦斯,二十世纪的"斯芬克斯",置身斯芬克斯像前,身旁是温斯顿·丘吉尔和格特鲁德·贝尔。

对只好作罢）。《智慧七柱》本身就是一部无法拍摄的电影：《智慧七柱》是一部"可见"的书，但却无法变得可见；当一部本质的电影变成实在的电影时，失败几乎命中注定。比如，卢契诺·维斯康蒂的《局外人》、奥森·威尔斯的《审判》，或者谢尔盖·爱森斯坦从未拍出的《尤利西斯》（至少乔伊斯希望自己的杰作由《战舰波将金号》的导演来掌镜，后者是否属意不得而知，但其可能性毫无疑问，因为爱森斯坦甚至一度想把《资本论》拍成电影）。因为担心电影流于肤浅，大卫·里恩致力于把劳伦斯塑造成一个双面英雄，一个迷人的法西斯，拥有复杂的人格，但最终还是把令人沉醉的烈酒《智慧七柱》调制成了舒爽可口的碳酸饮料《阿拉伯的劳伦斯》："他们袭用了一种心理学食谱：取一盎司自恋狂，一磅裸露癖，一品脱施虐狂，一加仑嗜血欲，再撒一把其他的变态，最后一锅乱炖。"（A. W. 劳伦斯语）①至于电影是否忠实，那根本不是问题，因为首先要追问的是"何谓忠实"。有一点毫无疑问，电影《阿拉伯的劳伦斯》的非凡成功源自电影本性与"劳伦斯哲学"天衣无缝的契合：把梦幻巨细无遗地置于目前。区别在于，大卫·里恩的梦只是一个简单的梦而已，劳伦斯的梦则是一把梦中拔出

---

① Steven C. Caton, *Lawrence of Arabia*: *A Film's Anthropology*, University of California Press 1999, p58. 如果把电影《阿拉伯的劳伦斯》看成劳伦斯的画像，那么它既不是迭戈·委拉斯凯兹的《教皇英诺森十世》，也不是弗朗西斯·培根对《教皇英诺森十世》的"胡涂乱抹"，因此是"不真实"的。至于作为噱头的同性恋问题其实根本不是问题，"许多人都是同性恋，但只有一个'阿拉伯的劳伦斯'"。Ibid, p216.

的匕首，会随时杀人于无形。

风景就像动物，既生机勃勃又令人生畏。对劳伦斯来说，最可怕的是那种"动物精神"。就是说，他害怕自己或者害怕作为动物的自己，因为屠杀不仅是一种伦理缺陷，而且是一种动物行为，比如"德拉事件"就是对"双重动物"的刻画：作为动物的施虐者，并将受虐者激发为动物。劳伦斯复制了这种双重性：屠杀的狂喜与深重的罪孽。所以，当劳伦斯提及牛津版《智慧七柱》时不由地道出心声："惟愿我没有写过那本野兽般的书。"虽然他清楚地知道，只有那本"野兽之书"才是真正难以穿透的深渊。作为尼采的读者，劳伦斯对动物的姿态多少有点让人困惑，一如同样让人困惑的尼采：试图超越善恶的尼采，最终死于伦理。"独角兽"，想象的动物，无从想象的生命力；不仅是拼接的动物，也是想象与动物的拼接；不仅作为动物或"怪物"的《智慧七柱》是野兽，他自己同样如此：我不仅害怕自己，也为自己感到羞耻；为"作为动物"的自己感到羞耻："我们想象自己是天使，其实我们终究是动物。"问题在于，如果没有作为动物的自己，羞耻从何而来？既然拥有羞耻就不是动物，而是对动物的反思。动物，行动者，或者荷马的诸神是没有羞耻的。不仅如此，只有作为人的读者才会把荷马史诗看成喜剧。正是耻辱让我们成其为人，但耻辱是一种虚弱的情感。所以规避耻辱的同时也在激发着耻辱，甚至对"游击战"的沉思也伴随着耻辱：为作为动物的自己感到耻辱，也为作为虚弱的动物的自己感到耻辱。区分的界限如同拼接的份额，细节其实模糊不清:"那意味着我害怕(身体上害怕)他人。在我看来他们的动物精神是困扰一个人的最可怕的伙伴:我痛恨他们的噪音。噪音在我看来是恐怖的。"(LA687)就此而言,骆驼是一种奇怪的动物,是野兽与非野兽的杂伴,置身"异在风景"与人类他者的中途,是动物中的"斯宾诺莎",堪称哲学的创造力与无限自律的完美结合——"它们无声地跪下,我依据记忆计算时间:它们先是迟疑地低下头,用一只脚寻找柔软的部分;屈下前腿时伴随着沉闷的声响和突如其来的叹气声,因为团队已经走得太远且疲惫不堪;然后,它们收缩后腿时会伴随着一个曳步,紧接着会左右摇摆着伸出膝盖并将其埋入滚烫表层下面较为清凉的心土中,骑手们这时候赤脚带声疾步而过,就像鸟儿掠过地面,然后依据不同的业务,要么默然无声地去了咖啡区,要么去了阿卜杜拉的帐篷"(SPS195)。在"游击哲学"的间歇,劳伦斯猝不及防地插入关及骆驼的片段,从而使骆驼成为战争沉思的一部分,正如它始终都是沙漠的一部分。不过,与之相伴的是那种超乎人类情感之上的情感,一种若有若无的情感,一种残忍、温情与超然的混合:"我骑着我的加扎拉(Ghazala)前行,那是一个已经恢复元气的祖母辈的骆驼。她的幼崽先前死了,我身旁的阿卜杜拉把幼崽的皮晒干后挂在了他的驼鞍后面,看上去就像一个尾辔。多亏扎吉动人的歌谣,我们出发的时候才非常顺利,但一个小时后,加扎拉高高地昂起头,开始艰难地像一个剑舞者(sword-dancer)那样挪动脚步。我试图逼迫其前行;但阿卜杜拉身披着外套,向我的身旁冲了过来。他从驼鞍上跳下，脚下砂石乱舞地站定在加扎拉面前，手里攥着那个幼崽的毛皮。加扎拉站立不动，开始轻轻啜泣。阿卜杜拉用幼崽的毛皮在她前面的空地上支起一个微型的庇护之所，让她朝它低下头去。她停止哭泣，用嘴唇把干燥的毛皮拖曳了三次；接着昂起头，伴随着一声呜咽开始继续奋力前行。那天反复几次；后来似乎就忘了。"（SPS561）加扎拉后来死了，一个阿拉伯人剥了她的皮并把它留给了劳伦斯。

当劳伦斯制作《智慧七柱》的时候，他梦想着制作一本"伟大的书"，事实刚好相反，《智慧七柱》堪称"伟大的书"的反对者，因为每一位读者都先行于文本，所谓的"阅读"不过是先行阅读。首先是读者，最后还是读者，只有在阅读的间歇才是作者，而作者就是拼接的读者。所有"伟大的书"都是读者的发明，区别只在于自觉；现代文本的标志之一就是把读者写入文本。那么，谁是《智慧七柱》的读者，或者它根本没有读者？《智慧七柱》分解的速度与聚合的力量恰成正比。它不是《阿拉比亚沙漠纪行》，那本古奥而深沉的书似乎注定属于莎士比亚，甚至注定属于钦定版《圣经》的时代。相反，作为一个考古学家，劳伦斯先行掩埋自己，然后等待出土：他的一只眼睛盯着周围的窥视者，另一只眼睛盯着未来的发掘者。洛威尔·托马斯的《与劳伦斯在阿拉伯》，罗伯特·格里夫斯与李德·哈特各自关及劳伦斯的传记，以及劳伦斯自己的《沙漠起义记》已经先行出版。换言之，劳伦斯清楚地知道读者正在等他，他们望穿秋水，就像伺机而动的野兽。没有谁会比劳伦斯自己更清楚读者的贪婪,他同样也清楚未来已在身后,过去是持续的未来。劳伦斯发明了自己的"游击环境":自己尚未动笔,读者已经四处设伏;"游击战"展开于作者与读者之间,他是袭击的目标,但躲闪是他的技能,劳伦斯从未被击中。就像连载的《福尔摩斯探案》一样,书写中的《智慧七柱》已然被读者的期待、探寻、窥视、猎奇、好奇,如影随形所包围,甚至围绕读者的一切就是《智慧七柱》的一部分。在公开出版前,每一个可能的版本都指向特定的读者:丢失在雷丁火车站的《智慧七柱》只有三位读者;牛津版《智慧七柱》只有八位读者;从小范围发行认捐版开始,读者变得不再确定,纷繁多样的读者纷至沓来。《智慧七柱》在某种意义上是特意写给"窥视者"的,甚至可以说,《智慧七柱》历久弥新的魅力源于它难以穿透的窥视之网和无限疏离的"他者话语"。于是,激发读者的方式与所激发的读者同等重要,它们无一例外都是《智慧七柱》的一部分。"我"是 T.E.劳伦斯,"我"的"普通读者"只会去阅读"阿拉伯的劳伦斯",但"我"既是阿拉伯的劳伦斯又不是阿拉伯的劳伦斯。于是,去"书写读者"不是不着边际的预想,而是先期把可能的读者或作为"他者"的读者写进书里。读者是其元素,悖论是其品质:除非先行写满了读者的预期,一部"作品"注定难以完成;正因为写满了读者的预期,一部作品注定难以完成。《智慧七柱》的读者持续发明了《智慧七柱》,也同时发明了它的聚讼纷纭。于是,能够读懂的部分时常是沉闷和无趣,不能读懂的部分永远无法读懂。最好的读者其实是"作者—读者":

作为读者的作者和作为作者的读者。劳伦斯只是适时地开动机器，但其运转有赖于两者的共谋。那是一种错位的双向运动：当你靠近它的时候它就会去远，当你远离它的时候它就会切近。不仅如此，阅读是一种献祭，一种空中完成的书写，字里行间写满了难以言状的艰苦卓绝。于是每一道"他者"的挡板既是层叠诱惑又是关隘重重，既让你望穿秋水又让你无从穿透：所有的昏昏欲睡，手不释卷，欲罢不能，难以卒读无不附着其上，并且无一不是它不可或缺的一部分。"但是记住，没有人会像你那样如此细心地阅读这本书……普通读者需要直接陈述以强化他们在快速浏览中可能错失的印象。"①纵然如此，幽灵般的读者依旧会躲在不可见的暗处，时刻准备着去吞噬不期而至的罅隙，因为捕捉事实是一种本能，捕捉消失是一种天赋。事实上，没有哪一本书从未被阅读，即使它从未被打开；也没有哪一本书真正被阅读过，即便书页已被读破。一如晚风拂过书页，纷繁多样的阅读姿态重构了《智慧七柱》。威廉·福克纳有一次说起《尤利西斯》的时候提供了一种特别的姿态：就像大字不识的长老会信徒无限虔诚地捧着《圣经》。《智慧七柱》无以言表的"陌生"和"陈旧"持续地吸引同时不断地推开着它的读者。许多时候，"独角兽"《智慧七柱》就像是一封写给读者的冗长书信，不过"谁在写作？写给谁？谁在

---

① Thomas J. O'Donnell, *The Confessions of T. E. Lawrence*, Ohio University Press 1979, p128.

投递,运送,分发？分发什么？没有任何激发惊讶的欲望,从而可以凭借晦涩引起关注,我将其归之于我残存的诚实,我终究会说我不知道"。"阿拉伯的劳伦斯"像约翰内斯·克里马库斯(Johannes Climacus)那样只拥有"想象的读者","一个没有实在读者的作者将被允许拥有想象的读者;他甚至被允许承认这一点,当然是因为他谁也碰不到"①。劳伦斯的读者是想象的怪物,拥有变幻的容颜：荒凉的风景,半人半兽,作为吞噬者的动物,沉默不语的他者,午后温情脉脉的对话者,伸手可及的梦幻……《智慧七柱》被其读者穿越,但从未被阅读。

----

① Soren Kierkegaard，*Concluding Unscientific Postscript to Philosophical Fragments*，Princeton University Press 1992，p620.

D. 时间的"现成品"

严格而言,如果除去《奥德赛》,那么《沙漠起义记》就是劳伦斯生前唯一公开发行的著作。劳伦斯只给了格里夫斯两个月时间为他撰写传记,留给自己的《沙漠起义记》的时间甚至更短:"在两位空军友人的帮助下,由他自己在七个小时内完成于林肯郡的克兰威尔(Cranwell),时间是 1926 年的 3 月 26 日到 27 日。"(LL518)决定放弃爱德华·加内特的《阿拉伯战争》(《阿拉伯战争》是对牛津版《智慧七柱》的缩减)之后,劳伦斯在认捐版《智慧七柱》的基础上仅用六周时间就完成了自己的挪置,然后才是上述电光火石的两天。《沙漠起义记》不是孤立的事件,而是一连串连续挪置的结果,从丢失《智慧七柱》开始,紧随其后的是一连串"现成品事件":从记忆中挪用《智慧七柱》,然后是牛津版《智慧七柱》,挪用牛津版《智慧七柱》,然后是认捐版《智慧七柱》,挪用认捐版《智慧七柱》,然后是《沙漠起义记》。"现成品"意味着材料的完整而不是"完整的挪置",即便马塞尔·杜尚的"完整无缺"的《泉》也绝非"完整无缺的挪置",它要在挪置中附加签名,放置的姿态,以及其他:伴随轻微的移动,一切都将改变。对劳伦斯来说,"现成品"就是作品的不可能和持续可能的空间。换句话说,时空成为作品。可见的是"作品",不可见的是时空。如果把摩西挪置到1909年"洵之旷野",那么摩西就是劳伦斯;劳伦斯看上去有多么世俗,骨子里就有多么宗教。同样,1916—1918年的阿拉伯战争本身就是一个现成品,其中的劳伦斯既是狮心理查又是萨拉丁。持续不断的挪置既是一个单独的现成品行为,又是一个持续行为的环节。正因为如此,《智慧七柱》不只是一本书,而是对时空异乎寻常的书写。正确的说法是,《智慧七柱》于1919年至1927年间完成于多地,点缀其中的那些地名,譬如牛津版开始于伦敦,然后是1921年的吉达和阿曼,最后结束于伦敦,同时还包括1923和1924年在皇家坦克营,1925和1926年在皇家空军。那些名字就像《追忆似水年华》中的贡布雷、巴尔贝克、威尼斯一样掷地有声。"时间"是一种"物",会以最通俗的方式付之刻画。比如,"阿拉伯起义"1916年6月5日始于麦加,1918年10月1日攻陷大马士革。其实"可见"的挪置俯拾皆是:除去一连串的《智慧七柱》,还要加上为大英百科撰写的词条"游击战的科学",以及同等重要的《起义的进化》,均由不同的《智慧七柱》相关章节挪置而来。无数书信的断片与《智慧七柱》和《铸造》同样拥有诸多重合。重复,重复,还是重复……每一次重复都意味着不同的语境,每一次重复都会与上一次不同,尽管看上去并无不同;每一次重复都与上一次一样,尽管看上去不尽相同。如果考虑到被挪置的时空,连同作为"作品"的时空,那么每一次重复都是对重复的挪置。就像河水流过河床，你要么会忘记了这一个，要么就会错失了那一个，但是，你不可能同时忘记两者，就像你不可能同时记住两者一样。西尔瓦诺·帕特诺斯诺（Silvano Petrosino）论及列维纳斯时重新定义了"重复"："列维纳斯的文本重复着自己，但它刚好要在这种重复中被阅读。书写在这种重复中没有进步，而是深化。"①纷繁多样和散乱无序的《智慧七柱》看上去只是材料重置或分流的结果。就此而言，杰弗里·迈耶斯就《沙漠起义记》相对于认捐版《智慧七柱》的更动制作了一个详尽的对照图表，杰瑞米·威尔森也在牛津版《智慧七柱》的新版前言中对比了牛津版《智慧七柱》与认捐版《智慧七柱》的差异，②不过，能够做出的是可见的图表，不可见的图表无法做出；如若《沙漠起义记》、认捐版《智慧七柱》、牛津版《智慧七柱》是可见的剪裁，那么环绕着它们的一切就是不可见的剪裁。问题在于，《智慧七柱》书写的过程就是不断删减的过程，或者不断"挪置"现成品的过程。不仅如此，相对于删除本身，删除了什么更为重要；相对于握在手中的东西，丢失的东西更为重要；相对于结论，过程和姿态更为重要。

最为神秘的挪置来自于牛津版《智慧七柱》。消失在雷丁火车站的《智慧七柱》是一个寓言，预示着紧随其后的一系列"消

---

① Emmanuel Levinas, *On Escape*, Stanford University Press 2003, p97.

② 参见 Jeffrey Meyers, *The Wounded Spirit*, St. Martin's Press 1989, p147, 以及 T. E. Lawrence, *Seven Pillars of Wisdom*, The Complete 1922 'Oxford Text', Castle Hill Press 2004, pxxiii。

失"。借助残存笔记的帮助,劳伦斯从记忆中完整地复制了《智慧七柱》。或者换句话说,他将消失的《智慧七柱》完整无缺地拉了回来。事实已不可考,见证者沉默不语。考虑到劳伦斯主动毁掉的版本,紧随双重消失的是源自无边黑暗的双重挪置。就像批评者所认为的那样,劳伦斯别无选择地陷入二者择一:要么拥有富内斯那样的超凡记忆,要么就只能是艺术家随心所欲的虚构。当然,毫不走样的记忆和毫无限制的随心所欲都不存在,一种恰如其分的进退维谷才是一个艺术家的天赋。不可见的现成品就此在悖论中隐秘地完成。相对于那本消失的《智慧七柱》,牛津版《智慧七柱》是一本"准消失"的书:它的读者屈指可数,并被尘封了七十五年。那些不可见岁月中的想象,一如对那些不可见岁月的想象,它们同等地不可或缺。除去"文学的考虑",挪置就是更动和删减,尤其牛津版的第八部,以及整体来说的最后四部。不过,对认捐版《智慧七柱》来说,文学越强,"风格"越弱。"文学"是对风格和现成品的双重遮蔽,除非把文学视为某种反逻辑的签名,类似杜尚或者马格利特。那样的话,拼接而成的野兽将变成野兽的拼接。后者拥有双重含义,既指材料又指手法。对《沙漠起义记》来说,唯一的事件就是把事件转化为事实。确切地说,是对事实的刻画与呈现。类似于对源初现成品的打磨,几乎所有可被称为"他者"的一切均被挤入背景,似乎它们是散落的没有天空的星辰。比如,劳伦斯将那些自我沉思的部分,未必诚恳的忏悔,让人沉醉的风景刻画,对历史与现状的缓慢展开(一如《卡拉马佐夫兄弟》和《群魔》让人昏昏欲睡的开篇），当然还有被删得七零八落的"德拉事件"等等悉数删除。对此他心知肚明："它们的瑕疵和不完美就其自身而言服务于一种艺术目的：一个真实的人的完美图像是不可阅读的。"(LA686)对于"现成品"来说，致命的延宕是其特征：时间的质地是挪置的材料。此外，在那些不可见的空间里寄存着差异，关系，过渡；某种未成形，某种梦幻，或者某种生成。重要的是如何挪置？比如差异，变异，删除（直接叙述），等等不一。似乎是复制，其实是发明。看上去一无所有，剩下的只是一种文学操练，一种"手工制品"，或者一种新的技术。① 所谓的"艺术"不过是一种销蚀的力量，慰藉无非是一种幻觉。

"德拉事件"是独一无二的例证，既是"自虐"的例证，又是"现成品"的例证，甚至是"自虐现成品"的例证。当你表达疼痛的时候疼痛已经转移，因此自虐不仅是一种技艺而且是一种现成品艺术。备受物议的"德拉事件"其实面对着二者择一：要么是发明，要么是挪置。或许从未发生，或许确实发生，但却发生在了别处，或者发生在不同的时间，从而被制成一个特定的"装置"，随后被植入《智慧七柱》的空间。他的同伴从牛津版的 Mijbil 换成了认捐版的 Faris，就像《城堡》中的 K 的那两个形影不离的跟班。问

---

① 仅就劳伦斯出人意料的挪置、匪夷所思的并置而言，其"技术"不妨在这种意义上理解，比如莱姆（Stanislaw Lem）在《技术大全》（*Summa Technologiae*）中提及的"机器的自动进化""超验的工程学""方法论的疯狂""实验的形而上学""建构死亡"，等等。莱姆只是如实记下了正在到来的一切，"未来感"的意义就在于我们对时间的迟钝。鉴于我们擅长遗忘，我们才常常把回忆看成预言。

题不在于换成了什么名字,而是切换本身让名字本身更加飘忽。"事实"被特意做了处理,变得更为抽象而不是更为具体,措辞更加"文学化"或者更加意味深长,而不是更为平实和确定。比如"车棚里有两台或三台信天翁(Albatros)旧机器,几个人正在晃来晃去"(SPO495),在认捐版中变成了"车棚里有信天翁旧机器,人们正在晃来晃去"(SPS451)。当土耳其士兵说出"总督要你"的时候,牛津版中的Mijbil趁机溜了,认捐版中的Faris则完全被无视,似乎劳伦斯已被他们认了出来,或者他正惦记着总督后面将要说出的话:你放明白点,我知道你是谁。劳伦斯藉此认定自己的身份已经暴露,事实上那只是总督在认定劳伦斯的性向。听到那个土耳其士兵说出"你是个骗子"的时候,或许一种痛快淋漓的快感瞬间就会充溢他的全身。似乎为了能与劳伦斯的随从遥相呼应,总督的名字在牛津版中是Hajim,在认捐版中换成了Nahi。在紧随其后的段落中,劳伦斯删掉了牛津版有关土耳其军队中的阿拉伯士兵因为被性侵而染上"性病"的陈述,以及其他的更为具体的性暗示细节,比如抽打他的皮鞭的把手上所雕刻的象征阳具的黑色球形图案。认捐版同样删掉了如下细致的描述:"那会儿总督疯了一样地咒骂我,威胁我,让人把我的衣服一件件扯碎,直到我一丝不挂地站在那里。"(SPO497)还要加上被士兵鞭打的更为详尽的细节刻画。严格来说,作为现成品的"德拉事件"是一个悖论。认捐版的意义有赖于它对牛津版的再置,相对于的牛津版源自神秘过去的再置,认捐版更为现成品化的挪用其实是一种风格的弱化：将一件艺术作品锻造为一件文学作品，挪置本身则是另一件艺术作品。"德拉的空气中弥漫着非人的恶与残酷，当我在街头听到一个士兵从我身后发出的笑声时，我犹如冷水击头。"(SPO501)

此外，与作为"现成品"《智慧七柱》相平行的是作为"现成品"的劳伦斯：他把自己挪置到沙漠，把"沙漠的自己"挪置到巴黎，把"阿拉伯的劳伦斯"挪置到军营。1919年"巴黎和会"期间，劳伦斯开始撰写《智慧七柱》，从那一刻起，回忆与笔录同时展开，针对胜利的反讽不仅指向已经发生的一切，而且指向正在发生的一切："对那个题材的兴趣已在关及它的当下经验中消耗殆尽。"(RD13)战争结束后，"阿拉伯的劳伦斯"心甘情愿地置身肮脏的政治舞台上，再次身着阿拉伯服饰，明确地站在费萨尔一边，试图兑现自己的诺言：这个"历史史实"是一件绝妙的现成品，几乎算得上一件"人工制品"。置身沙漠的劳伦斯是一件现成品，然后稍作更动，于是置身巴黎的劳伦斯成为现成品的现成品，同时携带着自己的"观者"，比如费萨尔和其他人。时间似乎只是轻微地移动了一下。不是过去挪置到现在，也不是现在挪置到过去：时间的双重位移使得"流逝"成为一种幻觉，但"移动"发明了空间；那个被称为"巴黎"的地方刚好与对空间的发明同时现身。当然，"观者"至关重要，"凝视"是相互的。所有不动声色的震惊都源于相互凝视的错位。毋庸多言，同一个观者不再同一，比如费萨尔王子，以及"作为观者"的劳伦斯：观察者与行动者的距离忽远忽近,介入的程度强弱不等。与其他观者相比,"作为观者"的劳伦斯不啻一只独角兽:变幻的他人,自己,过去的自己,当下的自己,作为独角兽的自己,以及独角兽眼中的独角兽。此外,劳伦斯的"观者们"别无选择地面对着不可判定的"现成品悖论":要么接受"现成品劳伦斯",要么接受"非劳伦斯"。于是,他是他(说"他是他"的时候同一律开始失效),他不是他。或者根本不知道那是不是他,致命的摇摆正是他的意义。

在"可见的作品"的背后是"不可见的作品"。换句话说,所谓的"作品"就是可见的挪置与不可见的挪置的拼接。劳伦斯挪用时空的同时也更新了作品的性质,正像《追忆似水年华》一并写下了普鲁斯特与世隔绝的时光,《审判》与《城堡》同时书写着卡夫卡不可胜数的细小的失败,或者博尔赫斯把自己书桌旁的孤寂写进了《富内斯》那样。一点都不奇怪,在谈及《鲁拜集》的时候,博尔赫斯没有忘记"顺便提及"奥马尔·海亚姆冷清的书房。巴黎无疑是劳伦斯的苦涩之地,因此在书写自己梦幻的同时,他也将自嘲与反讽挪置其中。嗣后在伦敦的那个冬天,当他准备"重写"《智慧七柱》的时候,或许只有三个人确切地知道劳伦斯如何完成了"复制",但他们无一例外都心照不宣地保持着沉默。似乎一切都是可能的,除了"如实呈现"。劳伦斯后来提及《铸造》与《智慧七柱》的区别时曾提及那种"沉思的距离"。一部伟大的艺术品不仅并置了可见的文本和不可见的沉默,而且还会并置它无从捉摸的姿态。(在此意义上,《智慧七柱》与《逻辑哲学论》或许是所能

图 8 差异是同一中的差异。

有过的最为恰当的例证;《哲学研究》不尽相同,那本独一无二的书是对各种姿态的拼接。)与牛津版《智慧七柱》相伴随的不仅是它的双重关系(与丢失的《智慧七柱》不可见的关系,以及作为"现成品"与认捐版《智慧七柱》的关系),还有它独一无二的姿态:牛津版《智慧七柱》特意为尘封而写;它沉默的读者注定要在等待中反复"阅读"它,直到它在未来的某一刻变得可见。

　　对"军事现成品"的使用算得上"劳伦斯现成品"的最佳注脚。作为"游击战士",把对战役和战术的挪置纳入其中乃是题中应有之义。依据格里夫斯,劳伦斯几乎在同一空间精准地"援引"了贝利萨留斯,剩下的只是对时间的挪用:"他不仅承认有两次(卡赫美士和苏拉)在可以借助间接手段达致军事目的的时候避免了正面激战(pitched battles)——就像劳伦斯所做的那样——而且他的那些骑马的顶级武士保镖就是劳伦斯那些骑骆驼的神枪手保镖的原型。"(LBI130)①

---

① "对时间的挪置"无处不在。比如,难以判定海德格尔与阿伦特的"爱情"究竟是对阿伯拉尔与爱洛依丝"爱情"的拙劣模仿还是在有意识地挪置时间。这两桩"可歌可泣的爱情"的实质寄存于两个龌龊男人上不了台面的性欲(性欲不是问题,涂脂抹粉的性欲才是问题)和两个傻姑娘匪夷所思的一往情深之上。在论及阿伯拉尔时,卢梭不无刻薄地说道:那个恶棍配得上所有的惩罚。这个判断也同等地适用于海德格尔和卢梭本人:交替地把自己扮演成引诱者和忏悔者,对越界心荡神驰,对罪恶留连忘返。此后,才是乔治·巴塔耶和米歇尔·福柯。尽管爱情无一不是愚蠢的,但鉴于爱洛依丝把上帝之爱融入世俗之爱,从而拥有了一种"神圣的质地",因此很难质疑她的诚实(考虑到她的语境)。相对而言,阿伦特对海德格尔的情感是纯粹世俗性的,且平添了某种自虐的因素。纵然阿伦特也曾试图阅读奥古斯丁,以平衡欲罢不能(转下页)

此外,"心理元素依然有待成形。我从色诺芬那里偷来一个词,叫'diathetics',曾经是居鲁士的战前艺术。我们的'宣传'因此变得污迹斑斑,卑鄙下流。这是战争中的受害层面,几乎是它的伦理层面"(SPS200)①。想到劳伦斯竟然因为贫困而不得不为印行《智慧七柱》募捐时,萧伯纳令人心酸地附加了自己的"现成品":"这显然是贝利萨留斯在一个忘恩负义的国家中乞讨奥波勒斯(obols)的糟糕例证。"(LL446)②甚至劳伦斯在阿拉伯战争期间身着的白色的阿拉伯新娘的"衣冠"都是一种现成品的错置:"劳伦斯既瓦解了下摆与西方的关联,又瓦解了白色与一位处女新娘,与阿拉伯富有阶层着装的关联,以及白色长袍与一位英雄和一个筹备结婚的单身汉的关系。就其效果而言,劳伦斯错置了

(接上页)的情欲,但终归于事无补。不过有一点毫无疑问,自此以后所发生的一切都是拙劣的模仿:随便哪一个哲学系的女生都有可能在阿伦特身上认出自己,然后把她们平庸无奇的男老师刻画成海德格尔的模样。或者相反,他们将不会错失一个男版的阿伦特和一个女版的海德格尔。对时间的挪置是一个艺术品,"关系"本身所拥有的哲学启示不是伦理问题,而是幻觉、自欺、受虐,以及意志的迷狂。阿伦特在生命的最后时刻还在思索意志问题绝非偶然。

① 劳伦斯从不掩饰对列宁的欣赏,认为后者是"最伟大的人——唯一的一个编织了一种理论并将其贯彻和落实的人"(LBII211)。与其说劳伦斯在谈论列宁不如说在谈论自己的梦,与伦理和宣传无涉,否则深谙其道的劳伦斯将注定成为自身洞察的牺牲品。

② 萧伯纳所言只是传说,"后来查士丁尼刺瞎了贝利萨留斯的双眼,逼迫他坐在劳苏斯宫殿(the Lausus Palace)前乞讨的故事纯属虚构"。Ian Hughes, Belisarius, Westholme 2009, p241. 另外,查士丁尼时期的通行货币不是希腊的奥波勒斯而是 solidus、decanummium、pentanummium,等等。

三种身份——东方的新娘,西方的新娘,以及东方的新郎。劳伦斯的阿拉伯服饰因此堪称一种文化挪用的象征,质疑并销蚀着文本表面所维系的男人与女人的对立,东方与西方的对立。"①一个"现成品艺术家"与一个"无限援引者"就此重合。不过,一条简单的规则可以将它们分开:一个现成品艺术家是一个"唯名论者",一个无限援引者是一个"拼接艺术家"。所有的哲学都藏身于历史编纂学的细节之中。

---

① *Texas Studies in Literature and Language*,Vol. 37,1,Spring 1995,p96.

E. 分号：作为"他者"的风格

伟大的著作均由某种外语写就。

——马塞尔·普鲁斯特《反圣博夫》

鉴于风格潮水的涨落遵循着一般的逻辑，我们常常不难理解。可一旦我们靠近，每一个浪潮看上去均由思想的断片、个人化的情感组成，所有的一切都在某种程度上变得神秘莫测。潮水涌流不断。

——劳伦斯·高文《维米尔》

那本杂乱而滞重的书看上去就像是一位"业余作者"的习作，点缀着文学的噱头，似乎随手撷取，匆忙写就，从未深思熟虑，某些时刻甚至看上去就像是对"职业作家"一言难尽的模仿。[①]

[①] "风格"最突出地体现在牛津版《智慧七柱》中，虽然劳伦斯的"风格"决不限于一本具体的书。1922年的牛津版只印了8册，嗣后被尘封于博德利图书馆，直到1997年。是年牛津版的限定版公开印行，由杰瑞米·威尔森编辑，Castle Hill Press出版。牛津版的篇幅比认捐版多出三分之一，"无论劳伦斯还是他在文学界的朋友都无法确定哪一部更好"，只有萧伯纳、E.M.福斯 （转下页）

它似乎并不刻意,甚至有点笨拙。不止如此,《智慧七柱》近乎刻板地依循线性时间,表面上亦步亦趋,不越雷池(隐秘而刻意的调整逃过了大多数人的眼睛)。劳伦斯固有的谦逊和自贬强化了这种印象,以致马尔罗对此也深信不疑:"无论如何,他本可以写下阿拉伯起义的唯一历史。但他不相信历史。他相信艺术。那些寝食难安的日子是难以释怀的证明,当他读到那本付印的书的时候,似乎那是别人的作品,那不是一部艺术作品……它不是艺术作品的事实打了我一记耳光,我恨它,因为艺术家是最骄傲的职业。"①《智慧七柱》是不是"艺术作品"? 如果是的话,是何种艺术作品? 如果不是,为什么不是? 一个惯于自贬的人的"自评"

──────────

(接上页)特和格里夫斯等少数几个人认为牛津版更好。通行的认捐版《智慧七柱》是一本杰作,也是一本更加"文学化"的书,"修改的唯一准则就是文学"(SPS16),但"文学化"是风格的敌人。从事实到事件,从真实到想象,从幻觉到消失是劳伦斯的轨迹。相较而言,牛津版《智慧七柱》是一部独一无二的"作品",几乎是一头"被驯服的野兽"("被驯服的野兽"是维特根斯坦眼中的天才或天才之作的特质),拥有一种"非人"的气息。牛津版更为均衡,因为没有事实就没有真拟,它的风格业已完备,无需重置一种文学化的风格。没有牛津版,本书关及"风格"的探讨将不充分,关于"自虐"的探讨将可有可无。尽管无需在拼接的元素中做出选择,但朴实、庞杂、繁复、晦涩而又破碎的牛津版《智慧七柱》无疑是一本"伟大的书",一头难以规训的怪物,也是"风格游击战"的百科全书,足以厕身屈指可数的"特选者"的行列。牛津版《智慧七柱》是一部极具未来感的书,它被埋没的命运正是其风格的一部分。另外,罪恶是其"肉中刺",深沉与悲伤是它的衣裳。

① Andre Malraux,'Lawrence and the Demon of the Absolute',*The Hudson Review*,Vol. 8,No. 4(Winter,1956),p522. 马尔罗的前提是错误的,否则接受其前提,结论就不容置辩:"绝对的恶魔以最粗野的方式展示无遗:如果劳伦斯没有表现出他就是他相信他是的那个人,难道就不是因为他不是那个人? 如果他不是那个人,那他什么都不是。"

不足为凭。况且,劳伦斯根本不可能去制作一部常规的"艺术作品"。"似乎那是别人的作品"? 在某种意义上那正是"别人的作品"。换句话说,鉴于它是别人的作品,它才是自己的作品。那部作品正将其作者逐渐推远,作品与作者的关系正如作品内部的关系:陌生的断片既相互吸引又相互排斥。劳伦斯的"自述"一如既往地充斥着自相矛盾:"书的各种面相,胡乱堆积的穿插情景和边角问题,奢靡而浪费,无法吞咽的菜肴。如此行事乃是刻意而为。这本书是过去三十年间我之所想,所做,如何成就自己的大全(a summary)。首先就是这些,而不是艺术作品。"(M20)劳伦斯的读者不得不在他相互冲突的表述中做出选择,或许后者更为"真实",理由显而易见:劳伦斯对于《智慧七柱》异乎寻常的风格拥有高度自觉,尽管如何定义"风格"依旧付之阙如,"我所有的写作中最缺少的就是风格"(LL517)。对《智慧七柱》来说,与其说风格标示文学不如说风格标示"非文学"。因此,与因袭的规范相反,文学乃是非文学的注脚,一如岛屿乃是大海的点缀。这里的"文学"会依循惯常的尺度。与之相反,"非文学"没有尺度,或者它本身就是尺度。这足以解释"文学家们"的进退维谷:要么束手无策,要么失望以对。《智慧七柱》的过分文学化或不够文学化成为他们批评的切口,比如《劳伦斯与绝对的恶魔》的作者安德烈·马尔罗,《T. E. 劳伦斯:英雄主义的问题》的作者欧文·豪(Irving Howe),以及劳伦斯同时代的那些伟大作家们:约瑟夫·康纳德,拉迪亚德・吉卜林,T. S. 艾略特,D. H. 劳伦斯……马尔罗对劳伦斯的模仿到此为止;《人类的命运》与《王家大道》不是《智慧七柱》,《反回忆录》更不是。① 当然,试图去比较《智慧七柱》、雷马克的《西线无战事》、云格尔(Ernst Jünger)的《钢铁风暴》,或者在不同的层面上去比较《智慧七柱》、道蒂的《阿拉比亚沙漠纪行》和塞西格的《阿拉伯沙地》无疑饶有趣味,但依然于事无补,因为流俗的风格是比较的基础。对劳伦斯来说,风格不仅超出风格,而且风格就是他的"哲学"。换句话说,不是把游击战记录为一种文字,而是把文字集结为一种游击战。

当然,《智慧七柱》的任何一个读者都不会错过那本"风格奇异"的书,但奇崛的英文隶属修辞学的范畴,诸如杜绝陈词滥调,避开熟识的节奏,异乎寻常的断句,特意地击碎预期,剥夺"在家"的感觉,放逐语言,使英文无家可归,或者使其成为"一种外语,烙入其风格的与其说是阿拉伯语,不如说是一种鬼魅般的德语"(德勒兹语),或者像 E. M. 福斯特所说的那样,是"一种并不流畅的英文,但却状如颗粒,奇崛不平,持续地变换节奏,满是抽象、静止的进程,冻结的视野"②。以至于《智慧七柱》的英文读者有时候

---

① 马尔罗关于劳伦斯的传记始终没有完成,留下的只是一个冗长的断片。马尔罗声称手稿已失,另一个不同的版本是说手稿已被盖世太保毁掉。这是一个典型的劳伦斯式的故事,或者说是马尔罗对劳伦斯最后的致意和模仿。参见 Mark Calderbank, *For Only Those Deserve the Name*, Sussex Academic Press 2017, p290。

② Gilles Deleuze, Essays Critical and Clinical, Verso 1998, p119.

也好像在阅读一种外语,就像他们正在聆听劳伦斯阿拉伯语的演讲一样。能够感知的"陌生"只是陌生的外观:或许只是为了挣脱一本"历史书"的符咒,或者不至于看上去像是"出自一个记者的手笔",或者是似是而非的老生常谈,或者试图保持事实与想象、叙事与文学间的平衡,等等不一,后者堪称平庸文学的标示。《智慧七柱》判然有别,其抱负甚至远非伟大的《阿拉比亚沙漠纪行》可比。有一次劳伦斯曾经问起道蒂,为何要把一次游历铭刻在《阿拉比亚沙漠纪行》之中? 后者答曰:致力于把自赫伯特·斯宾塞以来堕入泥潭的英文拯救出来。事实上,作为修辞学的"风格"只是劳伦斯风格的元素,或者说只是他"风格的战术",比如斯蒂芬·塔巴切内科所做的清点,劳伦斯"最浪漫化的风格,全是形容词,均为与阿拉伯人及阿拉伯起义相关的题材而备存,另一方面,他最客观的风格由简单的元素和相对色彩暗淡的形容词筑就,被用来描绘战争的英国方面"[1]。风格的语法对劳伦斯来说既是姿态又是面具,既指示又遮蔽着他对文学的自觉和对依循惯常文学标准的拒绝。劳伦斯对《尤利西斯》的赞赏确乎发自内心,但与乔伊斯的计谋相反,劳伦斯无意提供"反阅读"文本〔《尤利西斯》,尤其《芬尼根守灵夜》或者《万有引力之虹》,或者海德格尔后《哲学献词》时期的文稿,或者德里达的《格拉斯》(Glas)〕:

---

① Stephen E. Tabachnick,*Lawrence of Arabia:An Encyclopedia*,Greenwood Press 2004,p171.

相反,劳伦斯只满足于提供学艺者的"笨拙姿态",偶尔出现的璀璨的"文学化"的断片(认捐版《智慧七柱》尤为明显),一种"文学的自命不凡"(literary priggishness,劳伦斯的自嘲),一个略显沉闷但轻松易读的"传奇"。似乎轻松易读,其实难以穿透:所有的一切都自动地滑向一个凌厉的刺客所佩戴的那副让人自行解除武装的稀松平常的面具。

《智慧七柱》不只是一本书,而是一连串的事件;"智慧七柱"是一连串的事件,不是一本书;其中蕴含着风格的绝望和骄傲。对《智慧七柱》来说,与其说"风格"是一种"风格的战术"不如说是一种"风格的战略"。那是一种"本体论"的措辞。确切地说,风格是本体论的事件。关键在于如何定义"本体"?"本体"就像手心里的沙子,攥得越紧,流得越快。说其有,它则无,说其无,它则有;说其有无之间,它在有无之间;"有"是一个事件,"无"是可能的事件或事件的可能性。它的材料是"实在"的,但实在是"真"的材料,而真就是无。德勒兹的判断既针对历史与批评,同时又与风格相关:"那些批评劳伦斯把从未有过的重要性归之于自己的人仅只暴露了他们的褊狭,他们有多么热衷于贬斥,面对文本时他们就有多么无能。"①过于轻易地认同一种程式或者始终不得其门而入,两者都是不知所措的根源。《智慧七柱》的读者从一开始就别无选择地面对着阅读的困境:整体把握的必然性和整体

---

① Gilles Deleuze, *Essays Critical and Clinical*, Verso 1998, p118.

把握的不可能性。伴随着阅读的推进,《智慧七柱》会逐一击碎预期。它缓慢地上手,就像"退伍军人"那些无趣的回忆或者陀思妥耶夫斯基那些沉闷的晚期小说。

即便仅就形式而言,《智慧七柱》堪称断片的聚集;它不断地分割,似乎没有尽头。牛津版《智慧七柱》被分割成 139 个断片,认捐版《智慧七柱》被分割成 122 个断片,《沙漠起义记》堪称"断片的断片":规模只有《智慧七柱》的三分之一,335 页的《沙漠起义记》被分成了 35 章,后期的《铸造》更为破碎,更不用说他卷帙浩繁的书信,那是断片中的断片。正如他自己所言,《智慧七柱》几乎就是"一个'收集者'的断片"(LL625)。"吉光片羽"似乎只是一个隐喻,但没有哪一个词更能如此恰如其分地刻画劳伦斯的抱负:不仅写成断片,而且视书写为"断片"。仅仅破碎压根儿派不上用场,因为那既是破碎又是异质的破碎。重要的不是叙事,也不是记录,而是抽象,是"反叙事",每一个词都是独立的,"就像在一面镜子面前写作,从不理会面前的纸,反而始终盯着想象的场景。收集语词,于是,我最为念念不忘的不是被重复的词,就是拥有音节回响的词,或者被置于让人惊异位置的那个词"(LL624)。

"散文有赖于你头脑中的音乐,它非意愿地选择或平衡可能的语词,以便与思想同调。

(i)把物化入思想

(ii)把思想化入节奏

（ⅲ）把表达化入意义。

在我看来，如果你对形式用力过猛，你就会忘记材料，你的大脑正与材料搏斗，你就会无暇顾及方式。在持续执着于事物的过程中，你只会偶尔获得一种无意识的平衡，紧接着你会对语词拥有一种自发的、完美的组织以便与作为声调的思想相匹配。润色是一种尝试，以便逐步达致那唯一组合的步幅。"（LL318）

除了表面的断片，还有风格的断片："首先是飞机和其他机器，其次是常规叙事功能，第三是沉思，最后是情感和美。"①尽管欧文·豪并不认为劳伦斯写出了他梦寐以求的"第四本"杰作（估价本身就是赞成与反对），但却敏感地捕捉到劳伦斯的文字风格，即便那只是一位文学批评家的直觉："细节携带着残忍的，甚至让人惊愕的内容被抛出；读者在这类叙事中定然不会被允许寄居在某种期待的安适之中。沙漠的荒凉，阿拉伯士兵猝不及防的杀戮，无助的土耳其囚犯被攻击的恐怖，奥达之类游牧者的光辉，德拉事件的冷静异常，以及在频率逐渐加快的间歇，将焦点转向孤独，转向劳伦斯无情地针对他的自我所发起的游击突袭——这些以及成千上万的其他断片合成了这本让人躁动不安的书的表层。"②纵然欧文·豪留意到泾渭分明的材料，修辞学上的"巴洛克风格"，但他

---

① Stephen E. Tabachnick，*Lawrence of Arabia*：*An Encyclopedia*，Greenwood Press 2004，p171.

② Irving Howe，'T. E. Lawrence：The Problem of Heroism'，*The Hudson Review*，Vol. 15，No. 3（Autumn，1962），p357.

依然忽略了寓言的移动:"他常常以一种刻意的含混不清或言不及义来字斟句酌,以使它们能够携带陌生性和潜在的生命力。这些关键词汇的庸常含义不是未被完全尊重就是已被彻底颠覆;它们被扭转,有时被转换成全新的意义,有时仅仅被转换成一种古怪。'我找到了自己的第五种写作……把句子改造得更加有型,更加洗练,更加陌生。没有那种陌生的扭曲就没有人会在语句的背后感受到一种个体性,一种差异。'"①这段引言的最后一句自述尤为重要,因为正是这种绝无仅有的书写策略使《智慧七柱》成为一部"哲学作品",里面蕴含着不可见的寓言移动,背后是极度隐秘的逃逸。当然,不可预测的力量无不来自于陌生,疏离和差异。

为了使作为"他者"的风格具体化,劳伦斯特别提及了"分号",因为"分号"对他来说就是一种关系,一种争斗,一种并置,一种叠加,一种重复,而不仅是一种记录,或仅仅止于叙事。语言并非呈现主题的工具而是主题的并置之物。劳伦斯口中的"理想标准"既是力量和驱动,也是目的和标准。"一个复合的过程。然后'整合进'一种平稳的运行之中。"(LBII145)从"一"到"一",一种普罗提诺式的思考,并且在威廉·詹姆斯和伯特兰·罗素那里获得一种通俗的哲学措辞〔"中立一元论"(Neutral Monism)〕。形式只是可见的一部分,连绵的星河由异质的断片构成,甚至不妨

---

① Irving Howe,'T. E. Lawrence: The Problem of Heroism', *The Hudson Review*, Vol. 15, No. 3(Autumn, 1962), p358.

换一种说法：独一无二的"星空"美学似乎由各种异质的材料"装置而成"。"在星辰之间"并非隐喻，因为写作幻化为"星河"的川流不息或者绵延不绝。严格而言，《智慧七柱》就是一种星辰写作，一种"风格的游击战"，或者一种"游击风格"。劳伦斯把沙漠中的游击战近乎原封不动地挪置到文字之中：个体化，异质，他者，非接触，不可抑制的整体性，整体性的不可能，进击的迅捷，逃逸的无踪。与之相应，战场就是文字的空间，穿插着刺眼的光芒，不可见的火焰，真切的梦幻。《智慧七柱》几乎就是列维纳斯的伦理朝向风格的移动，但伦理依旧是《智慧七柱》风格的核心；"罪"因为过分真实而显得不够诚恳，因为互不相干而彼此勾连，因为破碎而留存为内在。只有拼接的整体才是真正的整体，虽然你目力所及只有狼藉的断片：关及军事和历史的探讨，持续不断地风景刻画，自省，自嘲，直至自贬的片段，罪恶，救赎的可能性，冷酷无情的人类记录，灵光闪现的诗篇……"H.G.威尔斯说它是伟大的人类笔录，但不是艺术作品。劳伦斯认为相反，不是《远征记》式的人类记录，而是一种追逐艺术的殚精竭虑。一部'让人沮丧的'书。没有讯息（no message）……劳伦斯认定自己绝不可能写作虚构作品，因为旨在操练自己洞悉（see）万物，他忽略了其他感官。"（LBII68）《智慧七柱》介于两者之间，既不伦不类又既是而非。劳伦斯在某种意义上的确像马尔罗所说的那样"缺少想象力"，他根本用不着虚构，因为现实本身就是最伟大的虚构作品。萨义德对《智慧七柱》的批评如若不是恶意和偏见，就是一位文化学家的愚蠢，最终只佐证了一件事情：如若东方是西方的"他者"，那么萨义德的《东方学》则是他者的他者。至于马尔罗，他的失望源于自己的"绝对恶魔"，而不是劳伦斯的"理想标准"。《智慧七柱》因其难以穿透的"风格"超越了时代，但时常因为不够文学，杂乱多元而被轻视或被忽略。[①] 其实《智慧七柱》堪称星辰的化身，一部生成机器，不可见的动物，难以归类的"独角兽"，从未存在但可能存在，如此"实在"却切入虚拟。不仅段落，而且句子；不仅句子，而且词。差异仅仅在于品质与数量，但并没有估价与之相随。"他异"的片段时常是偶得之作，有时几近不可理喻：在双重背叛的背景下（阿拉伯人和英帝国），他期待着一种切实的背叛，一种"风格的背叛"。一种风格的"总体性"无以存在，因为超验的风格是一种共谋。劳伦斯对于自我控制和自我认知拥有不可撼动的绝对性，但"德拉事件"与《智慧七柱》似乎改变了一切。自此以后，自我控制被自我控制的迷茫取代，从而与"游击哲学"刚好相合。"游击战"最终成为宿命。

劳伦斯最初的计划是一个建筑隐喻，"完整"与"坚固"是其固有的含义：第一部，材料；第二部，总览；第三部，地基；第四部，脚手架；第五部，柱子；第六部，失败（在桥梁边）；第七部，重建；第八部，完美的房子。[②] 但"总体性"既是本能也是"绝对的他者"。所

① 牛津版《智慧七柱》因不够文学而被弃之不顾，认捐版《智慧七柱》因过分文学而自乱阵脚。

② Jeffrey Meyers，*The Wounded Spirit*，St. Martin's Press 1989，p74.

谓的"总体"与"绝对"是没有观者的,是不可遏制的前行与次第解体的结合,既是无限和超验性(卡夫卡所说的那种"超验性")又是"理想风格",既是标准又是驱动。① 恰恰因其破碎才是整体,反之亦然。劳伦斯针对"绝对战争"的批评在作为风格的《智慧七柱》中将呈现为一种"自我批评"。除此以外,作为他者的证明,博尔赫斯曾经谈及劳伦斯对于敌人发自内心的赞赏,那也是博尔赫斯对"史诗"的定义。致力于刻画超然之物的博尔赫斯对劳伦斯膜拜有加,想必也是他的朋友维多利亚·奥坎波的 *338171 T. E.* 最早的读者之一。对博尔赫斯来说,劳伦斯"既是一个天才又是一个非同凡响的人",两者缺一不可。在这位"文学英雄"的眼中,伟大史诗现身的时刻就是劳伦斯"第一次为那些杀死我兄弟的人感到自豪"的时刻。② 下面是劳伦斯对敌人所做的让人难忘的描绘,混合着他对死亡的预知和向往:"死去的人看上去美丽异

① 至于说它"不一致"(inkonsequenz)或不够和谐之类的说法则更多地基于你的预期。对托尔金来说,《贝奥武甫》更像砖石建筑而不是音乐,不仅如此,"《贝奥武甫》确乎是最成功的古英语诗篇,因为元素、语言、节奏、主题、结构,都在其中臻于和谐。……它是创作,不是曲调"。*The Beowulf Poet*, Ed. by Donald K. Fry, Prentice-Hall, Inc 1968, p37. 即使吕西安·戈尔德曼对卢卡奇的精致解读仍然不足为凭:"只有从辩证法的角度才能超越二元论,把主体归置为一个群(group),主体作为相对的总体性,与被设想为过程和总体的世界相关联。" Lucien Goldman, *Lukacs and Heidegger: Towards a New Philosophy*, Routledge 2009, p43. 与卢卡奇的"总体性"相反,如果劳伦斯确实拥有一种总体,那么其动机注定晦暗不明,那是一种超验的驱动,并且在成形之前归于破碎。

② Jorge Luis Borges Osvaldo Ferrari, *Conversations*, Volume 2, Seagull Books, 2015, pp106 - 107.

常。夜晚的月光轻柔地落下，将他们变成了新的象牙白色……环绕着他们的是深色的苦艾叶，现已被浓重的雾气所笼罩，在月光下晶莹剔透，像是海的浪花。地上到处都是可怜的尸体，胡乱地堆成了一团。如果能被放平，尸体们终究会舒服一些。我把他们排列整齐，一个挨一个，致使我疲惫已极，渴望能成为这些安静者中的一员，而不是那些在山谷里闹腾不休、让人头痛的乌合之众中的一员。他们为战利品吵来吵去，自吹自擂着只有上帝才能测度其艰辛和苦痛的速度和能耐；不管我们是赢是输，死亡都在等待着终结历史。"（SPS315）

　　因萨特、列维纳斯或拉康而来的"他者"是否成立仍然是一个问题，因为"他者"对列维纳斯来说只是伦理优先性的抓手，对拉康来说则是挪用他者的历程。[①] "他者"未必是彻底的"他异性"或"绝对的他者"，比如动物作为他者：试着去考虑动物的凝视，或者在动物的"面容"中找寻他者的踪迹。"自我"既非预成亦非结果，毋宁是发明或消失的过程，他者是其元素。换句话说，自我会持续不断地切入他异性和陌生性中。在此意义上劳伦斯就是自身的他者，此后才是阿拉伯人，理查·艾丁顿，埃里·凯杜里，苏莱曼·穆萨（Suleiman Mousa），以及爱德华·萨义德；他们只

_____

① "他者作为'他者'不仅只是另一个自我：'他者'是我所不是。'他者'之所以如此，不是因为'他者'的特性，或者面相学，或者心理学，而是因为'他者'本己的外在性。比如，'他者'是弱者，贫穷者，寡妇，以及孤儿。" Emmanuel Levinas, *Time and the Other*, Duquesne University Press, 1987, p83.

是劳伦斯"他者"的不同面相。艾丁顿的批评在某种意义上不啻劳伦斯的自我批评,李德·哈特的辩护无异于李德·哈特的自我辩护。况且,死亡不是他者的终结,后者会执拗地"复活",吃力地越过坟墓,如影随形,穷追不舍。

　　语言就是被"虐待"的语言,因为语言始于敌人,终于他者。拼接文本因其反逻辑,异质,破碎(既源于破碎又归于破碎)而难以拼接成整体,如同难以复原的童贞。《诗章》(Cantos)堪称典型的"拼接文本",《万有引力之虹》是另一个。前者的解释空间超越了《荒原》,但始终未获应有的承认;后者堪称二十世纪最伟大的"垃圾小说"之一,是那种未经分类的垃圾。有一点绝非偶然,在帮助艾略特修改《荒原》的时候,庞德的原则就是尽可能抽象和陌生。诗章与诗章间的关系就像劳伦斯出人意料的引介:"某一天早上我去到他的房间,他把我引荐给在座的一位访客:'埃兹拉·庞德;罗伯特·格里夫斯——你们会厌恶彼此。'"①甚至可以说,诗章之间的关系就是某种"非关系"。《万有引力之虹》将《诗章》残存的优雅摧毁殆尽,尽管在这个或那个断片上依然寄存着难以言传和惊心动魄的美。《智慧七柱》远没有《诗章》那么明确无误,但同样拼接而成。② 如果材料是"自我意识",那么该如

---

① Robert Graves,*Goodbye to All That*,Penguin Books 2011,p313.
② 《诗章》与《芬尼根守灵夜》和《智慧七柱》一起厕身二十世纪最具挑战性的文本之列,由不同文字(比如,偶发出现的汉字,汉语拼音,现代西语文字,希腊语词,《易经》及儒家哲学,乐谱,各类符号和数字,Migne 的大段拉丁引文……不一而足),不同情境、不同节奏、不同语气、不同重音拼接而成。对 (转下页)

何处理材料？如果不忠实的自我依然是自我，那么该如何对自我忠实？不仅如此，该如何评估忠实？如果记录一旦具备幻想的特质，那么幻想是否具备记录的特质？假定材料只是表演的道具？如果理智被疯狂包围，那么真实是否也被虚拟包围？[①]《智慧七柱》处理这些困难时所展示出的伟大足以使它厕身那些声名显赫的先驱者的行列，比如《项迪传》或者《伦敦瘟疫》，后者不仅像前者一样堪称有史以来最伟大的"小说"之一，同时也是最伟大

（接上页）金钱的看法、法西斯主义、儒家思想的杂伴首先是风格的元素，然后才是一种探讨；《诗章》在某种意义上堪称颠覆文学的文学。一种陌生的文体：不是整体体现的陌生，而是直截了当地兼容他者，有时近乎粗暴。顺便说一句，丹尼尔·笛福和劳伦斯·斯特恩是十八世纪最具未来感的小说家，尤其是《伦敦瘟疫》和《项迪传》。如同只有在《项迪传》之后才能提到《哲学研究》、《智慧七柱》和《不安之书》那样，也只有在《伦敦瘟疫》之后才能谈到《智慧七柱》，夏洛克·福尔摩斯和贝克街，以及阿尔贝·加缪的《鼠疫》。1664—1665 年间，伦敦的确发生过瘟疫，但丹尼尔·笛福让其在《伦敦瘟疫》中发生。瘟疫让人战栗的"实在"堪称"真拟"的绝佳素材：其实瘟疫并不存在，存在的不过是末日启示，毁灭的狂热，对自由的恐惧，对囚禁的热切，生命的不安……瘟疫不过是外在表达；对其认知和敬畏与发生的频率恰成反比，但我们注定会重复巴特比的句式：我宁愿不知道。命名瘟疫无济于事，更无从固定它；瘟疫是抽象的，唯一真正的"具体"是它会猝不及防地把自己复制在差异的时空之中，甚至可以恰当地把瘟疫看做"同一者的永恒回归"始料未及的表达。有鉴于此，不要以为手伸出去没有够到水船就没有在下沉：之所以看上去平静如常，是因为地狱之火正在酝酿。至于《项迪传》，那本零敲碎打的杰作堪称"游击风格"的先驱。在某种意义上，《智慧七柱》可被视为《项迪传》与《感伤旅程》的绝妙拼接。

① "哲学是多样性的理论，每一种特性均由实在与虚拟的元素组成。纯粹的实在对象是不存在的。每一种实在都被一种虚拟的图像之云（a cloud of virtual images）所包围。" Gilles Deleuze & Claire Parnet, *Dialogues II*, Columbia University Press 2007, p148. 现代神秘主义者用"虚拟"取代了经典神秘主义者的上帝，用"图像之云"取代了"不知之云"（The Cloud of Unknowing）。

的"叙事"之一。它的"真实"毋庸置疑,一如它的"虚构"。一俟它宣称"瘟疫"发生在 1665 年,《伦敦瘟疫》就开始自动剪辑读者对叙事的预期。不仅如此,《伦敦瘟疫》的读者也会自动将《伦敦瘟疫》剪辑为一部全新的作品。作者、读者、瘟疫的研究者无一不是他者。除了可能的读者,劳伦斯自身的"他者"在沙漠或者在阿拉伯人那里获致最完美的"他者话语":头巾包头是看不到"脸"的,因为根本无法确定头巾是虚饰还是伪装,抑或是对"真"的表述? 就像蜥蜴已然断掉的尾巴,即便"身首异处"依旧顽强地扭动和跳跃,不可遏制地渴望与破碎的身体融为一体。它不停摆动的尾巴就像摆动的空间,堪称一种阻断空间的拼接,或者一种不可能的拼接,一如用橄榄叶去拼接老虎。作为"现成品"的《智慧七柱》的另一面相就是"风格":"现成品"是异中之同,反过来,"风格"是同中之异。如若事件就是风格,那么风格就是事件的拼接。

作为风格的拼接不仅是拼接的风格而且是"风格的拼接":《智慧七柱》自行把"风格的他者""风格的游击战""风格的天体生物学"拼接在了一起。于是,拼凑的无限、星辰零落的宇宙就这样拼接成了劳伦斯"风格的世界"。其材料朴实无华,看上去真实可信,似乎什么也没做,似乎什么也不用做,只需把材料聚集在一起,然后像阿基米德那样找到一个支点,藉此重构了自己的宇宙。《智慧七柱》看似循规蹈矩,其实不可方物。就像作为"他者"的风格一样,作为"风格"的他者是绝对的他者:不是作为他者的绝对，而是作为绝对的他者。不仅如此，风格在成为"形式系统"前会自行解体，因而不存在"不可判定"的问题。《智慧七柱》特有的伦理在于，它将一种"风格的游击战"不容置辩地置于目前，从而完成了自己的救赎和苦涩的回忆；不是生成的整体而是整体的生成使他梦想成真，从而隐秘地击败了自己和自己的阿拉伯朋友：美与伦理最终不可兼得。《智慧七柱》在此意义上是不可判定的，甚至不可希望。文学史上再没有哪一本书会如此让人绝望。T. E.萧后来会说，那本书的作者叫 T. E.劳伦斯，与"我"无关。

F. 自虐的技术

　　有关劳伦斯"性向"的谈论纷繁多样,除了"正常"的性爱,似乎应有尽有。发生在德拉(Derra)的一切被记录在1922年牛津版的第八十七章,相应的记录出现在1926年认捐版的第八十章,但被适度删减。删除的一切当然不会消失,反而会激发出追索的欲望,对此没有人会比劳伦斯自己更清楚。[①] 删除本身只是姿态和事件,但关及"德拉"的事实无一不是事件。"德拉事件"是他生命中的必然,对它的期待一如对它的回忆。那是屏气凝神的时刻:没有哪一个细节不是性命攸关,没有哪一句措辞不是精心织就,没有哪一个姿态不是刻意而为。不仅如此,删除的时刻无异于写下的时刻:劳伦斯字斟句酌,细致入微,极尽其详。绝不放过任何一个标点,每一声叹息,每一次撕裂,每一次刻入灵魂的羞辱,每一声皮鞭落在身体上的声响。删除的时刻复制了书写的时刻:劳伦斯又一次复习了每一个细节;每一句陈述都在招供着它

[①] 杰瑞米·威尔森在其"授权传记"《阿拉伯的劳伦斯》中提及"德拉事件",但其兴趣不在事件本身而是事件的真实性,事件的意义几乎没有触及。

的双重姿态：忘却和不可能的忘却。曾经的自己是蒙尘的"他者"，那么"我"该如何面对曾经的我？我如何付之陈述？我如何忠实于自己，或者如何背叛自己？一切已经过去，还是尚未过去？我在写下这一切的时候是否还在隐隐作痛？是我的身体在痛，还是我在痛？如何区分？如何表演自己？说还是不说？犹疑不定，彷徨往复，欲言还休，反复推敲，数易其稿，所有的"自虐"都在其中。如果我想摆脱自己，我会选择忘却或装着如此；如果那不是我，为什么依然还有隐痛？如果自虐是为了摆脱自己，为什么每一次摆脱的努力只是强化了我的记忆？关于德拉，"自尊会关闭它；自我表述却试图打开它"（LSL296）。至于"自虐"，没有"自"哪来的"虐"？正因为有"虐"，"自"不知何为。

序幕是对身体接触的排斥："对触碰的厌恶超过了死亡与失败的念头；或许是我年少时可怕的挣扎给了我对接触的恐惧；或许我过于仰仗我的心智而贬斥我的身体，为了首要的生命我不会捍卫次要的生命。"（SPS547）如果灵魂可以没有身体，我宁愿假灵魂之手拿掉它。除了受虐，就是对受虐的陈述和渴望。确切地说，是形诸语言的受虐或者受虐的语言（《智慧七柱》）：就像你常常忍不住去揭开正在愈合的伤疤一样，因为每一次看到鲜血再次流淌的时候你都会兴奋不已，每一次重复都会让你痛苦不堪。鉴于你认为"受难"离神圣和救赎更近，于是你把受虐伪装成了受难，末了你再一次欺骗了自己。其实你很清楚，你很难在受虐与受难之间做出区分，一如你很难在想象和回忆之间作出区分。

"德拉事件"是劳伦斯把自己钉上十字架的时刻,是效仿基督或者颠覆基督的惊心动魄的瞬间,他对身体的厌弃被对虐待身体的狂喜所取代,后者堪称肉身化的精神,一如格鲁内瓦尔德(Matthias Grünewald)的《伊森海姆祭坛》,后者连同汉斯·荷尔拜因的《墓中基督》只证明了一件事情:基督的复活已没有指望,但他们的艺术会在基督的死亡中持续地复活。劳伦斯绝非"受虐狂"(masochism)的简单案例,如果"受虐狂"就是"道德受虐狂"(Der moralische Masochismus),那么他总有办法让各种理论相形失色。从弗洛伊德到泰奥多尔·芮克(Theodore Reik),再到德勒兹的理论未必适用于他,甚至克拉夫特-埃宾(Richard von Krafft-Ebing)发明的"受虐狂"也未必适用于他,连莱奥波德·马索赫(Leopold von Sacher-Masoch)本人都愤怒地予以拒绝。关于"受虐狂","我极力反对,部分基于自尊,因为我被判定像他们那样成长,部分基于失败的预兆,因为我的受虐狂始终是并且只可能是道德的。我不会践行它……刻意地把自己困守于此是可怕的;然而我愿意留在这里直到它不再能伤害我:直到那个被灼伤的小孩不再能感受到火焰"(LL415)。因此,的确是"道德的",但不是弗洛伊德或芮克所说的"道德受虐狂"。罪恶似乎与生俱来,从而平添了"原罪"的色调,比如听凭母亲加诸自己的一切,不做任何反抗。小时候的 Ned 被劳伦斯夫人鞭挞是常有的事,后者把自己的非婚生身份和对罪恶的感知完整无缺地传递给了儿子;在德拉被土耳其士兵鞭挞的时刻,他定然会想起母亲:罪恶混合着快感；渴望着重复，渴望祛除罪恶，渴望再现快感；罪恶与快感因此一再被强化。尽管如此，劳伦斯夫人不是宛妲（Wanda）〔《穿皮毛的维纳斯》（*Venus im Pelz*）〕，手拿皮鞭的女人对劳伦斯来说并不存在。另一方面，父亲就像影子，尽管他活到七十四岁。这似乎符合德勒兹对受虐狂的定义：父亲是隐身的；没有名字或者只是匿名，就像他著名的儿子那样。与"家书"中母亲压倒性的重要性相比，父亲的分量几乎可以忽略不计，只有少得可怜的几封信是寄给父亲的。也就是说，他注定是"他"，几乎不可能是"你"：重要的是面对面，而不是还原为叙事的"第三人称"。于是

图9 标准的制服，标准的神情，再没有什么会比这种"标准像"更能展示他的独一无二。

顺理成章，剩下的就是持续地寻找"父亲"或者填补虚空的历程：D. G.贺加斯，C. M. 道蒂，萧伯纳，托马斯·哈代，甚至温斯顿·丘吉尔。不过事实在于，"我对父亲的感激远比我说出来的要多"（LSL123）。相对于"理论"而言，劳伦斯不是多一点就是少一点：我渴望被征服，但从未有过。

"疼"只是哲学家的跳板。对于自己所承受的痛苦他们却秘而不宣，比如维特根斯坦，谈论疼痛就是如何描述疼痛，或者如何使用那个被叫着"疼"的词；维特根斯坦不动声色地完

成了自己的斯多葛和非同感的双重置换：昭告疼痛是耻辱的，唯一昭告的是感知他人疼痛的无能。但有一点是相同的："疼痛"贯穿了他们的生命。劳伦斯迄今为止对疼痛的置若罔闻最终失效。伤害或寻求伤害此起彼伏，连绵不绝。即便对"性"避之唯恐不及，性还是不期而至；疼痛始料未及地与欲望混合在了一起："我记得朝他慵懒地微笑，一种惬意的暖流，或许是性的萌动，涌遍我的全身：紧接着他突然扬起手臂，用尽全力把手中的鞭子朝我的胯下挥去。"（SPS454）快感使他从"男孩"变成了"男人"。即便如此，某种"男性自虐"的说法仍然非常可疑，因为面对劳伦斯这样的"女人"或西蒙娜·韦依这样的"男人"谈论男女间的截然分别几近可笑，况且，作为性欲对象的女人从未真正进入过他的视野："我相信劳伦斯不会允许自己被一个女人鞭打（男性受虐狂惯常的方式），因为鞭打虽然看上去倒错、野蛮和哀怜，但依然是亲近的形式，并被选出来以代表亲密和污辱的熔合。"（AD440）西蒙娜·韦依的自虐因为与信仰相连不仅被忽略还被视为一种美德；像劳伦斯一样，韦依对肉身拥有一种敌视，似乎天使般的容颜只配用来厌弃：弃绝肉身成为肉身的一部分，因为灵魂用不着绝食。①尽管"受难"是成为圣者的前提，似乎破碎的身体就是星光弥漫的

---

① 汉语几乎情不自禁地要把她译成"西蒙娜·微依"，好像名字本身会自动拥有"春风摆柳"的品质和廉价的诗意，好像非如此不足以展现她的柔美、柔弱和可爱，就像非"三寸金莲"或"三从四德"不足以体现中国女人的美一样；似乎生怕她的名字不够女性化，似乎韦依那种难以驯服、非女性化、让人（转下页）

星辰，但仍然不知道苦痛是否会让他体验到"献祭"的热切？劳伦斯小心翼翼地规避韦依不假思索地纵身跳入的深渊：用受难来置换自虐。即便信仰本身也不例外：劳伦斯不愿意像尼采那样付出瞪视深渊的代价，他执拗地站在信仰的门外，不愿跨过门槛。如果说卡夫卡为信仰的祭坛提供的是战战兢兢，那么劳伦斯提供的则是冷嘲热讽：哪怕离疯狂只有一张书桌的距离，他们也不会让绷紧的弦断掉。"鞭子每一次落在身体的那一刻，一条坚硬的白杠就像一条铁路，慢慢深化为深红色，当两条鞭痕交错的时候，一条血痕就会浮现。伴随着惩罚的继续，鞭子越来越猛烈，撕咬得更深，血渗得更多，直到我的肉体伴随着累积的疼痛和对下一次鞭击的恐惧抖成了一团……为了不让自己失控，我默记着鞭击的次数，但默记了二十次以后已不能再记，只能感受到疼痛无形的重量，那不是我有所防备的伤口迸裂，而是被两股巨大的力量逐渐撕裂的全部存在，它们沿着我的脊柱滚滚上升直到被禁锢在我的大脑之中，并在那里猛烈地撞击在了一起。"（SPO498）劳伦斯以匪夷所思的"反转"结束了这段痛不欲生的回忆："在场的某个地方有一架廉价的时钟正在宏亮地报时，让我困扰的是他们鞭击的节奏并不遵循报时的节律。"（SPO499）修辞学的企图意

（接上页）生畏的个性从未存在过似的。文化本身的受虐狂情结体现为某种特别的性施虐狂或性别受虐狂。照此类推，她的那位数学家兄长理应是"安德烈·微依"。同样，"玛丽莲·梦露"而不是"玛丽莲·门罗"同时捕捉了那位女星和自身文化的特质，只是遗憾未能把"门罗主义"译成"梦露主义"。

味着两种可能性：要么是"他者的话语"，要么是苦涩的快感。"多余的情感总是以风格的粗疏作结。"（LSL262）并非只有"矫饰的言辞"才是修辞，文字本身就是修辞。[①] 被击溃的是身体不是理智，至少他试图证明这一点。因此修辞与"他者"同时出现，洞察秋毫的观察力与疼痛的感受同等重要。他甚至没有错过即将抽打自己的鞭子的把手上所镌刻的象征阳具的图案。另一个例证是默尔索参加妈妈葬礼的时候，他精准地记下了棺材上钉得很浅的钉子。"德拉事件"提供了绝无仅有的"他者视角"，"不再是演员，而是观众，不再关心我的身体在苦难中抽搐了多少次，尖叫了多少声。然而我知道或者能够想象在我身上究竟发生了什么"（SPO499）。他好像不是在谈论自己，而是在谈论风景，或者那些话语听起来就像是出自冷漠的风景之口："夜晚的清凉落在我烧灼的肉体上，数小时的恐怖过后，星辰不动的星光让我再一次哭泣起来。"（SPO500）劳伦斯既害怕疼痛又渴望疼痛，因为疼痛就像风景，只是并不清楚那是自己的疼痛还是风景的疼痛？就像那个一再出现的"老爹"（the Old Man，几乎是对《卡拉马佐夫兄弟》之"宗教大法官"的浮夸挪置）那样。后来的劳伦斯曾要求约翰·布鲁斯（John Bruce）定期鞭打自己，并宣称自己被那位"老爹"胁迫。这位"老爹"其实真伪难辨，甚至"布鲁斯事件"本身也在迷雾之中，

---

① 《逻辑哲学论》的"真正读者"就是那些阅后即焚的人；只有在出现问题或者需要批评的时候，维特根斯坦才会提起他的旧作。

被挪置的"老爹"称得上让渡的对象,威逼的象征,冰凉的他者。

对于自己的才智他了如指掌,但自贬如影随形:一个天才一刻不停的自贬是自虐的一部分,与认知无关。对劳伦斯来说,似乎只有自虐的加速才能获致救赎。一般而言,谈论疼痛是不道德的,难以自持不啻缺乏男子气概。不妨想一想海明威那些沉默寡言的肤浅小说。在与夏洛特·萧谈及萧伯纳的《圣女贞德》(萧对贞德的刻画参考了劳伦斯的经验,甚至就是某种意义上的劳伦斯)的时候,"德拉事件"已经过去了七年,但对于"可怜的贞德"所承受的身体之痛劳伦斯依然感同身受,对曾经的那个夜晚依旧难以释怀:"关于那个夜晚。我无法相告,因为体面的人不能谈论此类事情。我本想在那本书中坦陈一切,为此我跟自己的自尊斗争了很久……它不会,也没有允许我这么做。与其说源于害怕被伤害,毋宁说源于从让我发疯的疼痛中赢得了五分钟的缓解,我交出了我们与生俱来的唯一的所有——我们身体的童贞。这是不可饶恕事件,难以挽回的立场:我因此被剥夺了体面的生存,禁止操练我并非微不足道的智能。你或许称其为病态,但请想一想我的罪过,想一想这些年我对之难以释怀的那种强度。我活着的时候它挥之不去,如果人格得以存活,我死后它仍旧会徘徊不去。不妨想一想死后游荡在那些体面的幽灵们中间,喊叫着'不洁,不洁'。"(LSL261)"关于那个夜晚",身体是耻辱的一部分,更为耻辱的是难以遏制的冲动,不断地渴望倾诉或者持续地寻求告解。伴随着被识破的伪装,他成了失败的"超人",尽管在某些时刻,劳伦斯曾认定自己就是超人，绝非什么伪装，难道正是鞭打和强暴让想象的自我回归"真实的自我"，或者就此发明了一种新的自我？

　　"德拉事件"的真实性始终争议不休。[①] 认定劳伦斯虚构了整个事件或者只是挪置了时间的人与批评他缺少想象力的人根本无法相容；认定它真实可信的人却对事件的戏剧性半信半疑。依据劳伦斯，牛津版《智慧七柱》的真诚（sincerity）是"绝对的，只有一次我逃避了明确无误的真实，写得晦暗莫名。我害怕要对此说点什么，哪怕是对我自己。那件事难以启齿。只有当我远离那个时刻的重负，忏悔看上去才像是解脱而不再是冒险"（LL463）。什么是"真实的受虐"？ 真实的受虐会更加真实吗？ 想象或回忆的受虐会更不真实吗？ 一旦被识破就一定会更加真实吗？ 笛卡尔的幽灵再次出现；没有什么会比对它的怀疑更为真实：如果施虐受虐是一种幻想，如果对施虐受虐的幻想是另一种幻想，如果幻想以及对幻想的幻想是真实的，那么就需要在一种自虐的技术和一种想象的自虐技术之间做出区分，或者干脆招供自己无力做出区分。与其说是受虐不如说是展示受虐；与其说是叙述者在受虐，不如说

----

① 阿古斯·卡尔德（Angus Calder）认定："劳伦斯一般性的不可靠会因这个事实而被坐实，即我们现在已经知道，《智慧七柱》中最戏剧化的章节——我们的英雄在德拉被鞭打并被侵犯——干脆不可能发生。"Angus Calder, *Disasters and Heroes*, University of Wales Press 2004，p154. 卡尔德是如何知道这一点的我们其实并不知道，那样的话，牛津版与认捐版的差异只拥有审美的意义，数年后的耿耿于怀也只是对想象的无法释怀：用实在去填补艺术的空缺，或者把实在变为艺术。不过，有时候想象的逻辑与实在的逻辑并不一致。

读者或观者在受虐。"观者"首先是他自己,"他"看到了受虐与性欲的混合。"有罪意识始终都是把施虐转化为受虐的因素,但毫无疑问,那不是受虐的全部。"[①]受虐的幻想,抑或幻想的受虐?如何刻画想象之物?如何区分回忆与想象?如何付诸语言?即便受虐者能够想象自己真切地意识到套在脖子上的绳索,能够清晰地听到挥向自己的皮鞭,能够毋庸置疑地感受到像波浪一样袭来的疼痛,即便如此,在失去意识之前,想象的受虐者依然会反问:那难道不也是想象?置身巴士底狱的萨德也会面临同样的困惑——"创伤记忆"的确难以抹去,但创伤记忆同样易于虚饰:渴望与回避都有夸大的成分。即便如此,如果说正是一种特意的夸大,一种漫不经心的剪辑摧毁了它的真实性,那么夸大的渴望与刻意的回避就一定是真实的吗?或许人们再也不能在废墟上重建真实,但却忽略了"废墟的真实":真实的受虐,对受虐的陈述,想象的受虐,对想象的陈述,回忆,诉说(让"别人"知道),对疼痛的让渡……

从此以后,"阿拉伯的劳伦斯"讨论想象的受虐比讨论真实的受虐更具挑战性,因为渴望受虐,把渴望视为真实,模糊或者无视想象与真实的区分才是"真正"的受虐,可以称之为"受虐的受虐"。那些疼痛真的是"真实可信"的吗?在每一次回忆中,疼痛都会被强化,每一次疼痛都被重构,每一次忘却的努力都蕴含着

---

① On Freud's "A Child is being Beaten", Ed. by Ethel Spector Person, Karnac Books 2013, p189.

对疼痛的想念。究竟是回忆还是想象回忆？是想象回忆还是回忆想象？对自虐的陈述复制了自虐的双重性：一边是不堪回首，一边是欲罢不能。需要不停地虐待它，以便使它成为"杰作"，获致救赎的同时伴随着可见的自虐：相对于已然写出的段落的那种克制，"劳伦斯手稿中的笔迹显露出内省紧张特性的各种迹象：稿纸上满是密密麻麻的细密手迹，异常详尽的修改和嵌入"①。辗转反侧的自虐和曲尽其妙的"风格"就此完美重合。有关德拉的那一章"已经是第九稿。太多的修改并没有改变它的本质：它们略微增补了一点，变得更加丰富，或者刨掉了一点，使其节律更快……我此处的散文比书中的任何其他章节都更加接近**风格**（Style）。不过那里确实发生了很多……对于**风格**来说那是渴望（desiderata）之一。"②尽管劳伦斯"不喜身体接触，渴望独自就餐，宣称爱之激情'无足轻重'"（IL42），但"罪恶感始终都会把虐待狂转化为受虐狂的因素"，不仅如此，戏剧化的姿态总是来得恰如其分："他脱掉软托，用它反复击打我的脸。他俯下身来，用牙齿咬住我颈部的皮肤，直到血流了出来。"（SPO497）这是吸血鬼的经典动作。布拉姆·斯托克的杰作早在1897年就已问世，对于德古拉伯爵劳伦斯定然不会陌生：我渴望你吸尽我的血，直到我奄奄一息。在生死攸关的瞬间，劳伦斯本能地选择了受虐姿态：径

① Thomas J. O'Donnell, *The Confessions of T. E. Lawrence*, Ohio University Press 1979, p109.
② Ibid.

直朝一颗大树撞去。如果从未间断的疼痛是持续的受虐,那么毫无疑问,死亡是永恒的受虐。假如受难离不朽更近是另一种诱惑的话,那么"德拉事件"就是至关重要的节点,只是不太清楚那是自觉自虐的开始,还是再一次重新学习自虐,或者尝试去复习一种祛恶的技艺? 从陆军坦克营开始,劳伦斯定期让布鲁斯鞭打自己,长达十一年之久。杰瑞米·威尔森认定布鲁斯的"故事"编造居多,对于忍不住要去"编造"的劳伦斯而言,布鲁斯的编造最多只能算是非凡编造的平庸注解。A.W.劳伦斯则认为自己的兄长试图"借助他曾读过的圣者行止中所倡导的手法达致对身体的制服"(AD428)。如果后者的解释能被接受,那么"德拉事件"的意义需要另行评估。为了祛除内心的恶魔,洗净自己的罪恶,还是为了一种替代的快感? 如此多的"猜测""想象""不实之词"或者"虚构"正是"德拉事件"难以逃脱的伴生之物。

作为"身体"的《智慧七柱》是对"可见身体"的挪置,上面残留着触目惊心的伤痕,加上"身体是一个动物",因此作为动物的《智慧七柱》堪称自虐的技艺,比如思虑再三,数易其稿,不断再置,把自虐的部分删除,或者把写作视为受虐。不仅如此,《智慧七柱》无异于受虐的身体,书写成为漫长的撕裂,然后才是长达八年的受虐。唯一可能的受虐是作为受虐者的《智慧七柱》,恰恰这一点常常被忽略。《智慧七柱》题头诗的第三节:"爱,疲惫的征程,暗中摸索你的身体,我们短暂的回报,我们的回报转瞬即逝,大地柔软的手开始探寻你的形状,盲目的蛆虫正在你的尸骸上茁壮成长。"爱与哀愁离自虐的性欲只有一步之遥,一如《阿尔特米奥·克罗斯之死》中的强奸场面会在持续加速的回忆中变成温情脉脉的邂逅:显而易见,卡洛斯·富恩特斯对于"自虐"拥有深刻的知识。身体"并非精神的载体",紧随其后的就是一种身心二元论的失败,但肉身与疼痛更新了精神,救赎乃是毁灭的激情:"我感觉我病得很重,似乎生命中的一部分已在德拉的那个夜晚死去,只有残缺不全的、不完美的半个自我留了下来。它本来不应被玷污,因为没有人像我那样珍视身体:当我对狂乱的让我神经颤抖的疼痛屈下膝盖的时候,或许被撕裂的精神已将我贬至野兽的水平;从此以后就一直相随,一种痴迷,一种恐惧,一种混合的欲望,淫荡,也许是邪恶,正像飞蛾一样拼命地朝着火焰奔去。"(SPO501)"飞蛾投火"致使身体的碎片散落天际,"纯贞"与"完整"就此随风而逝,身体连同灵魂的断片被抛向星辰或沙漠。"没有肉身。"[There was no flesh.(SPS581)]①

---

① 几年后劳伦斯以一种更加平和的方式复制了这一景象,几乎重述了斯宾诺莎:"正当我们四仰八叉地躺在那里,相互枕着对方,惬意地胡乱签名的时候。阳光从天空倾泻而下,直入我们的身体组织。通过我们背后潮湿的草皮所涌出的一种同型之热(a sister-heat)将我们裹挟其中。我们的骨头熔化成了身下宽厚大地的一部分,其神秘的起伏在我们身体的每一次震颤中搏动……空军人被关切之少一如他们的关切之少。他们单纯的眼睛只盯着外部,他们的生存自然而然;就其心智的洼地而言,贫乏的想象力既无困扰也无收获:所有的这一切都像闲置的田地那样暴露于空气的流转之中。在夏天我们轻易就是太阳的一部分。在冬天我们沿着车道不设防地奋力前行,雨和风追逐着我们,直到我们就是风和雨。"(TM205)

G. 无限援引

我不相信我曾经发明过哪一条思想，我总是从别人那里借用而来。

——路德维希·维特根斯坦《杂论》

我赞同埃帕梅隆达斯（Epaminondas）的伟大，但不赞同"军事史上最具原创性的天才"的说法。原创性的天才：我们只是还不清楚如何准确地放置他。

——托马斯·爱德华·劳伦斯《书信》

"无限援引"始自普罗提诺，远在蒙田的《随笔》和本雅明的《拱廊街作品》之前，《九章集》就已经是一本"引文之书"。从前苏格拉底到亚里士多德，普罗提诺的援引无所不包。毋庸多言，最初和最后的援引都归于柏拉图。"援引"的历史更其久远。"喀巴拉"意指"传统"，确切地说，就是援引传统。作为喀巴拉主义者，本雅明无所不在的援引乃是题中应有之义。在漫长的喀巴拉谱系之后，可以把埃利奥特·沃尔夫森（Elliot R. Wolfson）视为这种谱系的当下例证。① 不过,不一定要阅读喀巴拉文献才能成为一个喀巴拉主义者,阅读喀巴拉文献不一定能成为一个喀巴拉主义者。麦克卢汉与犹太神秘主义者分享了对无限援引的狂热:《古登堡星河》的一半篇幅由引文组成。对麦克卢汉来说,援引本身就是传播的延伸和信息的播撒。看似与援引无关的《智慧七柱》事实上由援引组成。劳伦斯的援引无所不包,要么是不着痕迹的援引,要么是字里行间的援引,时而引自回忆,时而引自梦幻,除去可见的援引就是不可见的援引:"就像作为批评家的你所看到的那样,此物(《智慧七柱》)是高度复杂的:借由其他书籍的暗示构建而成,充斥着用来丰富或者用来转向(side-track)或者用来重复我的动机的这些回声。它过分处心积虑,对建构过分自觉,以致很难留存为某种单纯之物——或者毋宁说,在我的简明

---

① 沃尔夫森模拟了喀巴拉的策略:常常把书分为两半,一半是尾注和文献,剩下的一半再分为两半,其中的一半是引文和脚注,剩下的一半是正文,正文是对脚注的模拟。"脚注"既是援引的正当化,也是援引的援引。这是一个"脚注的时代"。"一本脚注之书"或者一本由脚注组成的书并非不着边际,"脚注"雄辩地支撑着一个"无限援引"的时代。恩斯特·H.康托洛维茨的《国王的两个身体》不过是其现代例证(滥觞可以溯至兰克,参见安东尼·格拉夫敦的《脚注趣史》):毫无脚注的《弗里德里希二世 1194—1250》成为《国王的两个身体》的脚注,或者相反,《国王的两个身体》是《弗里德里希二世》无限绵长的脚注。"脚注"更改了"书写空间"的拓扑关系,比如圣经双排的策略就是正文与脚注的排列方式。脚注空间堪称"神圣空间"的亵渎,并借助体制规训合法化。顺便说一句,中文的学术史就是一部"援引史",最恰当的例证就是孔子:作为人类历史上最伟大的援引者之一,孔子开启了无限援引的谱系。不过,孟、荀之后,成色不等的"新儒家"前赴后继,绵延至今。让人困惑的是,"新"与陈腐恰成正比,因此"止于援引"或"述而不作"更值得推荐。

晓畅和直截了当之处,人们会觉得(应该觉得)它是一个错误的平静。"(LL371)换句话说,不妨试着去引证尚未写出的段落,难以捉摸的氛围,不可见的文本,逐渐蒙尘的时间,持续重叠的空间。

　　一般而言,"原创天才"与"无限援引"相互勾销。"原创天才"乃是稀有之物,是我们回忆的一部分。《哲学研究》1953年出版时已像斯芬克斯一样古老,至少像柏拉图一样古老;就在同一年,德勒兹的处女作《经验论与主体性》印行。从罗素到哥德尔,从克里普克和阿兰·巴丢,他们对《哲学研究》的批评几乎完全不着边际。"哲学的刺客"(c'est des assassins de la philosophie),德勒兹批评性的说法或许更加靠谱。① 一点不假,维特根斯坦或许是哲

---

① Rola Younes , *Introduction a Wittgenstein*, La Decouverte 2016, p109. 除了少数的例外,诸如皮埃尔·阿道、皮埃尔·布尔迪厄、米歇尔·德塞都、让-弗朗索瓦·利奥塔、莫里斯·布朗肖,或许在隐秘的意义上也包括米歇尔·福柯,特意忽略或者刻意误解维特根斯坦堪称法国哲学家们的日课,参见拉康下述文本,以及 *Arguing with Derrida*, Ed. by Simon Glendinning, Blackwell 2001。另外,维特根斯坦在法国的信徒雅克·布瓦雷斯(Jacques Bouveresse)绝不会放过任何一个批评法国结构主义和后结构主义哲学家的机会。在简练地提及《逻辑哲学论》的"基本命题"和"同语反复"之后,拉康把"大他者的欲望"嫁接到早期维特根斯坦哲学之上:"唯一的意义就是欲望的意义。唯一的真就是所说的一切不过是渴求其匮乏所隐藏的真,以便照亮他的发现",并认定"维特根斯坦式的此类操作无非一种非凡的炫展对哲学诡计的侦讯"。*The Seminar of Jacques Lacan : The Other Side of Psychoanalysis*, W. W. Norton & Company 1991, p61. 莫里斯·布朗肖算得上维特根斯坦屈指可数的法国知音之一,以下判断几乎是对拉康和德勒兹的回应:"他不能被视为破坏者。设问始终都是越界,横扫一切的思考的单纯性始终都是对思考的尊重,是对无病呻吟的拒斥。"Maurice Blanchot, *The Writing of the Disaster*, University of Nebraska Press 1995, p139.

学史上最伟大的刺客,尽管德勒兹像列维纳斯、拉康以及德里达一样,要么对维特根斯坦一无所知或装着如此,要么只拥有肤浅和粗率的理解,或者去援引巴特比(Bartleby,另一个抄写者)的句式:"我宁愿不理解。"刺客并不讨人喜欢,因为除去尸首,他留给我们的只有恐惧与颤栗。于是,以"肯定"著称于世的哲学家德勒兹对二十世纪最值得肯定的哲学家维特根斯坦做出了否定性的评点。与德勒兹赋予它的意义相反——刺杀本身让刺客和被刺杀者都变得滑稽,不妨想一想脍炙人口的"荆轲刺秦":在这个经典事件中,壮士断腕的"风萧萧兮易水寒,壮士一去兮不复还;探虎穴兮入蛟宫,仰天呼气兮成白虹"与让人捧腹的刺杀现场缺一不可。同样道理,绝无仅有的《逻辑哲学论》既是大卫的弹弓又是歌利亚的尸首;既是登高即弃的"梯子",又是无限援引的"诗篇"。当然,是否"援引"并非"原创性天才"的尺度,区别在于意图和所引之物。维特根斯坦同样是个"援引者",但他援引的不是文本,而是"日常生活",比如《哲学研究》。《哲学研究》,二十世纪最具"原创性"的哲学作品,其实是一部"非原创性"的杰作,一本"挪用"和"援引"的杰作,志在"收集回忆物"(ein Zusammentragen von Erinnerungen)。严格而言,《哲学研究》由纷繁多样的"姿态"拼接而成,显现为对"实在"严丝合缝的援引。伟大的《哲学研究》弥漫着一种"平庸"气息,让人不由地想起博尔赫斯赋予霍桑的"威克菲尔德"(Wakefield)那种落差:气质的平庸和堕落的深刻之间的对比。博尔赫斯断然不会错过霍桑的哲学措辞:那个叫威克菲尔德的人同时也是"苏醒之地";《哲学研究》就是那部试图为"黑暗时代"带来光明的作品。维特根斯坦在前言中的挣扎和放弃,诸如"出于不只**一**种理由,我这里发表的东西会与他人正在写作的东西相关联。如果我的评点没有打上自己的印记,那么我不想进一步宣称那是我的专属",再生动不过地体现出维特根斯坦及其"哲学"间的对峙:"原创性"的天才维特根斯坦活在过去,"非原创"的天才哲学放置在未来。另一种"对峙"置身于维特根斯坦的哲学与他的"伦理"之间:维特根斯坦小心翼翼地隔开他的哲学与他的道德。换句话说,道德的劝导源自道德的旁观。除却《伦理学讲座》,维特根斯坦关及伦理的"学说"只是"片言只语",散见于书籍前言、书信、笔记和谈话中之中,他从未在其"哲学"中直接论及伦理,尽管伦理浸透字里行间。我们时代的"哲学英雄"置身对峙的深渊之中。维特根斯坦一再尝试拼接,最终归于"失败"。《哲学研究》与《智慧七柱》分享了同一种品质:伟大的失败启示着某种先行性。不仅如此,它们还分享了另一种品质:《智慧七柱》直截了当地修改了世界,《哲学研究》间接地修改了它。"非原创天才"〔unoriginal genius,借用马荠丽·佩劳夫(Marjorie Perloff)的说法)〕是文本的援引者或"思想的援引者":"与其说德勒兹的哲学宣称了一种新思想,不如说是一系列思想的结集,藉此在这种或那种层面上表达差异。"①德勒兹对哲学史

---

① Eric Alliez, *The Signature of the World*, Continuum 2004, p86.

的研究既是在准备有待援引之物又是在操练援引,付之对图像(包括电影)的列举,"伪科学"或"伪数学"般的挪置(比如对黎曼或阿尔伯特·劳特曼的挪置)。"伪"不是假,也不是探究的对象,而是方法,是使其"虚"或者虚拟,创造的敌人不是错误,而是平庸。有鉴于此,德勒兹准确无误地厕身海德格尔、本雅明、拉康、博尔赫斯、列维纳斯、德里达的行列,堪称我们时代的"最伟大的援引者"之一。① 或许未来的名单上还要添上翁贝托·埃科和吉奥乔·阿甘本的名字。雅克·拉康,另一个"非原创天才",为"无限援引者"刻画了一个精致或狡黠的形象:"你认为你在窃取他人

---

① 那本名唤《德勒兹的哲学宗谱》(*Deleuze's Philosophical Lineage*)的书列举了德勒兹哲学的可资援引之物,依次为柏拉图、约翰·邓斯·斯各托、莱布尼茨、休谟、康德、所罗门·曼蒙(Solomon Maimon)、黑格尔、马克思、赫内·瓦伦斯基(Hoeene Wronski)、弗朗西斯·瓦伦(Francis Warrain)、伯纳德·黎曼、加布里尔·塔德(Gabriel Tarde)、弗洛伊德、柏格森、胡塞尔、A. N. 怀特海、雷蒙·儒耶(Raymond Ruyer)、海德格尔、克罗索夫斯基、阿尔伯特·劳特曼(Albert Lautman)、吉尔伯特·西蒙栋。在"学理"上其实存在着《吉尔·德勒兹的学习时代》与《吉尔·德勒兹的漫游时代》两个时段,并相应地统摄着两个系列:首先是经验论与主体性,斯宾诺莎的实践哲学,尼采与哲学,皱褶:莱布尼茨与巴洛克,柏格森主义,康德的批判哲学,弗朗西斯·培根:感觉的逻辑,普鲁斯特与符号;然后是差异与重复,反俄狄浦斯,千高原,什么是哲学? 它们是无限援引的不同样式,可以分别称之为"直接援引"和"间接援引"。此外,列维纳斯是一个伪装的"原创者"和一个真正的"无限援引者":胡塞尔,海德格尔(列维纳斯对海德格尔爱恨交加,算得上海德格尔倔强和不幸的影子),罗森茨威格,库萨尼先生,伟大的俄罗斯文学,加布里尔·马塞尔。塔木德是援引之源,《整体与无限》和《别于存在或超乎本质》是一位不育诗人的哲学诗篇。不仅如此,连德里达的《论书写学》都是一部"援引之书",甚至可以更名为《论无限援引》。饶有趣味的是,一位"无限援引者"很少去援引另一位"无限援引者",因为他们都很明白,在援引别人的同时,自己注定会成为援引的援引。于是,"异曲同工"却从未合奏。

的思想,那是因为你想象他人拥有一种他并不拥有的知识。不妨取而代之,把那种思想理解为无人归属,甚至没有哪一个人自身可以思考它:它(çsa)思考,没有你。"①德勒兹对维特根斯坦的误解堪称一位"非原创天才"对一位"原创天才"的误解,既是致命的误解又是必然的误解,也是一个"伦理学家"对另一个"伦理学家"的误解:越界是一种罪恶,无论是僭越沉默的边界还是踏上语词滥用之路;没有创造的哲学是不道德的。不妨让"凯撒的归凯撒,上帝的归上帝"。维特根斯坦的天才源自分类,至于德勒兹,对于被造物来说,"创造"是一种罪恶。维特根斯坦会说:"你必须改变你的生活",德勒兹对"改变"什么没有兴趣,他只对构建一种虚拟的内在性平面情有独钟。于是,过分的肯定会使所有关于"差异"的故事变成没有差异的重复。② 事实上,他们的哲学不止是语言游戏家族中的不同成员,还是重复和差异的不同运动。相对于德勒兹中规中矩的"拼接",无论《逻辑哲学论》还是《哲学研究》都算得上最激进也是最伟大的"拼接之书"。"收集回忆物"不啻"聚集"和"拼接"的别名。它们像《智慧七柱》一样启示着时代规训和创造力之间的冲突。德勒兹的发明了一种崭新的拼接方式,其滥觞可以溯至海德格尔和本雅明。"德勒兹的世纪",福柯的判断尤

① Mikkel Borch-Jacobsen, *Lacan: The Absolute Master*, Stanford University Press 1991, p2.

② "很少有哲学家像德勒兹这样富于启示。但我们中的那些依然在寻求改变我们的世界并授权其居民的人需要到别处寻找我们的灵感。"Peter Hallward, *Out of this World*, Verso 2006, p164.

其意味深长：眼花缭乱的背后是一种质朴烂漫的"儿童哲学"，一个耽溺日久的游戏玩家，一种针对"文艺的，太文艺的"的精准表达。[①] 吉尔·德勒兹，一台"写作机器"的变化、差异、遭际和游牧的痕迹，在"属人"的意义上没有风格，在机器的意义上不会有风格。德勒兹的"新学院风格"既陈腐又先行，既落后于福柯又启示着基特勒，是哲学中的安迪·沃霍尔，或者是安迪·沃霍尔式的哲学：一俟我提起笔在手，我就能准确无误地听到机器的轰鸣声。所有的"诗情画意"无不来自于我模仿机器时的力不从心。

可见的援引无所不在，譬如卢奇亚诺·贝里欧对乔伊斯的援引，或者基特勒的"音乐研究"。在《主题：献给乔伊斯》(Thema: Omaggio a Joyce)里，贝里欧援引了《尤利西斯》关及"塞壬"的章节；至于基特勒，后者的"无限援引"在《音乐与数学》中达于极致。[②] 在"可见"的意义上，劳伦斯在牛津的阅读成为援引之源：转译，转述，间接援引，不断堆积的阅读，对阅读不可遏制的想象，

---

① 或许福柯真正想说的是，那是德勒兹或者"你们"的世纪，与我无关。暮年的福柯假道皮埃尔·阿道(Pierre Hadot)在《性史》中回到过去并非偶然。即便如此，那并不意味着福柯不是一个"无限援引者"。

② "当贝里欧选择乔伊斯《尤利西斯》'塞壬'章节的'序曲'作为其《主题：献给乔伊斯》起点的时候，他把处理先在文本(pre-existent text)的两种操作方式带入创造的焦点，并使其成为嗣后十年间他的大部分声乐作品的中心。第一种由乔伊斯自己提供，因为后者已从紧随其后的叙事中(布鲁姆先生在奥蒙德酒吧的午餐，背景中是钢琴伴唱)提取出的断片建构了'塞壬'章节的开篇，并从中构建出意象之流，意象相互孤立，历历可见，彼此间的互动不仅创造出与其源初语境相忚离的明确意义，而且创造出一种词—乐(a word-music)。"David Osmond-Smith, *Playing on Words*, Routledge 1989, p8.

无一不是无限援引的材料。我像洛根丁一样试图按照字母的顺序清点他在云山的藏书,猜想着他如何利用那些"现成品"拼接出自己的《智慧七柱》,以及如何使《智慧七柱》成为一部"拼接之作"。似乎任何人都能从《智慧七柱》中看出瓦尔特·帕特(《文艺复兴》)、约翰·罗斯金(《建筑七灯》)、托马斯·卡莱尔(《拼接的裁缝》)的影子。所以不妨去列举劳伦斯的援引之物,对此杰弗里·迈耶斯曾做过详尽的梳理。不过,"可见的援引"只是寓言的一部分:他捡拾别人的旋律,拼接自己的音乐。劳伦斯以处理自己特有经验的方式处理自己的藏书,于是"开放的文本"无异于侵略的文本:就像蒙古铁骑,所到之处只留下一串白骨,所不同的是,作为"侵略者"的劳伦斯既在杀戮又在吸收。严格而言,《智慧七柱》没有引号,或者说没有任何显明的援引,即便隐秘的援引无所不在。劳伦斯不仅好古,不仅是一个一般意义上的"好古者",他还是一个特定意义上的"中古主义者"(Medievalist)。[①]《远征记》与《亚瑟之死》须臾不离身,对《阿拉比亚沙漠纪行》推崇有加,动手翻译《奥德赛》,希望《智慧七柱》能与《卡拉马佐夫兄弟》《莫比·迪克》,以及《查拉图斯特拉如是说》相提并论:它们无一不是有待援引之物。似乎"写作"无他,就是"打开我的图书馆"。不过,"我","你","他","她"或"它"不再是纸笔之间苦思冥想的人

---

① 参见 M. D. Allen,*The Medievalism of Lawrence of Arabia*,The Pennsylvania State University Press 1991. 阿伦甚至把《智慧七柱》呈现为一部"可见"援引之书,从而只是确证了自己的援引。

或物,或者"手稿文化"的托管者。所谓的"作者"就是那个管理图书的人,或者一个无人的"信息处理员";所谓的"书"不是别的,无非电子图书馆随意黏贴的断片。于是,一个博尔赫斯式的"图书管理员"与一个正在消失的作者就此融为一体。不仅是虚空之中的援引,也是对"时间"的援引,因为并置时间意味着勾销了"时代"。不仅如此,一般的"艺术品"只是时代品位,因此重要的不是成为"艺术作品",而是成为"颠覆艺术的艺术作品"。"如果只是超出时代,时代总会追上它",维特根斯坦如是说。

不仅是可见的援引而且是不可见的援引;不仅是对书的援引而且是对"自我"的援引。"所有劳伦斯的传记作者都要面对的困难,即故事本身已经被劳伦斯和其他人不断地重述,每一次都在重复,每一次都不一样。然而,就像洛威尔·托马斯率先指出,罗伯特·格里夫斯后来重复的那样,阿拉伯起义的参与者无人质疑劳伦斯的叙述,尽管他已先期把《智慧七柱》寄给了他们。"(IL43)理由其实很简单:里面全是事实,且无可争议,换句话说,里面没有事实,只有事件。只是有时候需要对"事实"稍作移动以便它更为"真实"。如何面对事实是不可判定的,它既更改了事实又隐匿无形,就像隐身在人群之中观看"另一个我"的表演的他一样。据说他只告知了"部分事实",只侧重一个方面,对其他方面缄口不语,劳伦斯从未说出"全部的真实"。对于他的传记作者们,比如罗伯特·格里夫斯和李德·哈特,劳伦斯声称只对对方说出了自己,作者们对彼此的工作一无所知,藉此他得以观看他们所呈现

119

的"不同的自己"。再说，没有人会要求一位艺术家说出"全部的真实"，因为根本不可能做到。他只说出了部分的自己，听闻者将其再度重构，重构与重构之间期待着重构。所谓的"自我"就是一种感知，一种想象，一台表演，一段华彩，一帧图像，一个姿态，一段梦的切片，似有还无的逃逸的踪迹，一个捉摸不定的倒影。不仅如此，自我就是自我涂抹的形象，是对破碎自我的不断援引，是一种"赋格式"的主体，也是对读者的先期援引。劳伦斯的写作就是援引或变相的援引。事实上，人类像牛和骆驼一样是一种"反刍动物"，尤其当人类被视为"创造者"的时候。所以，当劳伦斯向两个伟大的"援引者"表达敬意的时候，诡异之感油然而生："你知道，阅读这些诗篇（T. S. 艾略特）有点怪异，里面充满了未来，远远地走在了我们时代的前面；再回过头来看看我的书，里面散发着棺木和腐朽先辈或者为逝者所做的纹章匾额的气息。然而却有人告诉我说那是一本好书！如果那是写在一百年前，或许是的；出现在《尤利西斯》之后是对现代文学的一种羞辱——当然，我绝非有意如此，但呆在军营里的无知也绝非挡箭牌。"（LL488）T. E. 劳伦斯，一个伟大的援引者，把《传统与个人才能》的作者，连同《奥德赛》在当今时代的伟大援引者詹姆斯·乔伊斯放置在自己的对面，并予以毫无保留的礼赞，不管怎么说听起来都像是一种反讽。

重要的不是援引而是成为援引："作为无书不读的读者，我自己的语言从我们所热爱的作家屈尊给予我们的海量语词中萃取

图 10　对一个"钢丝艺人"来说,最初和最后的因素都是平衡。

而成,那些词汇语义丰赡,成为我们取之不竭的财产。此类被借用的语句和思想无处不在,并不会被标示为脚注和援引,因为思想伟大的主人会乐见我们这些商人在其城堡的墙外设置货摊,用他们所创制的货币进行流通。至少我会很高兴,如果有什么人发现我的某个语句值得援引。"(SPO4)因此,所谓的"原创"就是暂时还没有找到出处,伟大的创造就是恰如其分的"援引"。对于"无限援引者"来说,材料与创造无关,只需把材料挪置成迷宫即可。另外,"援引"似乎与"过去"相关,其实只是关及时间的一项常规研究:似乎正在从一个储存仓库里分流某种物质。非但未必与过去相连,有时还被置于未来。当你"援引"的时候你也被援引:"无限援引"从来不是一种单向运动。"主题"早已备好,静待你去"变奏"。就这样,一个"解释"、"翻译"、"复制"、"挪用"、"拼接"、"援引"、"重复"、"播撒"、"粘贴"、"链接"、"超文本"、"网络修复",甚至"抄袭"的时代正式开启。"作者"已死,何来抄袭? 没有原创也就没有抄袭,没有抄袭也就没有道德污点。此外,"抄袭"堪称不再署名的"移动",一种隐秘和匿名的援引。① 援引与估价

---

① 麦克卢汉认为:"'著作权'——在我们所知的意义上,意指个人智识上的劳作,与作为一种经济商品的书相联系——在印刷技术出现前其实并不为人所知。中世纪的学者们对他们所研究的书籍的确切归属不感兴趣。反过来,即便确是他们自己的作品,他们也鲜少署名。"Marshall McLuhan, *The Medium is the Massage*, Art Direction 1996, p122."版权"伴随着印刷技术和消费文化的兴起应运而生,在以后的岁月中也会像我们所希望的那样按部就班地消失。"数字时代"的版权无异于当今时代的中国人还赫然拖着一条清代的辫子。

无关或者援引本身就是估价；不是为了杜绝援引而援引，而是援引，然后援引援引："一俟我引用，我就操练，我分解，我提取。有一个源初对象，被放置在我的面前，我刚刚读过的文本，我正在阅读本身，我阅读的过程被一个语句打断。我回到最初；再次阅读。再次阅读的语句成为一个惯用语（a formula），从文本中独立出来。再读本身将其从前行和后继的语句中分离出来。被选择的片段将自身转化成一个不再是文本的文本，一个句子或话语的部分，但是，一个被选择的片断，被截取的肢体，即便不是移植，已然是一个器官，被取出并被保存。"①"无限援引"是某种特别的挪置、改制、引用、模仿、抗拒，或者抄袭，毫无"原创性"，或者毫无原创性的"原创性"。写作不再是某种"手工活"，无需再为"伪造"做任何功课，只需从容不迫地实施粘贴、复制、挪用、援引即可，剩下的只有想象的笔记，不存在的日记，欲言又止的信件，无限的虚空，与头脑无关，"心灵"是一个过时的词汇，不再有什么"心灵哲学"，只有"无器官的书写"。未来的世界就是曾经的世界："挪用"无所不在，肆意，不羁，随意，无辜；"抄袭"无所不在，没有任何诉讼，也无任何应诉。一种平庸的行为意味着一种深刻的哲学，一种深刻的哲学就是一种行为，一种行为就是一种陈述，因此不会再有陈述，也不会再有"深刻"的哲学。这就是"深刻的哲学"。

---

① 这是"我"的援引，是对马荞丽·佩劳夫援引安托万·康帕尼翁（Antoine Compagnon）的援引，参见 Marjorie Perloff, *Unoriginal Genius*, The University of Chicago Press 2010，p169。

欲罢不能的书信

在冰封言辞的世界中创制出一种生活的虚构。人们既可以在信中摆脱孤独又能维系疏离并保持距离。

——西奥多·阿多诺《文学笔记 II》

书信是一种行将消失的书写。换句话说,行将到来的书写都是某种意义上的书信。徘徊在书写与口语之间,游荡在陈述、描述、刻画、论证、告解、申辩甚至诉讼的无人地带。书信是数字化写作的先驱,"断片写作"的变体,格言与散文的近亲,是绝无仅有的书写。书信就是话语、吁求、欲望、规训、慰藉……信纸包裹着刀片,火焰,温暖,苦涩,冷漠,仇恨,短暂的秘密,或者一颗破碎的心。书信传递信息,表达姿态,寄给某人或寄给无人,从未寄出或无人启封,错寄他人或无从投递。[①] 与其说书信贯穿了劳伦斯的生命,不如说劳伦斯贯穿了书信的生命:他不仅刷新了书信,而

---

① 依据弗鲁塞尔:"发送信息的人是大天使加百列,接收者是童贞女。"Vilem Flusser, *Does Writing have a Future?* University of Minnesota Press 2011, p107.

且在书信的悬崖上书写。"劳伦斯认为英语中最伟大的书信作者是切斯特菲尔德伯爵（4th Earl of Chesterfield）、贺拉斯·瓦尔浦尔（Horace Walpole）、拜伦和济慈，而他自己（连同 D. H. 劳伦斯）称得上二十世纪最好的书信作者。"①劳伦斯半是自愿半是被迫地成为书信作者，但对于书信的写作拥有高度的自觉："只有极少数出色的书信作者，数量与出色的十四行诗作者持平。出于同样的理由：形式太陈旧难以出新，又有太多的人付诸尝试。"（IL153）没有什么会比书信更能体现星辰的特质：寄给星辰，在寄送中使自己成为星辰，不可计数的书信成为闪烁的星河。"写一封好的书信非常困难。我的书信并不想冒充很不错。但它们确实想极力写好。"（LSL495）不仅如此，再没有什么会像书信那样可以同时表达自我克制及自我克制的迷狂：一方面起跳离不开跳板，另一方面空中飞翔的弧线不属于跳板。那些书信无不"真实可信"：写信人、书信、收信人、可能的回信，一切都是真实的，一切也是虚拟的。不过，很难设想我只是做了一个虚拟的写信的姿态。但凡可以设想的一切，几乎无一不备。至于提供信息，那是引人迷惑的姿态。书信无异于星光闪烁的宇宙，再没什么会比书信更能契合他的心意了。他会有不同的通信者，他们从暗处向他袭来，他要传输不同的信息，呈现不同的姿态，做出不同的回应，

① T. E. Lawrence: *Soldier*, *Writer*, *Legend*, New Essays, Ed. Jeffrey Meyers, Palgrave Macmillan 1989, p8.

因为书信与世界相连，同时又与世隔绝，每一封信都是非直线投递的星辰。星辰哲学，恰如其分的隐藏，在场的消失，不在场的在场，以及真拟，一应俱全。创造性书写无异于非创造性书写的杂伴，就像星辰没于云雾。他的表演、倾诉、愤懑、告解充斥字里行间。劳伦斯沉醉于书信，直至欲罢不能。即便在战争期间，他也没有完全中断过写信。

　　书信同时写给当下、将来和过去。毋庸多言，将来就是正在到来的他者。比如，"今天的读者"去阅读阿伯拉尔与爱洛依丝的通信，或者试图并置阿伯拉尔与爱洛依丝的通信与《新爱洛依丝》，以便恰当地评估它们的虚拟成色。维多利亚·奥坎波谈及米斯特拉尔（Gabriela Mistral）写信的喜好时，说这位智利诗人习惯用铅笔写信，完全没有考虑后世读者，并顺便提及 T. E. 劳伦斯："伟大的书信作者劳伦斯性喜使用不褪色墨水。"①劳伦斯似乎要留下它们，因为对他来说，一俟它们成为过去，它们就会真的会过去，尽管在某种意义上，《智慧七柱》可被视为写给过去的"书信"，投递给已逝的时光。甚至可以说，《智慧七柱》就是集中的书信，书信则是散乱的《智慧七柱》。不过，留存的时光是铭刻未来的材料。信息不再是可以传达的对象，而是重构过去的基础。选择非虚构以达到虚构的品质，或者相反。有时候书信就像一把

---

① *The America of Ours*：*The Letters of Gabriela Mistral and Victoria Ocampo*，Ed. and Trans. by Horan and Meyer，p297.

刀,插入到真实与想象之间。依据欧文·豪,用不着去费神就劳伦斯的书信是否像济慈的书信那样"伟大"做出判断,只需知道"它们是活在其时代想象之中的那个人的书信"即可。这个让步的说法是否意味着一种"文学的失色"? 问题在于,"文学评估"非但远远不够,对劳伦斯来说"文学"本身就是问题,文学评估更是如此。因为对文学褊狭的认知堪称文学的敌人。每一封在空中飞翔的书信都是击碎这种认知的武器。劳伦斯亲自编选《小众诗集》并随身携带。《小众诗集》由"小诗人的好诗和好诗人的小诗"组成:他们在边缘书写;它们在切线生存。似乎为了实现这一点,劳伦斯淋漓尽致地展示出颠覆文体的创造力,比如回忆录、日记和书信,最后是对文学本身的颠覆。事实上,劳伦斯的书信突入的空间远远超过欧文·豪所能容忍的偏斜。书信对劳伦斯来说不是"信息",但不啻某种"信息写作",或者作为写作的信息,是其"星辰哲学"淋漓尽致的呈现,是他特有的"单子世界",就像书法中"信札":草拟而成,独一无二。书信,信息,与文学的关系正如书法,信息与艺术的关系。书法成为书写的姿态,譬如作为手写信札的鹅毛笔,或者中国的书法:上等宣纸,狼毫小楷,先是从上到下,然后从右到左。① 不过,伴随着时间与评估的移动,书写

---

① 顺便说一句,中国书法堪称天才,时间的唯一性、自发性与持久操练的完美结合,是"双重时间"的拼接艺术:凝结的时间与自发的时间,两者缺一不可。换句话说,中国书法是规训的艺术,也是中国文化中唯一规训失败的艺术,不然就不会有张旭、杨凝式、颜真卿、怀素、苏东坡、米芾、黄庭坚、徐渭、杨维桢、王铎和傅山。在此意义上《哲学研究》几乎就是一部"书法作品",并且(转下页)

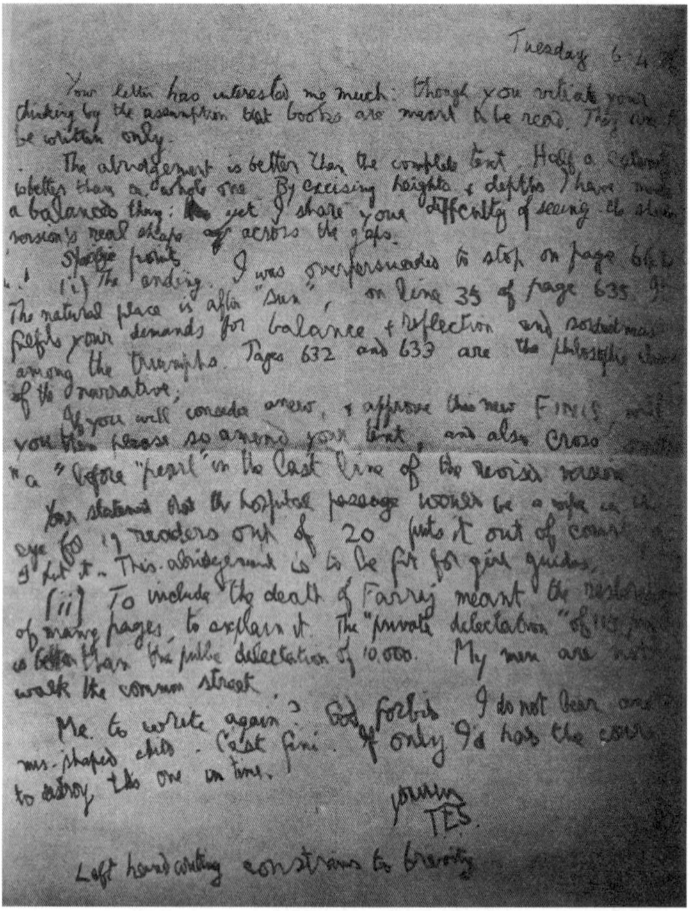

Tuesday 6.4.

Your letter has interested me much: though you vitiate your thinking by the assumption that books are meant to be read. They are to be written only.

The abridgement is better than the complete text. Half a Colossus is better than a whole one. By excising heights & depths I have made a balanced thing: and yet I share your difficulty of seeing the short version's real shape across the gaps.

Specific points.

(i) The ending. I was overpersuaded to stop on page 662. The natural place is after "Sun", on line 35 of page 635. It fulfils your demands for balance & reflection and ... among the triumphs. Pages 632 and 633 are the philosophic climax of the narrative;

If you will concede anew, & approve this new FINIS, will you then please so amend your text, and also cross out "a" before "pearl" in the last line of the revised version.

Your statement that the hospital passage would be a ... in the eye for 19 readers out of 20 puts it out of court. I felt it. This abridgement is to be fit for girl guides.

(ii) To include the death of Farraj meant the restoration of many pages to explain it. The "private delectation" of 110 people is better than the public delectation of 10,000. My men are not to walk the common street.

Me to write again? God forbid. I do not bear another mis-shaped child. C'est fini. If only I'd had the courage to destroy this one in time.

yours
TES.

Left hand writing constrains to brevity

图 11　劳伦斯的左手书写笔迹。

（接上页）像伟大的中国书法一样拼接了两种时间，同样也像书法一样拼接了两种空间：可见的笔触和隐匿的空间。那些未曾写出的部分，那些难以捉摸的空间成为拼接各种姿态的不可见的“铰链”。在《哲学研究》第一部分写作的那十六年间，所有艰苦卓绝的操练都是看不见的。这一点也同等地适用于《智慧七柱》。

本身变得比书写的内容更为重要,不朽的中国书法作品概莫能外,诸如《祭侄文稿》、《自叙帖》、《姨母帖》、《寒食帖》,以及《米芾信札》。于是,"米芾的信札"变成了"米芾的书法",尽管依旧不乏有人会借助米芾的信札来研究北宋的人情世故或经济状况。书法既确证又肢解了作为信息的书写。书信是肢解实在的最佳手段,劳伦斯为此付出了自己的艰苦卓绝,并且至死方休。哪怕书信在传递信息,也没有哪一种信息是彻底中立的信息,因为书信既是信息又不是信息。在莱布尼茨的宇宙中,渐趋清晰的单子犹如通向神圣的阶梯,与莱布尼茨不同,劳伦斯的星辰相互映照,中间并无序列:作为告白的书信,作为表演的书信,作为通告的书信,作为抒发的书信,作为问询的书信,作为刺探的书信,作为描绘和刻画的书信,作为书信的书信……书信不是私语而是回应;书信不是作品而是"非作品"。所谓的非作品就是作为姿态的书信,包括书信所投射的空间。在未来的岁月中,将不再有书信或只有"无人的书信":无人书写,自动传送,投递给无人。

等待

等待是书信的形而上学。等待与速度相关,如果可以无限加速,等待将毫无意义。等待是一种无纸或无介质写作。无介质通信意味着无需介质即可读解信息,脑活动的曲线,情感的起伏或强弱。下笔以前等待已经开始,下笔以后等待与之相伴而行。等待无异于持续地切换写作模式:扮成他者实施书写,随后现身作答,如此往复,直到手拿书信,旋即付之印证。换言之,等待就是无纸空间的置换:书写成为阅读,阅读成为书写。等待就像漂流瓶:把一封指向不明的信放入漂流瓶,然后投向大海,大海是它的邮差,"任何人"或者"无人"是其接收者。漂流瓶无疑是寄给"等待"的,确切地说,寄给等待、期盼、焦虑、欣喜、落空和绝望……寄给他者与时间。时间的错位发明了他者。所有的书信都指向他者,尽管所有的书信都是以"你(您)"开启的。你是作为"他"在场的。书信指向从你向他切换的中途。他者的时间就是等待。同样,"杳无音信"不是别的,就是望穿秋水的等待。弗拉基米尔·霍兰(Vladimir Holan)曾经说过:"我生命的三分之一都用来等待邮差。"电子邮件未能更改书信的性质,更改的只是等待的性质。一般来说,邮差总会找到你,或者总会找到找不到你的信息。《没有人给他写信的上校》等于无人阅读的书信,加西亚·马尔克斯的那本书既是关于死亡的又是关于等待的,确切地说,是等待等待。等待之物永远不会到来,并且一钱不值,就像"屎"一样。

速度

速度与等待相关,等待的速度堪称无限加速。不过,无限加速意味着取消速度。对书信来说,速度就是等待的速度与实际速度间的落差。就是说,既快如闪电又慢如蜗牛。如果实际速度快于等待的速度或大体相当,速度将会被忽略,似乎不再有实际速度。比如先期告知某人等待电子邮件，那么对方等待的不是速度，而是等待等待。问题在于，即便"六百里加急"，沿途堆满了马的尸体，实际速度仍旧远逊于等待的速度。漫长，度日如年，煎熬，望眼欲穿，六神无主，辗转反侧，魂不守舍……"缓慢"是速度的标准。几乎无法再慢，即使已经快到极致。于是，如果"情书"是丘比特之箭，那么速度就是情人喷薄欲出的心。"正是对速度，对飞翔的渴望要寻求一种外在化的形状，才有了飞机。飞机设计出来与其说为了把商业信件从柏林投送到莫斯科，毋宁是为了臣服于对速度不可遏制的渴望而寻求一种外在形式。"①匆忙写就，急就章，信笔成行，即兴之作：无一不是对速度的表达，也是对一种书写的呈现。没有"速度"伴随的书信就像只剩下了信息的书信。或者说，没有速度的书信不再是书信，一如徒有格式的书信无异于把一些语词付之押韵，然后称其为"诗"。速度像"克拉姆"一样无所不在，却从不现身。所以不难理解为何卡夫卡像劳伦斯一样是一位伟大的书信作者。作为书信作者的卡夫卡几乎命中注定，因为支撑《城堡》的其实是信使，那个叫巴拉巴斯的人，耶稣基督的替换者，一个窃贼。卡夫卡的那些情书的忧伤力透纸背，但不是为情所困，而是为情书所伤，为消失所惑。埃里希·海勒说卡夫卡是一位"二十世纪的骑士"，但卡夫卡像劳伦斯一样是一

① Kasimir Mallevich, *The Non-Objective World*, Paul Theobald and Company 1959, p74.

位"不存在的骑士"或一位"正在消失的骑士"。

"见字如面"

书信就是在场与不在场的悖论,是"逃逸者"的隐遁之所。再没有什么会比"见字如面"更能精准地表达了不在场的在场或在场的不在场。确切地说,一种肉身语词的在场,一种肉身的不在场。那是语词的"两个身体"。"见字如面"不仅是不在场的在场,而且是书面到口语的转换。传播的"偏离"毋庸置疑。偏离的几率和程度有赖于信息的饱和程度。问题在于,一个"书信作者"要么从来不是信使,要么就是巴拉巴斯那样的信使。他在书写信息的同时也书写了卡夫卡的幽灵:即便现代通讯工具勾销了信使的功能,幽灵仍然以无限的速度立于书信的中途,把寄出去的吻啃得干干净净。或者,他投递的信始终都在路上。即便寄给一个具体的人,信息也会在中途变形,很难抵达终点。信息的传播取代了信使,但并未更改书信的性质。在某种意义上,德里达就是这样一个"书信作者"或"哲学的信使",是哲学的"巴拉巴斯"。那不过是说,只有眼泪与哭泣,没有救赎的希望。"致×××的公开信"意味着指向所有人,除了公开宣称的这个人。既是公开的又是私人的,既是私人的又是公开的。书信既是传播的线路,又是激发情感的方式。比如在电话或视频中,等待与速度可以忽略不计。正因为不在场,所以只能想象姿态与语调,恰好因为不在场,我才能想象姿态与语调。我宁愿写信,或者不妨借用巴特比的句式：我宁愿不打电话。其实我在说：我期待着幽灵的到来。

死信

"死信"是书信的一种，或者是例外的书信。"死信"就是死亡的携带者（因为它意指着言说者的不在场）。死信要么是没有尽头的等待，要么就是投递无门。在某些时刻，"死信"的寄信者与收信者是同一个人，就是说，信会回寄给寄信者，上面加盖"查无此人"的印章。紧随其后的就是弃绝写信和无数次失败的重写，就像一封由涂抹覆盖而成的信。死信等同于"万念俱灰"，是吞噬希望的时间。巴特比是一位"死信信使"并不让人惊奇。严格而言，《城堡》中的巴拉巴斯也是一位死信信使，因为他投递的书信似乎从未抵达城堡。"权威"等于延宕的信息，因此书信从未抵达，如同陷入无限推搡中的皇帝的诏书。就书写"延宕"而言，文学史上没有谁比卡夫卡更为拿手。相对而言，德里达只是个中学徒。尽管关于书信的信息无所不在，但书信从未到场。《没人给他写信的上校》是对书信的研究，就像《一条狗的研究》是对犹太人的研究一样。"屎"（Mierda）是"死"（muerte）的谐音，"屎"就是"吃屎"或"该死的"。最终等来的是死亡。"无"是一封死信，是对死亡的等待。

家书

劳伦斯最多的收信人是两个女人，他的母亲和夏洛特·萧。

"家书"是对家书的拆解:"亲爱的妈妈:自从我上次写信给你似乎已经过去了很久,加上是礼拜天,我们曾定下规矩,所以轮到我来写信给你。"(CCII135)母亲成为解构母亲的样本,夏洛特·萧成为建构母亲的样本。劳伦斯与母亲的关系始终紧张不安,但他不断地写信,即便战争期间,也会忙里偷闲写给母亲。"您知道吗? 我已经有超过一年没写过一封私信给任何人了。"所谓的"道德"就是不得不做不想去做的事情:"写信给您并不让人鼓舞,因为显然您从未收到我的信。纵然如此,我坚持写信,或许有一天某一封信会到您手里。"(LSL122)"我写了又写但没有效果:每一次我拿到您的信,您信里都会说自从上一封信起您就再也没有听到我的消息。非常沮丧,因为写信始终都是冒险(如果我们的朋友们拿到这封信他们会来找我),并且常常很困难。"(LSL130)"欲罢不能",厌倦写信,几欲搁笔,但从未中止。"家书"是书写失败的样式之一,是"失语症"的极端表达。"陈词"是家书的惯常用语,"朴实无华"是它的修辞:口语化写作,片言只语,尽力家常,尽力无动于衷,压抑是它的情感。不妨回忆一下默尔索的措辞:"今天妈妈死了。又或者是昨天,我不知道。"这是家书典型的"他者版本",试着对照"家庭政治学"的另外一个版本。在中国文化中,媳妇在"他者的凝视下"痛悼婆婆是一个典型事件:哭天抢地,伴随着身体的起伏和婉转的哭声,但是没有眼泪,是为"干嚎"。听得见哭声,但看不见眼泪,她的姿态极尽奢华,因为她特意为凝视而号哭。书写家书时常等同于对"物"和"事件"

的列举:"物"开始获致其哲学含义,而不再止于功用。似乎漫不经心,似乎有一搭没一搭,似乎始终没话找话,似乎永远没有重点。"当我们写信的速度不是如此之快的时候,我们的信就会有时间到达它们的目的地,并回答它们的问题;那样的话,我们就无需把所有的事情都重复好多次。这并不是说好像我有很多话要说。生活于我就是老样子,周复一周,年复一年:在军营,或者在空军营,或者在克伦威尔军营,或者在陆军营。这个房间就像另一个房间,这个空军士兵就像另一个空军士兵。"(LSL364)。劳伦斯写给夏洛特·萧的书信充溢着告解的语调,似乎夏洛特既是母亲又是神父,既是情人又是法官:"自从我出生以来,我从未给任何人写过这类信件。在我和我妈妈之间从未有过信任。"(LSL344)与之对照,劳伦斯写给萧伯纳的信堪称另一种"家书":像是情书的家书,又像是家书的情书;既像写给父亲又像写给情敌:它们适当地激起妒忌,伴之恰如其分的敬意。卡夫卡《致父亲的信》不是例外,那既是一封家书,又是一部"第二人称小说":对父亲的憎恶让渡给一种超然的姿态。就写给关系紧张的家长而言,卡夫卡提供了可资效仿的"经典的家书语言",尤其考虑到即将属于我们的时刻:婚姻是部落的遗存,爱转瞬即逝(包括人机互恋),家已成往事。

纸短情长,或对沉默的研究

书写的失败,对书写的不信任,试图借助书写解构书写。"纵有千言万语也难以表达我此时的心情。"重点是"表达"，因为这句表达失败的表达依然是一种表达，重要的是不表达。至少有两种沉默：沉默的伦理，失败的语言。三言两语，并非无话可说，避重就轻，同样如此。表达的羞耻伴随着沉默，"羞于启齿"就是把深情藏在舌根的后面。因此沉默的伦理意味着能说但却不说。那是意志相对情感的胜利，如果相反，才会有"情不自禁"，失控的表达与无力表达是一回事。于是，"滔滔不绝"与"寡言少语"并肩而立。前者的极致就是"胡言乱语"；后者的极致就是"沉默"或"一言不发"。他在信纸上起舞，传达着一种"默会情感"，有点像迈克尔·波兰尼的"默会知识"：你只要动一下嘴唇我就知道你想说什么，只要阅读你的两行字我就知道你想表达的一切。

情书，或欲罢不能

首先不是写什么，而是写，是欲罢不能；行动超出意义。[①] 意志的失败和对象的真拟化是情书的本质，情书是书信的本质。"见字如面"就无需再见，失败的情人和成功的作者就这样同时展

---

① 未必所有的情书都是欲罢不能，至少看上去未必如此。帕斯捷尔纳克与他的表妹奥尔加·弗莱登博格（Olga Freidenberg）就是这样。政治环境无疑是无法回避的因素之一，因为"所有的私人信件都会被审查官审阅"，但更为重要的则是情感的深沉与克制。相对于这位杰出的诗人，那位伟大的古典学者尤其如此。几乎每一封信都见证着她的慧心独具和情感深埋，惟其如此，才无以掩饰字里行间的深邃、炽热与克制：不是欲罢不能，而是欲罢不能的克制。参见 *The Correspondence of Boris Pasternak and Olga Freidenberg* 1910—1954，A Helen and Kurt Wolff Book，1982。

开。不仅是信息,还是信息传递的方式。那其实是说,信息传递的方式就是信息。寄出的情书就像包装规整的火焰,瞬间就会燃尽彼此。即便"飞蛾投火"都不足以表达那种炽热、奋不顾身和欲火焚身。劳伦斯从未染指情书,因为书信就是他的"情人";对劳伦斯来说,书信或多或少都拥有"情书"的性质,因为情书是一种私语和隐秘的传达。比如,把《申辩》视为苏格拉底写给法庭的一封信(《申辩》堪称苏格拉底写给哲学及雅典的情书,他对妻子却无话可说)。"从未抵达"的还包括卡夫卡本人。书信是劳伦斯的情人,书写因此而变得欲罢不能。在某种意义上,劳伦斯是一个抽象的情书作者,卡夫卡则是伸手可及的情书索引。像劳伦斯一样,卡夫卡不仅是最伟大的书信作者之一,也是最伟大的书信读者之一。他像怪物那样贪婪地吞噬着克莱斯勒、福楼拜和黑贝尔的书信,也像劳伦斯那样欲罢不能地爱着书信。换句话说,所有的书信都是情书。不仅如此,他书写"情书"的时候也一并写下了吞噬情人的幽灵。"情书"对他而言意味着"诉讼"〔《致费丽丝》,埃利亚斯·卡内蒂(Elias Canetti)正是基于这一点写下了《另一场诉讼:致费丽丝的信》〕,或者爱之凋零(《给密伦娜的信》)。《致密伦娜的信》隐秘地窃取了密伦娜的位置;炽热的语词就像燃烧的荆棘,情人将伴随着火焰化为灰烬。"情书"注定在途中耗尽自己:要么从未抵达,要么抵达时已是强弩之末。所以,情书有多么炽热,面对情人时就有多么无能。对"情人们"来说,"燃烧的荆棘"终究是不可能变成蛇的。此外,"情书"是寄给情人的刀片,但像归去来器一样,它最终也将杀死自己。卡内蒂反复阅读卡夫卡致费丽丝的信件,极力重构卡夫卡未曾写出的空间,唯独没有追问卡夫卡为何写信? 尽管卡内蒂"发现这些信件比我这些年中所读过的任何文学作品都更加扣人心弦和引人入胜"[1]。"敌人"不仅是自己爱恨交织的情人,还是欲罢不能的自己。康德的"永久和平"只适用于国家,至于个人,尤其情人,只有"灰烬才可以终结这场战争"。伟大的情书是"道成肉身"的反向表达,既是心甘情愿的献祭也是情人间苦涩的共谋:即便牺牲自己,也要保留超验的炽热。密伦娜最终死于集中营;卡夫卡的《致密伦娜的信》得以流传后世。于是,"情书"成为战场,烧灼之地,伤心之所;"情书"是在性爱中结束的沉默,性爱则是在床上结束的战斗,是卡夫卡所言的"黑色魔法";"情书"是身体的语词或语词的身体,是身体的补充,替代和僭越。打开你的信就像打开你的身体,所以唯当我在写信,我才不能爱你,但在狂喜和迷乱的温存中是语词的死亡,所以不要让我触碰你的身体,以便我能在死亡之前再多写几封信给你![2]

失窃的信

《失窃的信》因坡而驰名,因拉康的重构而被永久窃取。一封

---

[1] Elias Canetti, *Kafka's Other Trial : The Letters to Felice*, Schocken Books 1974, p4.
[2] 作为阳具象征的感叹号与情书须臾不离,不妨设想一封由感叹号组成的情书!

寄出的信,甚至一封写就的信命中注定会失窃。"失窃的信"乃是同语反复。劳伦斯的信似乎从未丢失,只是被尘封。好像一旦解禁即可获得。一封不再封禁的信也无法阻止一种不易觉察的移动,一个"摆置者"隐秘的窃取。他的工作微乎其微,只需轻微移动,稍作更动,恰如其分地省略,不厌其烦地诉说,分寸适当地沉默,确凿的书信就会被"真拟"盗取。依照拉康的分析,拉康最终隐秘地窃取了杜邦的位置,"被窃的信"再也无法追回。事实上,"一封信不仅仅指向一个意向中的他者,而且非意愿地指向一个'侵入者'(intruder),他显现为某个没有面容的,未做区分的迷雾中的'某人'(someone)"①。除非从未写出或者"阅后即焚",否则没有密信。所谓"私密"只是时间问题。"私信"与"公开信"的区别是时空与次序的区别:私信是迟到的公开信,公开信是公开的私信。具体而言,"公开信"的指向是双重的,既是私人的又是公共的,既指向特定的个人又无从指向,或者以指向私人的方式指向可能的公众,或者指向特定的公众,比如《保罗书信》。私信中最为私密的书信是"情书",但信封上"某某人亲启"携带着无数人窥视的目光。不仅如此,信注定会失窃;除了信,还有坡、弗洛伊德和拉康:埃德加·爱伦·坡注定是"失窃的坡",紧随其后是"失窃的弗洛伊德",然后是"失窃的拉康",最后是"失窃的我们":"我们不仅相信我们所看到的一切,而且常常只看到我们所相信

---

① Vilem Flusser,*Does Writing Have a Future?* University of Minnesota Press 2011,p108.

的一切,所以,如果巴黎的警察局长没有找到失窃的信,那是因为它正盯着他的脸。"①

阅读的终结?

> 我们害怕未来的所有讯息,尤其知觉与经验的模式,都将被无批判地接收,信息革命会把人变成无批判的讯息接收者,也就是说,变成机器人。
>
> ——维勒姆·弗鲁塞尔

一切未曾发生,直到它被描述:弗吉尼亚·伍尔夫只说对了一半;一切未曾书写,直到它被阅读。"阅读"是书的元素,"阅读书信"是书信的元素。没有阅读的书写是"断片书写"或者未完成的书写,即使想象中完美无缺的书写仍然留存为未完成状态。阅读是断片的虚空,完整的缝隙,未完成的部分。重新描画断片中的空隙,再度将其勾连,或者将"完整"拆解,再行组接,或者不遗余力地补足匮缺:所有的一切都期待着阅读。每一次阅读都重新勾勒了完整。同一与区分在所难免。自奥古斯丁以降,"阅读"从未像今天这样岌岌可危。甚至当你认为你在"阅读"的时候,你都无法确信你在阅读。如果"写作的终结"已不再是一个问题而

---

① Yosef Hayim Yerushalmi, *The Faith of Fallen Jews*, Ed. by David N. Myers and Alexander Kaye, Brandeis University Press 2014, p335.

是一个事实,那么"阅读"是否已经终结,或者正在走向终结?[①]阅读与阅读的定义紧密相连。如果"阅读"与心智活动、时间的延续、完整性、自我囚禁、次生创造力密切相关,那么阅读已然终结。无所不在的"阅读"成为间接阅读,尘封阅读,对阅读的想象,对阅读的回忆和猜度,阅读成为物理行为,与心智无关,是一种独特的"体育运动"。

相对于虚构作品的读者,回忆录、日记和书信的读者是另外一类人,他们似乎在阅读"事实",不仅如此,他们是迷狂的窥视者,怀抱着对事实不可遏制的窥视。一切似乎都是真的,一切似乎都有待挖掘。他们即时阅读,飞掠而过,一目十行。就像猎手追逐猎物,他们紧追不舍,仓促瞄准,扣动扳机,眼瞅着猎物"轰然倒下"。阅读"事实"的人与阅读"反事实"的人并无不同,因为时间成为商品,阅读就是猎取信息,不是只去阅读那种信息丰富的文本,而是把所有的文本均视为猎取信息的对象。深邃与诗意是谋杀时间的艺术,所以不难想象此类读者阅读《智慧七柱》时所遭遇的挫败感。但是,阅读《战争与和平》《群魔》《莫比·迪克》《没

[①] 在《写作还有未来吗?》的结尾,弗鲁塞尔展示出堂吉诃德式的特质:"有人写作是因为他们认为写作仍然有意义,也有人不再写作,而是回到了幼稚园。还有人知道写作没有意义仍然继续写作。这篇随笔其实指向前两种人,献给第三种人。"Vilem Flusser, *Does Writing have a Future?* University of Minnesota Press, 2011, p161. 如果书写意指惯常的"写作",如果书写只是空中意味深长的姿态,那么写作将永无终结之日,正如埃登·伊文斯(Aden Evens)对"倾听"的定义:体验气压的变换。

有个性的人》《哲学研究》《尤利西斯》《存在与时间》《追忆似水年华》《救赎之星》《茫茫黑夜漫游》的时代早已过去,甚至阅读《马洛伊》《虚构集》《佩德罗·巴拉莫》和《万有引力之虹》的时代也已经过去。阅读的终结就是直接阅读的终结,剩下的只有间接阅读。被二手文献环绕的"原创性作品"就像被云雾缭绕的山峰,大体上等同于登山者反复阅读登山手册,但从未登临山峰。各类"文本解读"或"导读"犹如雨后春笋,如饥似渴地阅读"解读"或"导读"的读者就像那些渴望觐见皇帝的臣民,最后只见到了太监。"尘封阅读"就像这类登山者,他们无数次阅读,或者无数次想象自己在阅读。当然,想象的阅读总是格外厚重,"长河小说",冗长的回忆录,各类"全集"或"选集",以及其他。总之,所能想到的不堪卒读的一切都是"想象阅读"的材料。无数次阅读相关的文献,始终在准备,准备着准备:一切尚未开始,一切从未开始。"尘封阅读"就是有条不紊地掩埋自己。阅读成为隐喻,比如阅读图像、电影、界面,或者其他,或者不是隐喻的隐喻:一种波德莱尔式或者一种兰波式的通感,比如用耳朵阅读,用手阅读(与盲文无关),或者用鼻子阅读。"反阅读"不仅指难以卒读的文本,比如《芬尼根守灵夜》《万有引力之虹》《格拉斯》,等等不一,而且阅读成为一种特别的"受难",是对阅读的窃取,是反阅读的阅读或者佯装的阅读——阅读被阅读的意愿取代,甚至可以说,所谓的"阅读"就是欲罢不能的延宕。顺便说一句,"难以卒读"并非尚未破解的密码(比如试图解读《芬尼根守灵夜》),是获取意义的失败或者获取了

142

失败的意义。最后,间接阅读变成了"拟阅读":看上去在阅读,事实上只是一个空洞的姿态,一双眼睛(不知道那是人类的眼睛还是机器的眼睛?)与文本(或界面)保持着恰如其分的距离,比如大约 12.5 英寸,但无法确定它们是否在阅读,除非去测定眼球移动的频率。即使它们在阅读,也无法确定它们在阅读什么:空间,文本,脑电波的起伏,还是空空如也的大脑? 不是阅读本身,而是想象阅读或回忆阅读。一个年长者总是回忆自己早年的阅读,但细节早已记不清楚,只剩下依稀的骨架,就像一只雄鹰的标本,看上去依然拥有犀利的双眼,但已经毫无用处。与技术伴生的返祖现象将像瓦尔特·翁格所说的那样回到"口语时代",甚至新的口语时代都不再需要修辞学,因为它们选择了沉默,就像《逻辑哲学论》的读者那样,尽管出于完全不同的理由。据说海明威曾经为了笔法简洁而选择站着写作,"数字时代"的读者同样习惯于站立阅读,甚至更钟情于行走中的阅读,因为已没有时间正襟危坐,尤为重要的是,电子阅读器更新了阅读的内容和方式。在未来的时代就像曾经的时代,阅读的一致性成为我们的"自然律"。

在某一个时刻,或许是一个慵懒的午后,"你"(完全不知道你是谁?)依然会为不期而遇的李斯佩克朵的某一个片段,杰苏阿尔多的某一段音乐,或者柴姆·苏丁的某一幅作品而心动。即便如此,"邂逅"仍然只是一种机缘,一种气息奄奄的回光返照。作为"心智活动"的阅读已然终结,作为"物理活动"的阅读顺势开启:间接阅读,尘封阅读,拟阅读,想象阅读,回忆阅读,佯装阅读,阅读阅读……没有穷尽的"阅读"纷至沓来。阅读成为"阅读的游击战"：单兵作战，零敲碎打，避实就虚，无所不读，无物可读。只要睁开眼睛，你就在阅读，不管你在阅读星空、界面、梦魇、空无的空无，还是无限充实的赛博空间，或者只是在佯装阅读，总之你别无选择，你总在阅读：阅读成为一种受难，阅读的"原罪"变成阅读的责任。"你"是谁？甚至不知道谁在发问，也不知道是否有回应，即便有回应，也不知道谁在回应。甚至在不远的将来，"人类阅读"将让渡为"机器阅读"，或许让渡正在进行之中。试图获取"意义"只是人类的残余，"一个完全启迪的意识不再需要智能，无需再行提取意义。它可以集中于创造的混合。这种从旧的阅读方式朝向新的阅读方式的转变涉及一种跳跃，从历史的、评估的、政治的意识跳至一种控制论的、游戏的、赋予意义的意识。这将是未来的阅读意识"①。"阅读你的症状"几乎算得上人类阅读的最后挣扎，拉康的全部努力中无不充斥着各种绝望的姿态；在谈及人类作曲与机器作曲的区别时，"失败的作曲家"皮埃尔·布列兹(Pierre Boulez)说后者没有"姿态"：未来残存的人类会像欲罢不能的受虐狂那样渴望着能被拉康再骗一次。其实最为可能的阅读是一种"复合阅读"，因为在阅读与发明、人与机器之间已经无法再行区分，甚至已经无法再行给出人和机器的准确定义。换

---

① Vilem Flusser, *Does Writing Have a Future?* University of Minnesota Press 2011, p85.

144

句话说,一俟阅读终结,阅读将无所不在,反之亦然。阅读无他,无非跨越空间的吞食。所有的营养不良或营养过剩都将应运而生。"营养不良"只是古旧的说法,有时候营养不良可被视为健康的特例。不然,"阅读的乌托邦"不啻一种选择——要么是阅读的速度:读得越慢越好,直到阅读成为没有移动的沉醉,就像维特根斯坦所说的那样:Take your time(悠着点);要么是弃绝阅读:"泣血之作不想被阅读,而是被铭记于心",尼采(查拉图斯特拉)如是说。

衣冠的哲学

我就是面具。

——费尔南多·佩索阿

你真的喜欢裸体女人？她们表达的如此之少。

——托马斯·爱德华·劳伦斯

对亚当和夏娃来说，树叶与羞耻相关；对劳伦斯来说，除了羞耻还有其他。自始至终，衣冠都至关重要。就像武士的面具，一提到"阿拉伯的劳伦斯"，最先想到的就是劳伦斯的"衣冠"。"那个穿得像阿拉伯人的英国人。"为什么不是"阿拉伯人劳伦斯"或者"英国的劳伦斯"？前者是否定，后者是多余的重复或者是对"同一律"的陈述？要么阿拉伯人，要么劳伦斯，自我勾销的析取不会出现，否则德拉的幽灵就会再次出现。不可能的"阿拉伯的劳伦斯"，既不是阿拉伯又不是劳伦斯，既是阿拉伯又是劳伦斯。劳伦斯厌恶制服，但总是身着制服，他穿着平民服饰的时刻寥若晨星，每当这个时候，他就像一个出行必妆的女人：间或出现的素颜不啻特定的妆容。就激发情欲而言,着装是裸露的方式,情欲寄身在遮蔽与裸露的间歇,着装与脱衣的间歇。衣冠既遮蔽身体又展示身体,不仅是身体的符号,而且是身体本身。衣服可以遮蔽身体,但身体无法遮蔽自我。在某些时刻,衣冠就是身体,比如“武士”,首先是衣冠,其次还是衣冠。武士空洞的脸其实是衣冠的一部分。就是说,不再需要面具,他的脸就是面具。要么面具背后空空荡荡,要么面具与脸融为一体。① 猜度武士是无谓的

图 12　难得一见的平民服饰。脱掉制服让劳伦斯很
不自然,观者亦然。平民服饰看上去反而像是伪装。

---

① 在《武士》(Le Samourai)中,让-皮埃尔·麦尔维尔无需“易容”也无需“易装”就成功地把阿兰·德隆的脸变成了武士的脸,把他的正装变成了武士的衣冠,甚至无需“变性”,德隆的“美貌”就拥有了雌雄难辨的特质。另外,贯穿始终的风格化的色调堪称电影本身的“衣冠”。

坚持，相反，观看川剧"变脸"的人大多异常执拗，理由很简单：在看到表演者的"真脸"之前他们不会罢休。对观者来说，重要的是差异和多样，更为重要的是他们所"认定"的表演者的终极现身。没有人会告诉你，也没有人会这么想：他们真正想看的只是面具的诡异切换，从未期待过表演者的现身。不妨设想一下：即便到了表演的终极时刻，剩下的仍然是一张描摹的面具，而不是一张人脸？或者，一位家喻户晓的"变脸大师"扮成了他人，或者一位无名的变脸演员戴了一张足以乱真的变脸大师的假面？所有这一切有可能发生，也有可能不发生。前者不可能发生，后者有可能发生，但前提是"假面"足以乱真，因为他们不清楚也不想搞清楚，他们只是认定如此。可以乱真的假面如果不是终极现身是没有意义的，因为认定如此就是如此。发生的都是事实，没有发生的则是面具的别名。对于"真"他们极其执着，但"真"不可判定。如果设想的一切不可能成立，那么期待就会继续。唯一确定的是：他们不会对表演者的现身毫无期待，反而会在每一张脸谱前驻足良久。似乎正是为了防备这一点，变脸的速度和脸谱的非个性化才变得至关重要。比如，变脸倾向于选择无名的鬼怪、侠士，而不是声名显赫的英雄或奸臣，辨认的环节由于脸谱的抽象不啻画蛇添足，重要的是差异本身而不是差异的成色，脸谱的意义和自足的绚丽色调就此被忽略。有的时候，你常常会觉得是面具在表演。后来的劳伦斯因为受伤而开始拥有"始终如一的笑容"，从而勾销了脸与面具的差别。这种差别在早年表现为不经意的羞涩和超凡的自控之间。当然,自控也包括对语词的控制:"在预定的时间,劳伦斯像一只老鼠一样地溜了进来,羞涩地坐在沙发上,就整个故事脱稿讲了整整一个小时,讲话的时候他的肌肉连动都没动一下。每一个句子都是简洁、清晰和完美组织的结果。如果有什么人速记了他的讲话,那么未经修正的手稿就是一篇文学和历史的杰作。"(LF259)

衣冠用来规训,比如用鲸鱼骨撑起的裙装、高跟鞋,旧时中国女人的裹脚布,等等不一。规训有时会涂上颜色,比如毛泽东时代的蓝色。"制服"是可见的规训,或者制服本身就是规训的结果;因为制服没有表情,或者制服的表情就是没有表情的表情。一张身着制服的脸与制服拥有一种"同一性",即使"他们的衣领脏兮兮的"(卡夫卡小说中的父亲时常穿着脏兮兮的制服,其实威严的官僚们总是身着"制服",无论西装革履,长袍马褂,还是中式对襟,或者便装出行,官僚的身上只有"制服",并且衣领总是脏兮兮的),与之相反,劳伦斯堪称"规训"衣冠的人,衣冠对他来说不再是表演的道具而是表演本身。衣冠是敞开与遮蔽的瞬间,所谓的"自我"就现身于切换的间歇。不仅如此,制服意味着"无差别","差异"意味着失误,没有人会在意"仪仗队"、"阅兵队伍",或者"行刑队"的差异;或者"差别"是一种误差,比如戈雅的《1808年5月3日》,尤其是马奈的创造性仿作《处决马克西米安》:行刑队背对观者绝非偶然,因为他们的"脸"无足轻重,甚至可以说刽子手压根儿没有脸,或者可以自行想象他们脸的"同一性"——

149

那些毫无差别的冷酷无情的脸等于没有脸的冷酷无情。在"复制"戈雅的时候,马奈把"复制"变为复制的抽象,然后逐一实施抽象的复制;行刑队成为"单数":他们着装一致,"就像一个人一样",不仅如此,他们并排站立,一起瞄准,射向同一个目标。毋庸置疑,他们没有脸,或者长着同一张脸,或者他们的脸是抽象的。不妨想一想《审判》结尾的那两个相互复制的刽子手;它们是双重"非人化"的工具:首先自己成为"非人",然后试图把约瑟夫·K变成"非人"。约瑟夫·K最后的尊严是"耻辱",因为只有耻辱才是属人的,尽管耻辱是不可见的。遮蔽的另一面就是敞开,鉴于制服的整齐划一,因此再没有什么能比制服更适合表达个性。人们似乎渴望着"整齐划一"成为寓言的岁月,在那些岁月中,不妨设想这样一种日常情景:每天出门的时候,人们在挑选衣冠的同时,也顺便挑选了一张与之匹配的脸。

面对衣冠的时候就像面对着一位"武士",劳伦斯自愿与其决斗,试图战而胜之。他刻意地使衣冠为己所用,同时让衣冠现身为衣冠。另一位对衣冠念念不忘的人是卡夫卡,他总是"衣冠楚楚",甚至从其少年时代开始卡夫卡就已是衣冠楚楚。本雅明没有忘记那位少年,但忘记了他的衣冠楚楚。卡夫卡羞涩和紧张的神情与他的"衣冠楚楚"恰成对比:遮蔽是敞开的方式,反之亦然。衣冠是一种既隐身又现身的策略:如果衣冠极为合身,情境恰如其分,衣冠会在凝视中消失;如果衣冠从不合身,衣冠就会与凝视面面相觑。劳伦斯的"衣冠"要么从未合身过,要么总是过分合身。正是在这种意义上,人们开始理解劳伦斯对"制服"贯穿始终的兴趣,一如他对机器、抽象、军营经久不衰的兴趣那样。十七岁的劳伦斯离家出走,被本地的一家征兵办招募为皇家炮兵营的一名少年兵士,当时的他已然一身戎装。劳伦斯几乎是热切地扑向制服,似乎只有躲进这身行头他才感觉到安全:制服成为他的皮肤。与此同时,再没有什么会比这身行头更让他别扭。当然,只有别扭才是伪装,因为无从识别,加上别扭是"真诚"的一部分。此外,他似乎没有明确的性别,被视为女人,或者孩子,总之不是男人。他的衣冠总是松松垮垮,多少有点别扭,但也说不上哪里别扭,时常有点可笑,同样不知道哪里可笑,致使劳伦斯看上去有时就像一位姑娘,有时就像一位少年。尤为重要的是衣冠、皮肤和自我的关系。服饰与身份的错位,既是遮蔽又是敞开。福尔摩斯先期设定了一致性,循衣找人对他来说是合乎逻辑的,对于福尔摩斯的同时代人劳伦斯来说未必如此。重要的是反逻辑和区分的困境,比如他会身着英式军装,头戴阿拉伯围巾:一个阿拉伯英国军人?或者选择隐身在某种"同一性"之后,比如身着阿拉伯服饰或者军队的制服,同时穿出差异;他洁白的阿拉伯长袍始终一尘不染,似乎每一次着装都是为了仪典而来:"他们的衣冠看上去就像一床郁金香,除了白色应有尽有;因为白色是我惯常的穿着,他们看起来无意僭越。"(SPS475)或者身着制服,但明显并不合身,"总觉得哪里不对",当你"总觉得哪里不对"的时候才是唯一"对"的时刻。在相同的着装中是不同的颜色(比如上面所述的白色），特意的混搭，穿着制服时吊儿郎当的姿态与神情。譬如，仪仗队是不能有神情的，很难设想仪仗队中竟然站立着一个衣服松松垮垮的小个子，神情丰富，视线眯斜。他呈现自己独特性的方式就是装着和别人毫无二致，然后在细节处招供自己。有时候劳伦斯会走向另一个极端，他的着装无懈可击，几乎是制服的反讽："他看上去如此整洁，匀称得体。每一条裤线都完美至极，从帽子的样式到裹腿的间距，绝不可能看到一粒马虎的纽扣，或者鞋子上一个污渍，制服剪裁得如此合体，刚好可以衬出他强健的脖子和有力的下颌。"（LF275）正是两极间的摇摆，或者细微处不易觉察的移动使劳伦斯成为劳伦斯，正因为如此，他不断地试图掩饰他难以掩饰的异常："就像赛马场里出现了一只独角兽。野兽无所适从。"（LL351）

　　衣冠是他的皮肤，皮肤是他的自我，确切地说，是他的第一层皮肤。在劳伦斯换上平民服饰的稀有时刻，他反而感觉自己就像赤身裸体似的。衣冠就是身体，身体就是自我，或者迪迪耶·安齐厄（Didier Anzieu）所说的那种"皮肤自我"（Le Moi‐peau）。在德拉的那个夜晚，真正需要承担过错的是劳伦斯的"内里皮肤"（indoor skin），"白而新鲜"的皮肤，性感而诱人。不仅他的脸、天蓝色的眼睛和皮肤出卖了他：他的皮肤就是他的自我或者自我的他者，对此他了如指掌："在夜里我的肤色是看不见的，我可以四处走动，不被注意也无人打招呼，一个毫不显眼的阿拉伯人；发

图 13　三重凝视：观看你的方式就是决不看你。

现自己既在我的同类之中又与他们分割开来使得他们变得双重陌生。"(SPO788)巴黎和会上身着阿拉伯服饰的劳伦斯在所有人的眼中,甚至在他自己眼中都是"他者":在他者的凝视中是自我,在作为他者的自我中是他者,在作为自我的双重自我中变成了他者。似乎没有人不知道他是谁,其实没人知道他是谁,包括他自己。重要的不是列维纳斯所说的"脸",而是"衣冠":衣冠成为姿态和政治哲学的措辞。脸与衣冠的张力依语境而动:在沙漠中,"脸"是他者;在巴黎,"衣冠"是他者;对德拉的施暴者来说,劳伦斯皮肤的颜色出卖了他,使他成为"他们"——"白人"或者"非阿拉伯人"。"费萨尔突然问我,待在帐篷的时候是否愿意像他那样着装。我发现那对我来说会更好一些,因为我们必须像阿拉伯人那样行事,那种穿着更加自然舒适,部落成员也会明白该如何应对。"(SPS129)于是劳伦斯成了"阿拉伯的劳伦斯":"一身洁白,副之金边的结婚用的长袍,是他远在麦加的婶祖母寄给费萨尔的。"(SPS129)衣着不仅过分东方化,而且十分女性化。马莽丽·伽柏(Marjorie Garber)曾提及劳伦斯越界的衣冠,以及文化(阿拉伯与英国),性别(男人与女人),乃至性(受虐与快感)的含混与错位。① 但劳伦斯曾经说过,他"从未伪装成阿拉伯人〔尽管有一次扮成切尔卡西亚人(Circassian),几乎就像一个戴面纱的女人!〕"(LSL283)。"我从不伪装!"的确如此,每一次都是本

① 参见 Marjorie Garber, *Vested Interests*, Penguin Books 1992, p304-309。

色出演,但衣冠浸透了"凝视",甚至就是凝视本身。① 在德拉被侵犯的那个夜晚,劳伦斯同样身着一身切尔卡西亚服饰,从而在双重意义上都无法释怀:被识破的伪装,以及双重倒错。因为"马穆鲁克妇女袭用男性风格的头饰,譬如一种特定样式的taqiyya,被 al-Maqrizi 解释为一种尝试,以反抗精英阶层中广泛的同性恋狂热,从而赢回她们丈夫的心。(尽管在同一个段落中,al-Maqrizi 谈及切尔卡西亚人在公开场合开始穿着华丽的没有包头巾的 tawaqi 时看上去就像女人一样!)"②依据耶迪达·斯蒂尔曼(Yedida Kalfon Stillman),这并非女人第一次"易装"以吸引男人,这种做法早在九世纪早期就已经开始。劳伦斯未必易装以吸

---

① 在《对马克·塞内特的敬意》中,勒内·马格利特(René Magritte)无懈可击地呈现出"凝视"和衣冠的一体。事实上,在每一个 A 片女主角身上,灵魂、身体、凝视和衣冠融为一体。她的"灵魂"与柏拉图的灵魂相去甚远,因为它无异于对观者欲望的读解;她知道你在"看"她而不是在窥视她,或者说,与其说你在窥视她不如说她在窥视你。你是"凝视"的一部分。一位 A 片女主角的"脸"就像一只动物的"脸",注定会让伦理学家进退维谷。应该设想列维纳斯是不看 A 片的;同样确定的是,你在徒劳无功地找寻着一位欲迎还羞的 A 片主角。"羞红了脸"意味着羞耻注定与脸相连,如同伦理的失落与脸的消失("不要脸")同时展开一样;脸是趋近无限的消失。作为"伦理判断","不要脸"常常伴随着对脸的击打,"可见性"成为伦理的障碍。列维纳斯"脸的形而上学"基于脸的本真性,但"本真"不可判定,比如恶魔很可能会克隆一张善良人的脸,或者由于整形手术而终于辨认失效,有时候一台机器长着一张逼真的人脸,有时候你会发现自己正在对着一台机器泪流满面,甚至在未来的某个时刻,"泪流满面的人"不过是一台机器。此外,对一个自动勾销自身"同一性"(身份)的人来说,指望他或她拥有一双"真诚"的眼睛是不明智的。

② Yedida Kalfon Stillman, *Arab Dress : From the Dawn of Islam to Modern Times*, Ed. by Norman A. Stillman, Brill 2003, p80.

引男人，但却常常被视为孩子和女人。似乎为了强化这种"双重倒错"，"我"在德拉被带到总督（Bey）的卧室，"他是另一个粗壮的人，或许是一个切尔卡西亚人，身着睡衣坐在床上，就像打摆子那样不停地发抖和出汗"（SPO496）。在那个鬼魅和淫邪的场景中，那个施虐者同样被设想为一个切尔卡西亚人。[1]

　　"我戴着面具登场"，二十四岁的笛卡尔如是说。福柯引证时复制了它的内涵："演出"正式开始，就像利奥塔所说的那种"上演"（Mise-en-Scene）或"搬上舞台"。[2] 舞台剧的假定性空间因"扮真"而来，但表演者与观者分享的空间却有可能是真的：对"舞台空间"的设想，投入与区分支配着观者的"真"。比如，亚里士多德的观者可能会冲向舞台把"恶人"暴打一顿，布莱希特的观者则全然不会。"我们每一个人都是彻头彻尾的戏剧演员，就像着装那样把恰如其分的情感穿在身上。"（LSL275）劳伦斯曾经的演出："一个异域的舞台，在上面夜以继日地表演，身着戏装，操着奇怪的语言，如果角色没有演好就要付出掉脑袋的代价"（LSL149）；演出依然在继续，尤其当演出变得自觉的时候：在巴

---

[1] Bey 指总督也指一个具体的人，在牛津版《智慧七柱》中指 Hajim Bey，但劳伦斯并不确定，在认捐版《智慧七柱》中改成 Nahi Bey。Knightley 和 Simpson 在其所著的 *The Secret Lives of Lawrence of Arabia* 中认定 Hajim Bey 与劳伦斯描述的人物完全不符。

[2] 利奥塔对"mise-en-secen"的定义特别适用于劳伦斯的"表演"："Mettre en scene（搬上舞台）就是把能指从'源初'的空间转换到另一个空间，也就是戏剧，电影，或者任何其他相关艺术的观众席。"*Mimesis，Masochism，& Mime*，Ed. by Timothy Murray，1997，p163.

黎和会上,再一次身着阿拉伯衣冠的劳伦斯不仅有意识地复制了曾经的演出,而且在出演一种"态度";甚至当他试图放弃演出的时候演出也没有结束:"我在军营现今已生活了九年,宁愿是个粗人,而非一个精于算计的人。我发现他们诚实,友善,让人自在。他们一点也不装,跟他们在一起我也无需去装。性对他们来说就是穿上或(脱下)你外出的衣服。"(LL728)劳伦斯卸去伪装,换上军装,不再出演劳伦斯的劳伦斯依然在演出:军营是"演员劳伦斯"的布景,军人是他的道具。他别无选择,演出成为宿命。劳伦斯好像从来都不知道"深藏不露的情感"为何物,一如他并不知道

图 14　最高度的表演就是毫无痕迹的表演。

眼泪表征什么。本能与伪装的浑然一体似乎与生俱来。自己不过是星辰的断片，宇宙的泥土，纵然如此，在人类的舞台上却是不折不扣的表演。"他"在衣冠、皮肤、性别和自我之间游移不定，无法摆脱虚实难辨的关系，似乎也不想摆脱。"假装"，或坎德尔·沃尔顿（Kendall L. Walton）所说的"信以为真"（make-believe），或者"扮真"，也就是儿童游戏"过家家"。"扮真"并非意谓虚假，扮真是真实的扮真，是一种意识的执着，不是"像"，而是"是"，是真的扮真，不是真。一个完全沉浸在角色中的演员是不会意识到假的，甚至等到角色结束，演员也未能即刻脱身而出。现身与躲闪的切换从未完结，如同疯狂近在咫尺："有时候这些自我会在虚空中聚集，那时候疯狂伸手可及，当一个人通过面纱可以同时看到两种习俗、两种教育、两种处境的时候，我相信疯狂就会靠近他。"（SPO12）逃向绝对始于逃离自我，一俟绝对像烟尘一样消散，自我就将成为消散的烟尘。《智慧七柱》与《铸造》就这样成为烟尘的聚集。言辞成为衣冠，背后没有内容。正因为如此，衣冠要么是姿态要么是迷狂："每一种哲学都是一种前景哲学（foreground philosophy）。每一种哲学都遮蔽了一种哲学；每一种意见都是一种藏身之地，每一个词都是一个面具。"[1]有时候，伦理学的表达与形而上学的表达合二为一："衣冠禽兽"是看不见的，"人形动物"同样如此。

---

[1] Sarah Kofman，*Nietzsche and Metaphor*，The Athlone Press 1993，p91.

关于"真拟"的沉思

再没有什么会比真实更为抽象。

——吉奥乔·莫兰迪

在梦中，或者睡醒以后很久，梦话看上去依然拥有最重要的意义。这同一种幻觉是否醒时也是可能的？对我来说近来有的时候就是这样。疯狂常常看上去就是如此。

—— 路德维希·维特根斯坦《杂论》

满腹狐疑是"真拟"的一部分。如同"白日梦"置身清醒与睡眠的阈限区域一样，"真拟"置身真实与幻想的中途。它逃避论证，难以命名。"真拟"只是真拟的说法：说其是则非，说其非则是。它所能拥有的唯一表达是否定的虚拟表达。"真拟"，或真实的虚拟（Realistic Virtuality），但不是"虚拟真实"的倒置，不是实在与虚拟的关系，不是真实与想象的关系，不是迈农的"非存在"，不是鲍德里亚的"拟真"，不是洛夫克拉夫特的"怪异实在论"，不是"思辨实在论"，甚至不是"否定神学"的当下措辞，而是"实在的虚拟"或真实的虚拟,是"真拟"。如果没有移动,消失,生成,跳跃和飞奔,"真"只是实在,逃离并非逃向某物,比如非实在或者虚拟。不是可资探寻的对象,而是一个过程,甚至"消失"也不是消失,而是消失的过程。未达目的才是目的,唯一的成功就是失败。此外,线路不可预期,一如孤寂不可测度。没有纯粹,也没有纯粹的"真拟"。真拟是真幻交织,真实与虚拟的交融,是真实的表演或表演的真实,只是比率不可判定。那是一种转瞬即逝的混合,比率就是他者。同样道理,没有纯粹的破碎,因为那预设了完整。归根结蒂,"星空"由星辰组成。与之相应,没有可以成就的完整,俗话说"破镜难圆"。前提不是柏拉图的二分法,可以触知的材料不啻更改的基础。对"德拉事件"的质疑是不着边际的,因为劳伦斯决不允许"凭空编造",一如他不能容忍"如实呈现"一样。劳伦斯从未写过"虚构作品",也没有哪一部劳伦斯的作品可以称得上"非虚构作品"。同样,没有哪一部劳伦斯的作品是对事实的陈述,尽管事实无所不在。对事实的虚拟刻画隐秘地更改了事实。它存于真实、白日梦、想象、梦、幻想和虚构之间。"之间"是个问题,问题在于如何才是过度? 不是一种"本体论"的摇摆,而是一种非真的真,一种非非的非,不是本体的本体,它被躲闪、迟疑、跳跃所标识,破碎、间断、聚集是它可见的面容。有时候它会袭用一种严肃的悖论表述,比如"独角兽",白日梦,"陆地的晕船症",等等不一。当你说梦是现实的元素的时候,其实你在说现实是梦的元素。不仅视梦幻为真实,而且视实在为梦幻;不仅视其为"真",

而且付诸行动。"真拟"绝非构造物,因为关系不是匀质通道;不是作为关系的关系,而是人的因素与非人的因素的混合。在某些时刻,与其说机器模仿人,不如说人模仿机器。真拟两面作战,击碎敌人的同时也击碎自己。如若有"真",那么真在真幻之间,比如把实在视作非真,把梦视为真:那几乎算得上"真拟"的两条道路。"说到真实,我指的是 Selfridges 那样的商店,摩托车的吐气声,还有《每日邮报》。"(LSL414)一般来说,难以辨识的时刻是说谎者对其谎言半信半疑的时刻。"白日梦中的虚构就是白日梦的参与者被认定在付诸想象,与他们实际上确实在付诸想象没有关系。"①针对劳伦斯的白日梦是劳伦斯白日梦的一部分。

很难说"真拟"是一种本体论,也很难说它是一种"非本体论",一如很难说老子拥有一种"无"的本体论,或者可以轻而易举地在庄周和蝴蝶之间做出区分一样:"我"不知道我是庄周还是蝴蝶,我不知道是庄周梦到了蝴蝶,还是蝴蝶梦到了庄周,我不知道"真"是"梦"的切片,还是"梦"是"真"的切片,"我"不知道是我在宣称还是蝴蝶在宣称。我同样不知道我不知道:一种贯穿始终

---

① Kendall L. Walton,*Mimesis as Make-Believe*,Harvard University Press 1993,
p44. 比如,不妨把大卫·马克森(David Markson)的《维特根斯坦的情妇》
(*Wittgenstein's Mistress*)看成一种笔录,其"真实"仅次于托马斯·伯恩哈德的
《维特根斯坦的侄子》,但远超维特根斯坦的两位传记作者瑞·芒克和布瑞
恩·麦克尼斯。那是一部关于"名字"的小说,也是一本绝无仅有的并置维特
根斯坦与"阿拉伯的劳伦斯"的书。勒内·马格利特的画是其背景,约翰内
斯·勃拉姆斯的《女低音狂想曲》是其通奏低音。

的不可知论根本无法自圆其说,因而所有的言说都是对言说的拆解。① 在可见与不可见的中途,"中途"并非中间,"行百里者半九十"。一种"可能的本体"是一个可能的居中的世界,有点类似昂利·科斑(Henry Corbin)的结论:"我们已经听到了费希纳的悲痛,因为关及自然的洞见在我们的时代被视为想象之物和不真。相比上个世纪,或许今天的我们更能激赏哲学没有把想象之物(Imaginary),而是与想象的知觉(imaginative perception)相对应的真实(Reality),与非真(unreal)混淆起来。在一个由纯粹物理学所构建的宇宙与一种把疏离加诸自身的主体性之间,我们需要一个居中的世界将两者相连,那是自然中某种微妙身体的精神疆域。尤其是在伊斯兰的伊朗,这个居中的世界不间断地既被苏菲教派的大师们,苏赫拉瓦迪学派光之哲学的修行者们,也被谢赫学派(Shaikhism)的修行者们所冥想。这个居中的世界不再仅只是这个世界的中心,就像 Eran-Vej 那样,而是诸世界(the worlds)的中心。想象的世界,想象的真实(imaginative Reality)的世界,原型图像的世界被确立为纯粹的理智本质(intelligible essences)的世界与感性宇宙的居间者。"②问题在于,即便居中的

---

① 老子既无心也无力沉思"形而上学",他只是虚晃一枪,然后光速般地投入到帝王术的怀抱之中。严格而言,中国思想中从未有过深沉的形而上学沉思,唯一的例外是僧肇对印度哲学的天才挪置和庄子超凡绝伦的寓言,尽管后者只是一个伟大文学家的直觉。

② Henry Corbin,*Spiritual Body and Celestial Earth*,Princeton University Press 1989,p50.

世界依旧是回旋中的世界,它不会被一位苏菲大师,一位犹太先知,或者一位西方哲学家所固定,甚至拉康对"三界"的划分也是以确定为前提的,但"真拟"是真拟的真拟,"消失"是消失的消失。它不是本体,或者是本体的本体。对劳伦斯来说,独角兽,亚瑟王,《贝奥武甫》中的龙,阿卜杜·阿尔哈萨德(Abdul Alhazred)及其《死灵之书》,卡夫卡的"陆地晕船症"无不真实可信;劳伦斯,马洛礼,托尔金,洛夫克拉夫特和卡夫卡并非如此,因为他们无时无刻不在逃逸之中。真实可信的是其逃逸和真拟:有鉴于此,力量与想象力同等重要。"发明一个讯息,然后大睁着双眼为其自制的影像赴汤蹈火——那更加伟大。"(SPS567)力量既是得以实现的可能又是得以实现的空间,因为空间也是真拟的空间。并且,不是单一的空间而是多重空间。有一次,劳伦斯在谈及不同的灵魂时提到了波纳迪诺·特雷西奥:"此类经验教会了特雷西奥将灵魂撕裂。一旦逼近疲倦的极限,他就会看到自己所设想的思想、行为和情感作为各自分离的造物环绕在身边;他像兀鹫那样目睹着它们在给予其生命的这个凡庸之躯中来去不休。"(SPS461)像特雷西奥一样,劳伦斯置身中间,毫无含混可言,当然也无意区分:既是庄子又是蝴蝶,堪称没有上帝的重复,没有灵氛的复制,没有理念的命名,没有伦理的信息。

不过,"真拟"不是"虚拟真实"的史前史,汉斯·费英格(Hans Vaihinger)的"仿佛哲学",夏洛克·福尔摩斯,或者洛夫克拉夫特,因为它没有搁置在超越性与内在性的中途。相反,它是参与的结果。对劳伦斯来说，"真拟"不啻一种天体游击战，只不过一种非接触的游击战始于一种非接触的身体："过了一会儿更多的士兵出现在眼前。我们显然被围住了。阿拉伯人跳下骆驼，持枪匍匐在一个掩体中，像被逼到墙角的动物那样准备战斗到最后一刻，至少要在阵亡前杀死几个敌人。此类战术让我不快，因为当战斗进入肉搏阶段，我习惯于投降。对被触碰的厌恶超过了死亡与失败的念头：或许是因为我年少时一次可怕的挣扎让我对接触怀有一种挥之不去的恐惧；或者因为我珍视智能并鄙视身体，因此为了捍卫前者我不会执着后者。总之，我没有高价出卖自己生命的本能，也避免那种贪生怕死却难免一死的不光彩，末了只能一了百了，以最后的可怕的最开怀的死亡之痛的全部亢奋朝着敌人冲去；震惊已麻痹了我的直觉，并将理性置于王座之上。这是我个性中的特质，我会害怕，厌恶，无聊，但鲜有愤怒；我从不情感激荡。有那么一两次，我独自迷失在了沙漠中，没有观众，只有那时候我才会崩溃。"（SPO629）劳伦斯是这样一个人：他将堂·吉诃德和桑丘·潘沙集于一身，当堂·吉诃德大战风车的时候，他清楚地知道站在对面既是骑士又是风车，既英勇无畏又要忍住笑声。批评只是自我意识，走火入魔的自我批评就是灵感。"真拟"是从实在走向虚拟，虚拟就是走向消失，消失就是真，真在消失之中。就像彗星划过天空，我们只能看到一道划痕从蓝色的背景上逐渐消散。材料始终都是"真实的"，但材料只是"真拟"的材料。就像一幅图画正冲破画框，一件装置正在现身为物。"真拟"

164

会在凝视中燃尽自己,但它的凝视只是惊鸿一瞥。比如,你正目不转睛地盯着某物,直到它慢慢变得模糊,你的视野也一起变得模糊起来。

"真实消失于虚拟,事件消失于信息,思想消失于人工智能,价值和意识形态消失于全球贸易。"①其实远没有鲍德里亚设想的这么乐观和确定。作为驱动和结论的逃亡与消失拥有一种瞬间,就在转瞬即逝的当口,在试图固定消失或终止逃亡的闪念之间,它们悠然而过。人们总是忘记"旁观者"目瞪口呆的时刻,因为他们的心醉神迷会让你擦肩而过。"真拟"是一种共谋:实在与虚拟的共谋,"我"与他者的共谋。真实的抽象之所以如此具体,是因为不可能没有旁观者的存在。比如,她出现在一个微雨的黄昏,她的脸是温暖的,雨伞的颜色让她略感不适,等等不一。是真的表演或者表演的真,也是消失的戏剧。不过就其效果而言,"真拟"是对幻觉无懈可击的再现,就像"现实"一样真实可信。对此不妨参考维米尔或莫兰迪的绘画,作为"诗篇"的《哲学研究》或作为"哲学"的《土星的光环》:技术侵入绘画和哲学,历史编撰学侵入文学。相对于维米尔是否使用暗箱作画,更让人感兴趣的则是人们对他是否使用暗箱作画所展示出的那种不可遏制的好奇心:似乎技术瞬间勾销了他的价值。对维米尔来说,只有"诗意"是真实的,但"诗意"意味着辨认的失败,因为我们只会认出我

---

① Jean Baudrillard, *Impossible Exchange*, Verso 2001, p121.

们自己认定的诗意，不然凡·米格伦的赝品就不会骗过众多"专家"的眼睛。当然，为了让其消失，首先要让它"可见"。任何一个维米尔的观者都会站在《代尔夫特风景》的前面告诉你说：看，那就是代尔夫特！"目光在维米尔的画中从未交汇，运动是静止的。没有言语，这些几乎静止不动的人物依靠书信或者维金纳琴的琴键实施交流。他们似乎正思索着横亘在他们中间的藩篱。我们不妨设想他们的关系反映了他们与画家的关系。对维米尔来说，情景，技术与人物紧密地交织在一起。他的色调技法，他的光线语汇为此提供了答案。或许呆在一个装有暗箱的私密的房间里，躲在厚重的帷幕后面，他得以进入那个理想的世界，维系一种轻松自在的关系。他可以在那里一连数小时地盯着那些沉默不语的女人来来回回地走动。他在她们谜一样的移动中记录下她们特有的魅力，始终保持超然和中立。他可以记录她们，并从这种不确定性中提取出让人赞叹的确定，纯粹和绝对。"①神秘的真谛在于：一旦神秘存在，神秘就将不再。所谓的"真拟"就是借助实存达于幻想的行动。真拟是真拟。

————————————

① Lawrence Gowing，*Vermeer*，University of California Press 1997，p26.

T. E. 萧的《死屋手记》

一只笼子在找一只鸟。

——弗朗茨·卡夫卡

牛津版《智慧七柱》印行的当年,"阿拉伯的劳伦斯"隐姓埋名,以约翰·休姆·罗斯(John Hume Ross)的名义加入 R. A. F(英国皇家空军),注册为一名下士,几周后身份暴露,旋即更名为 T. E. 萧(T. E. Shaw),加入皇家陆军坦克营。1925 年 7 月再度回到空军。没有人确切地知道"超人"阿拉伯的劳伦斯为何自愿成为"末人"T. E. 萧? 一劳永逸地删除"自己",恰如其分地消失,或者祛除如影随形的"罪恶"? 不一而足,众说纷纭。猜测愈多就愈不确定。一个英雄的"自我删除"是其本色,但"哲学"的细节却隐藏在删除的手法之中。如果说《智慧七柱》是"多重自我"的织锦,那么《铸造》则是消失的踪迹或深沉的掩埋。一如既往,对于自己洞察秋毫的一切他总是漫不经心,甚至显得不甚了然:"不管《智慧七柱》还是《铸造》(尤其《铸造》)都是个性的腐败。它去了哪里? 不知道。"(LSL496)《铸造》写于 T. E. 萧供职皇家空军期间,为了保护在美国的版权,50 册删节本《铸造》1936 年面世,1955年删节版公开发行,未删节本次年出版,刚好是劳伦斯去世的二十年后。"《智慧七柱》是一种历史的必然",对此他梦寐以求,几乎欣喜若狂,相对而言,《铸造》"写得紧巴巴,是因为我们的衣服紧紧地箍在身上,我们的军营生活紧兮兮的"。好像写作的时候正有无数双眼睛从暗处盯着他,监控似乎无所不在:"那里根本没有人,但房顶上看上去布满了凝视的眼睛。"(TM24)《铸造》是一本小型杰作,一本颠覆性的书,它以"真实"之名勾销了真实。不仅如此,它像《智慧七柱》一样既不是"事实笔录"也不是"艺术作品","当我心可拏云时,意欲将两者融为一体。《智慧七柱》是一次把历史化为想象之物的努力。这是我第二次试着把真实戏剧化。《铸造》是我再一次尝试的准备性笔记"(LL603)。在某种意义上,《铸造》堪称"自我囚禁"的可视化,一种自愿消失的呈现:"一篇关及道德自戕和理智禁欲主义的随笔,在激发上是宗教的,制定法规时是脱逃者;也就是说,在仅仅成其为一个个人的意义上它是不寻常的。"①在灼热的阳光与潮湿的洞穴之间,"阿拉伯的劳伦斯"与 T.E.萧分道扬镳,后者就此开启了他的自我囚禁或者"新生"。一个自愿进入"洞穴"的人,一个清晰的反柏拉图主义者的形象,也是一个自愿现身"全景监狱"的囚徒。他智慧超群,

---

① *The Waking Dream of T. E. Lawrence*, Ed. by Charles M. Stang, Palgrave 2002, p98.

图15　矮小(五英尺五英寸)是事实,"平凡"是事件,幽默是效果。三者相加是对英雄的解构。

却主动混迹于底层,如若不是一个"救世主"的形象,比如耶稣基督,那么就是一个"真实的侵入者"。曾经的"我"是一个超人,对当时的"他们"来说,劳伦斯超群绝伦,根本"不是我们当中的一员","对于我们这些有幸与他共事的职业军人来说,劳伦斯置身聚光灯下,我们不过是背景,但我从未听到过哪怕一次轻微的妒忌声,因为我们都知道自己正在与一位无限卓越的人共同工作……他是两百年来最伟大的英国天才"①。现在的"我"不仅成为"我们",而且成为反转的我们:既然他像我们,我们为什么不能像他?如果《智慧七柱》是"进攻",那么《铸造》就是"防守"。自愿受虐无异于坚韧不拔的忍耐,乃是一种特别的受难,也是一种隐秘的测度勇气的技艺。一位自我删除的英雄才是一位当之无愧的英雄,对此他不无自嘲地说自己"像一个机器零件那样日复一日地工作远比你去统帅一个团队来得容易"(LSL116)。

《智慧七柱》用"第一人称单数"写就,尽管劳伦斯偶尔会说到"我们",《铸造》始终在说"我们",消失的"我"已沉到海底:"理想的军队就像紧密嵌合的蜂窝。如果一个不喜欢另一个,并显示出来,那么飞翔就将脱节:其舒适之壳将归于破碎。我们如此精心地培育友善之脸,以至面具已成习惯,习惯已成确信。我们为了保护它抛弃了我们的真实……或者将其掩埋得如此之深,以至于我们已经听不到它们的声音。"(TM198)②劳伦斯自承《铸造》是"一本私人日记,只有那些意欲解剖我的人格的人才会对之感兴趣"。即使是一种日记,也是一种"半公开的日记"(有点像牛津版的《智慧七柱》,生前拒绝出版,只有屈指可数的人读过"它们"。

---

① Robert Warde, *T. E. Lawrence: A Critical Study*, Garland Publishing, Inc. 1987, p93.
② 从"我"到"我们",人称的变化标示着从《智慧七柱》到《铸造》,一如从《逻辑哲学论》到《哲学研究》的变化:从精心织就的"风格语言"到精心织就的"日常语言",尽管看上去《哲学研究》和《铸造》就像是自动写作,似乎就是"日常语言"的简单挪置。

一旦试着让别人阅读自己所写的东西,劳伦斯就会显示出一种难以克制的羞涩,书信也不例外,尽管书信只写给一个确定的个人,但却是写给不同的个人:那些收信者既珍藏又窃取了劳伦斯宇宙的份额。书信从未在其生前"结集",因此仍然是一种半公开行为;且不说遍布世界的馆藏劳伦斯书信只是"可见的行为",劳伦斯的"全部书信"堪称一个无序而生动的宇宙。"书信集"是编者的作品,无论他是大卫·加内特还是马尔康姆·布朗,或者其他人),或者模拟了日记的写法,似乎写在明信片上,就像"流水账",草就而成,然后装订成册。的确如此,就标示《铸造》而言,再没有哪个词会比"日记"更为合适;就自我放逐,自我消泯,自我贬抑,自我囚禁而言,"日记"根本就不存在。或者说,不应该存在。因为"我"就是"我们","我们"就是人群和制服,日记与"我们"相互勾销,除非"我们"可以凭借"日记"变成"我"。就像没有"私人书信"一样,同样也没有"私人日记",因为"私人日记"是写给他者的。即便日记从未公开,即便从未有"他人"阅读过它们,当后来的"你"阅读早先的你的日记时,日记已然是一种公共之物。其实,日记的读者是自己的"自己",或者重构了将来的自己,也重构了将来的自己对自己当下的重构。透明无所不在,隐晦同样如此。实在的空间乃是自明之物,实在空间在某种意义上等同于公共空间,因此对空间的形而上学沉思注定与一种政治哲学的空间学说融为一体:"到处都是关系:再无任何孤独。"换句话说,到处都是关系,再无任何孤独的可能。其实那是透明的孤独,或者是一种公共空间的孤独。一方面隐身于公共空间，但疏离和自我疏离无所不在，另一方面，孤独意味着私人空间的可能，但私人空间别无选择地建基于公共空间之上。对一个"操控社会"而言，孤独只是一个姿态。换句话说，所谓的孤独不过是对孤独的认领。

《铸造》中的"我们"与《智慧七柱》中的"我们"不是一回事。在《智慧七柱》中，我们是我与阿拉伯人，我们是我的背景；在《铸造》中，我是我们的背景，我们是军营中的士兵和我。我在消失之中，或不得不再次成为精灵，似乎只有《铸造》的读者才是可能的

图16 "如果必要的话，可以借助修片把面部变形。人们相信照片不会说谎，因此会对你的伪照深信不疑。"

自己。《铸造》可被视为一系列幻灯片,或者系列纪录短片的结集:"《铸造》是一种照相式的准确,其中的很多人都是真名实姓。"(LSL383)但对劳伦斯来说,照相就是泄露灵魂的方式,因为照片的秘密就是它本质上真拟特性。鉴于传播是没有道德的,因此不加修饰的记录和过度的修饰其实是一回事,诸如戴安·阿勃斯的记录或者劳伦斯的自白:"照片,古老之物。今天,它们比肖像画更危险:随着观影活动的普及,人们习得了摄影技术,可以轻易地依据照片把人辨识出来。所以如果你准备公开我的任何照片,希望它们最好尺寸偏小,特征不突出。如果必要的话,可以借助修片把面部变形。人们相信照片不会说谎,因此会对你的伪照深信不疑。"(IL40)一帧照片,就是一个幻影,一个鬼魂,看上去荒诞不经却真实可信,看上去真实可触却虚妄不实;似乎走在坚实的路面上,其实却在棉花上行走。试图让辨识变得困难的所有努力最终都会暴露自己。就像约翰内斯·维米尔的《代尔夫特》:辨识的诀窍基于维米尔辨识代尔夫特,而不是基于代尔夫特辨识代尔夫特。传播的敏感与道德的敏感是两个极点,连接它们的是一条钢丝艺人的线,劳伦斯以炫目的速度从高空落下,旋即跳入他一刻未停的逃逸之中。

如同针对《智慧七柱》文学评估那样,针对《铸造》的文学评估同样无法奏效。说《铸造》比《智慧七柱》更加成熟,或者像劳伦斯自己所说的那样,说《铸造》是"一本真正的书"其实毫无意义,因为像《智慧七柱》一样,《铸造》超乎"文学"之上。《死屋手记》打上了强烈的个人体验的印记,但陀思妥耶夫斯基把它处理得更像是虚构作品;《铸造》打上了强烈的消除个人体验的印记,但劳伦斯将其处理得更像是非虚构作品。"如果我能借助在寂静中回忆它并将其智慧七柱化(seven-pillared it)——或者毋宁在变动的条件下——我本来可以做点不太像笔记的东西;也非常不像《死屋手记》。"(LL611)那些人都是"真实存在的",他们如此真实,几乎就像是"实景拍摄",空气中弥漫着他们身上的汗臭味;那是动物的味道,与牛津或伦敦的知识分子不同,他们几乎从不阅读。首先是语言的颠覆,雅致的牛津英文被粗鄙的军营语言所取代。①脏话是军营的"日常语言",不仅是一种身体语言而且是一种普遍性。曾经写出瑰丽言辞的《智慧七柱》的作者,现在要把脏话写满《铸造》。或许那是另一种"瑰丽言辞",因为总有一类伟大的文体家擅长对脏话字斟句酌,就像费迪南·塞利纳那样:他们曲尽其妙,细心地测度脏话的韵律、脏话的力道,可能的生理反应,细心地选择脏话的色调,包括脏话色谱的丰富性,以及脏话与脏话的撞击,直至一丝不苟,精疲力竭。"'册那'如此频繁地说'操'(fuck),以至于每说两个词就会极其单调地用巨大的送气声把字母'f'嵌入其中,他的嘴唇因此会撅起为一个讥笑的弧线形状,看

---

① 尽管《哲学研究》致力于对"日常性"的刻画与挪置,但其实很难设想维特根斯坦满口脏话的样子。特里·伊格尔顿曾经说过,这位哲学家操着"上流社会的英文",字斟句酌,腔调悠然,尽管他的德语口音清晰可闻。维特根斯坦从未失去他对人类的轻蔑,他在乡村教书或在远方隐遁时与当地居民的关系要么紧张要么疏离,与之相反,他与鸟的关系远非他与人类的关系可比。

图 17 阅读《尤利西斯》的最佳姿势。

上去就像是小提琴面板上的音孔。"（TM32）①脏话文学自古使然，比如拉伯雷、薄伽丘或者兰陵笑笑生，甚至更早，多少有点类似于二十世纪早期音乐中对铜管，尤其打击乐的广泛使用，比如斯特拉文斯基，尤其巴托克。一般来说，一种精心打磨的脏话看上去就像是一种驾轻就熟的"挪置"，一如正在精心地收集鸟鸣声的奥利维尔·梅西安。其次是对空间的颠覆："在军营中我们是陌生人；仅在军营的围墙之外，当我和他只是朴素衣饰世界中两个幸存的蓝点时，我们的陌生之墙才会倒下。"（TM95）军营就是透明和"非人"。在《铸造》没有"结尾"的结尾，在《智慧七柱》之后，劳伦斯再一次陷入"后悔"，换句话说，陷入一种习惯性的自我颠覆和对空间的侵略性之中。"我本该如此。"就像卡夫卡说所说的那样："我本该自行烧掉我的手稿。""后悔"意味着无法勾销的勾销，意味着"异在"，欲擒故纵，试图脱身而又无从脱身，对诱惑的臣服或者装着如此，要么相反，意味着估价的失败，或者期待着再次评估。T.E.萧以"未完待续"结束了没有结束的结束："我不能为这本书写下'结束'（Finish），因为我仍在服役。有时候我希望我从未写过这本书。"（TM206）"叙事空间"不易觉察地再次侵入了"实在空间"；《铸造》在《智慧七柱》之后再次重复了这种"侵入"：在等待与延宕之中，《铸造》在腐蚀时间的同时也更新了空间的性质。作为治愈自己的手段和一种玩世不恭的献祭，T.E.

---

① "册那"（China）与中国无关，只是《铸造》中一个满口脏话的士兵的绰号。

萧的先行示范或许不久就将成为寓言,并成为我们命定效仿的对象:未来的"我们"会注定以这一种或那一种方式生存在这一类或那一类"军营"或者"囚牢"之中;我们面孔模糊,衣冠趋同,彼此难以区分,没有名字,只有记号附着其上。奥斯维辛只是这种状态的极端表达。自此以后,奥斯维辛的阴影如影随形,时而以咄咄逼人的方式,时而以不那么咄咄逼人的方式追逐着人类。不妨将《铸造》的第一个句子"上帝,真可怕"(TM19)与最后一个句子"到处都是关系:不会再有孤独"(TM206)连为一体——那正是T.E.萧试图勾勒的世界图景。

无家可归的奥德修斯

翻译本身已是一种解释。

——马丁·海德格尔

解释无他，不过是无意识而已，解释就是无意识本身。

——雅克·拉康

"英文的第二十八个《奥德赛》译本几乎算不上一个文学事件，尤其它本质上意在直译。"(OHV) T. E. 萧之后又有数个版本面世，加上众多非英语的译文，《奥德赛》的接受史几乎就是它的翻译史。层出不穷的翻译就是翻译的写照，也是翻译的证明，堪称诗篇播撒的方式，一种特有的传播学。表面看去，"翻译"对 T. E. 萧来说根本不具备罗森茨威格、本雅明和海德格尔赋予翻译的意义："我只是缺钱而已。"那好像就是 T. E. 萧最有可能的答案。翻译《奥德赛》似乎出于偶然，因布鲁斯·罗杰斯(Bruce Rogers)的约稿得以可能，T. E. 萧鉴于资金短缺接受了委托：他急需钱来修葺他在云山(Clouds Hill)的房子。没有人会真的认为这种"偶然事件"的意义就是偶然,更兼 T. E. 萧"舍我其谁"的自白:"然而事实上,我像其他的译者们一样与荷马面面相对。我们有许多年持续地挖掘大约奥德修斯同时期的一座城市。我曾经摆弄那些时代的武器、盔甲、器皿,探究他们的房舍,规划他们的城市。我曾经捕获野猪,狩猎狮子,扬帆爱琴海(驾驶船只),弯弓射兽,与游牧民一起生活,编织毛纺,建造船只,并杀了很多人。"(LL710)翻译《奥德赛》几乎命中注定,如同《奥德赛》历经三十个世纪终于等来了它独一无二的"译者"一样。况且,在"阿拉伯战争"之后翻译《奥德赛》一如奥德修斯在"特洛伊战争"之后踏上归程。正如杰瑞米·威尔森所言,T. E. 萧的《奥德赛》与拉尔夫·以撒姆(Ralph Isham)所表达的意图完美相合,与其说是"一种随心所欲的翻译,毋宁是对《奥德赛》的一种新解释"(LA814)。不仅如此,与其说他在解释荷马,不如说他在书写荷马。T. E. 萧以貌似谦逊和不易察觉的方式借助翻译复制了书写,甚至可以说,是"奥德修斯"在写作《奥德赛》,或者是 T. E. 萧对《智慧七柱》绝无仅有的复写。

1928 年,驻军卡拉奇时,T. E. 萧动手翻译《奥德赛》。历时四年,终告完成。翻译的殚精竭虑让他不由地回忆起写作《智慧七柱》的那些岁月。1940 年,置身"力量"之中的西蒙娜·韦依写下了《力量之诗》。这位抵抗运动的战士意味深长地选择了《伊利亚特》而不是《奥德赛》,因为在她看来,"真正的英雄,真正的主题,《伊利亚特》的核心,就是力量"。不过,在"力量之中"也就是在

"力量之后"，是对力量的反思，因为重新发现史诗天才的前提就是"当他们懂得命运无从规避，不要崇尚力量，不要仇恨敌人，也不要轻视不幸者"。劳伦斯是在"力量之后"动手翻译，如同韦依在"力量之中"写作一样。但与韦依相反，劳伦斯选择了《奥德赛》而不是《伊利亚特》。没有人会对这种错置无动于衷，因此 T. E. 萧的《奥德赛》不只是一个译本，或者众多译本中的一个，甚至不只是一个翻译，而是一个独一无二的"事件"。作为事件的《奥德赛》是其"哲学机器"中的一个部件："在翻译中你只需沉浸于手艺人的语词游戏，免去了艺术家设计语词并赋予其意义的责任。"（LL625）理由很简单，"没有原创的材料：只是翻译而已。我不希望再做任何我自己的东西。无中生有并不是好事"（HLLB356）。翻译《奥德赛》与写作《铸造》除了拥有时间的连续性还分享了同一种意图：极力成为"机器"零件，同时隐秘地使其运转失灵。"我总是尝试去强调，使其刻痕加深，将其打碎，尝试赋予物以生命。"[1]这种正相反对的倾向构成了"《奥德赛》事件"的两极。况且，对一个桀骜不驯的心灵而言，"翻译"意味着进退维谷，自愿被缚，同时又在挣脱之中，就像他曾经的独白："这是一封白痴信件，除了渴望进一步改变没有任何意义；这很白痴，因为我每天都在变换我的住所，每两天换一份工作，每三天换一种语言，但依旧像过去那样难以满足。我痛恨站在前面，我痛恨站在后面，我不喜

---

① *The Waking Dream of T. E. Lawrence*, Ed. by Charles M. Stang, Palgrave 2002, p128.

欢责任,我也不喜欢服从。"(LSL151)对劳伦斯来说,翻译本身和翻译的必然性是一回事。那不是"文人"或"心灵"的时代,也不是创造的时代,因为荷马的武士们似乎没有灵魂或者心灵。翻译于是理所当然地成为一种传送,是对讯息的传递,一种特定的书写,或者一种更改时间的技艺。

《奥德赛》对 T. E. 萧来说只是一个"故事",荷马的诸神更像凡人,并拥有具体可触的生活,基于这种理由他将荷马翻译成散文,而非像他以前或以后的大多数荷马译者那样翻译成韵文。于是,口语化和日常性不仅是题中应有之义,而且是一个事件。他似乎在书写伸手可及的军营,而不是荷马的诸神。乍一看去,T. E. 萧的《奥德赛》与英年早逝的米尔曼·帕瑞(Milman Parry)几乎同时进行的荷马研究并无关联,也与德里达后来对"声音逻各斯主义"的解构无关。事实上,T. E. 劳伦斯是这位"荷马学术中的达尔文"的英雄,他们似乎还拥有一种难以言传的心意相通。在被枪杀前的几个月,帕瑞还在研究南斯拉夫的口传诗歌,相对于他早年坚持的"公式"(formulae),后期的帕瑞开始强调口语诗歌中的"主题"(theme)。"主题"对他来说几乎就是劳伦斯的"游击战",是口传诗歌的基本叙事单位,甚至是一个行动单位:"一次单独的战斗,对集结的一次召唤,到达一个宫殿;或许是对各种武器,一位武士,或者一次宴饮的一种描绘。"①另外,如果"口语化"

---

① Milman Parry, *The Making of Homeric Verse*, Ed. By Adam Parry,(转下页)

意味着"在场",那么没有断句的古汉语或者《尤利西斯》中莫莉的独白就是意识的在场,加上口语传统并不等于"日常语言",没有人会真的以为《哲学研究》就是对日常语言的简单挪置。潜藏背后的是轻微而无限的移动,随之是朴实无华的诗意。他们就像荷马一样,只是一种特别的"措词"(diction)。不仅如此,德里达对"在场"的解构只是再现了他所解构的在场,除非他自己就是一个快乐的希绪福斯。严格而言,"在场"只是一个意义含混的概念。[①] 诗人会依据某种公式将歌者的吟唱和表演记录下来,然后

（接上页）Oxford at the Clarendon Press 1971，pxli. 帕瑞很欣赏《智慧七柱》,也像劳伦斯一样很喜欢道蒂,但他如何评点 T. E. 萧的《奥德赛》却不得而知。1935 年,也就是劳伦斯去世的那一年,年仅 33 岁的帕瑞死于非命。即便荷马只是一个吟唱者和表演者,但依据亚当·帕瑞,与其说荷马是口传诗歌的产物,不如说是它的主人。另据罗伯特·法格勒斯(Robert Fagles),在其灵感焕发的时刻,劳伦斯的《奥德赛》就像蒲柏的前十二卷《奥德赛》那样无可匹敌。

[①] 没有纯粹的在场,也没有纯粹的不在场。同样,既有可见的规训也有不可见的规训。比如,里赫特与古尔德注定会邂逅在一个"混合的舞台":不仅对听者/观者的规训是一致的,其区分也只是"在场的规训"与"规训的在场"的区分,或者说是一种"在场的不在场"与一种"不在场的在场"的区分。除去古典音乐特有的静默,晚年里赫特坚持的"仪式感",比如乐谱,翻谱者,佩戴花镜,关掉现场灯光,仅留一盏琴灯,等等,把其听者悉数变成剪影,让他们几乎一无所见,一如古尔德将其观者拒于录音室之外。里赫特慢条斯理地摆弄着哑剧的道具,但拒绝听取黑暗中的笑声,于是听者的数量,偶尔出现的咳嗽声,一个不可见观者抖腿的频率,与数千人正鸦雀无声地共同聆听录音的情景并无二致,与古尔德清晰可闻的吟唱大体相当,后者堪称击穿录音之墙的飞矢,让你如在当下,一如录音就是规训的在场:它们无一不是神话场景的脚注,既至关重要又无关紧要。正是听者的心醉神迷让规训荡然无存,否则,一种在场的不在场或一种不在场的在场就是一种卡夫卡式的寓言,堪称"权威话语"的极致:一名官员在台上照本宣科,台下要么是专注的头颅,要么是一刻不停的记笔记的手。权力在场,肉身并不在场(没有人称,不是单（转下页）

182

是不断加速的写作，后者是加速传播的基础："写作把词从声音的世界移至视觉空间，但印刷把词锁定在这个空间中的位置上。"①不过，T. E. 萧"口语化的荷马"并不易读，他的《奥德赛》似乎置身乔治·查普曼（George Chapman）和塞缪尔·巴特勒（Samuel Butler）之间。换句话说，T. E. 萧几近是一位戴着散文面具的诗人：他无意于"诗"，但终究没有能摆脱"风格奇异"的自己，一如他对英雄所做的解构。当然，他"自己"究竟是谁我们并不清楚，也无从判断他究竟是奥德修斯还是塞壬？甚至他自己也无法判断，正如我们对荷马是谁无法做出判断一样。有一点毫无疑问，"对于能做的和不能做的他拥有精准的知识。只有通过如此超凡的自我批评才能让才能厕身于灵感"（OHVI）。比 T. E. 萧超凡的自我意识更加超凡的是对自我意识的移动；那不过是说，他对一切了如指掌，却特意把水搅浑。劳伦斯的躲闪既是物理的躲闪也是精神的躲闪：让"自我批评"成为本能，让"感觉因素"成为反转柏拉图的实验，让变动不居的感觉拥有"理念"所能拥有的全部品质，或者像在"游击战"中那样，让绝无仅有的"感觉"或"灵感"

（接上页）数，甚至没有形状，"脑满肠肥"只是抽象表达，不仅如此，那些手的神经质一如神经质的麦克白夫人的手：不断地洗手，似乎粘满鲜血的手永远洗不干净。重要的是可视化：不是记录了什么而是记录了凝视。理论上当然存在着一种可能：下面坐满了珂勒惠支和奥诺雷·杜米埃；理论上同样存在着另一种可能：他者的凝视与无孔不入的审查合为一体。后一种可能使得前一种可能瞬间化为乌有。

① Walter J. Ong, *Orality and Literacy*, Routledge 2012，p119.

成为塑造一位伟大将领的要素。

　　纵然不乏讥讽之词,T. E. 萧终究还是宁愿写出《奥德赛》而不是《智慧七柱》。对他来说,《奥德赛》、翻译《奥德赛》、作为奥德修斯的劳伦斯,三者紧密相连,缺一不可。像奥德修斯一样,"翻译"也是一种双向运动,既是离家远行又是回归家园。在动手翻译《奥德赛》之前,他已经无数次地"翻译"过这本书:当他写作《智慧七柱》的时候,他在翻译《奥德赛》;当他翻译《奥德赛》的时候,他在重写《智慧七柱》。此外,他在不同的时间中"复制"了荷马;工作之前是对工作的等待,等待工作是对工作的预期,在此过程中,他把奥德修斯翻译成自己,把自己翻译成奥德修斯,如此反复,无法停手,直到开始工作。于是,翻译乃是书写的别名,书写不啻是对"自己"的翻译。与雷蒙·格诺的说法相反("伟大的文学作品不是《伊利亚特》就是《奥德赛》"),与其说 T. E. 萧翻译了《奥德赛》不如说重写了《智慧七柱》,甚至可以把"重写的"《智慧七柱》视为《伊利亚特》与《奥德赛》的合集。很难把"翻译"视为"无限援引"的变体,但荷马却像他的译者 T. E. 萧一样是一个变相的"无限援引者":"希腊词'吟诵'(rhapsodize, rhasoidein),'把歌拢在一起'变得具有预示性:荷马把预制的部分拢在一起。与其说他是一个创造者,不如说是一个装配线工人。"①当然,不易觉察的移动随处可见:"奥德赛那样的街头希腊语抗拒忠实的迻

---

① Walter J. Ong, *Orality and Literacy*, Routledge 2012, p22.

译。我没有拘泥于语气和时态；允许自己在形容词和副词之间随意转换；通过重新调配才得以回避我们介词的贫乏，动词的局限，连词的含混。"(OHV)T. E. 萧的《奥德赛》是绝无仅有的一次解构实践：荷马，荷马的英雄们，作为英雄的自己，以及翻译本身无一不是解构的对象。隐藏其后的哲学的好奇心是从英雄到凡人，从伟大的作家到一个书虫，从诗意隽永的翻译到一台翻译机器。之所以看上去与机器背道而驰，是因为正在有意识地朝着机器飞奔。试图去翻译就是试图成为一架机器。此外，翻译本身就是一架机器，并终将会是一架机器。也就是"机器翻译"(MT)或"机翻"。甚至在居伊·达文波特（Guy Davenport）笔下，拉提莫教授（Professor Lattimore）已经成为"机翻"的原型："有一堵巨大的希腊砖墙。拉提莫教授把其中的砖头一块一块地抽掉，然后一块一块地换上英国砖头，或许是最基础的英国砖头。"弗拉基米尔·纳博科夫认为这就是翻译的模板。不过，当诗人纳博科夫动手把自己的诗歌译成英文时，他随即将其抛之脑后。[①]

　　"机翻"不止是事实还是隐喻，因而不限于它的历史，现状，甚至未来，诸如对信息，或者技术文献的处理，与 AI 的关系，无力译诗，等等。比如，布施（A. D. Booth）就不认为可以在"不远的将来或可以预见的将来把机翻用于文学"，但早在 1960 年，玛格丽特·马斯特曼（Margaret Masterman）就开始尝试用机器翻译《高

① Guy Davenport，*The Geography of the Imagination*，North Point Press 1981，p42.

卢战记》。① "像机翻一样"是对人的表述，不是对机器的表述。毫

---

① 玛格丽特·马斯特曼，维特根斯坦向其口述《蓝皮书》的六个学生之一，哲学家 Richard Braithwaite 的妻子，"整个英格兰唯一理解维特根斯坦的人"（自承），计算机处理日常语言和"机翻"的先驱。鉴于 MT 无力译诗，似乎诗之翻译与"信息"无关，所以不妨把翻译视为一种信息传播，把翻译的过程视为克劳德·香农（Claude Shannon）名闻遐迩的处理信息的程序：

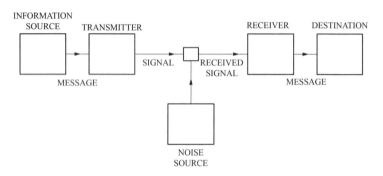

不过，好像为了回应 MT 无力译诗的公论，在其《机翻：范围与局限》的结尾，约里克·威克斯（Yorick Wilks）用机器翻译了里尔克的《秋天》，与之对应的是十年后中文的机翻，堪称"转译"的机翻：

The leaves fall, fall as from far, 树叶落下，就像从远处落下，

As if gardens withered in the skies far; 花园似乎枯萎在遥远的天空里；

They fall with negative gesture. 它们以否定的姿态落下。

And in the nights the heavy earth from all stars falls into solitude. 夜里沉重的大地从所有的星辰落入孤寂。

We all fall. This hand falls there. 我们全都坠落。这只手落入那里。

And look at others: it is in all. 看着其它：它在所有之中。

And nevertheless it is one which this fallen infinitely gently holds in his hand 纵然如此正是这无限坠落的一轻柔地落入他的手中。

德文原文如下：

Die Blaetter fallen, fallen wie von weit,

als welkten in den Himmeln ferne Gaerten;

sie fallen mit verneinender Gebaerde.

Und in den Naechten faellt die schwere Erde

（转下页）

无疑问,永远不可能像"机翻"那样,机翻也不可能像机翻那样。机器无限地超出修辞。作为"隐喻"的机翻大约等同于本雅明的"神圣译本"。一种无瑕的挪置,"机翻"乃是翻译的极致,就像机器写作一样。皮埃尔·莫那(Pierre Menard)不啻"机翻"的原型,或毋宁说机翻的极致就是莫那式的写作,甚至翻译本身就是某种"皮埃尔·莫那式"写作。皮埃尔·莫那,作为事件的翻译,时间的移动,类似的写作从未中断,因为绵延不绝的"创新"无一不是历久弥新。举个例子,不妨把詹姆斯·乔伊斯的《尤利西斯》看成《奥德赛》的翻译,或者把 T. E. 萧的《奥德赛》看成荷马的《奥德赛》。即便如此,仍然无法确定平行挪置的结果,因为仅就《皮埃尔·莫那》而言,似乎为了拒绝"机翻",博尔赫斯特意强化了空间的弹性。另一方面,如果把马塞尔·杜尚的"次薄"(infra-mince)考虑其中,那么随便哪一次"机翻"的实践都不啻一次莫那式的"写作",一次绝无仅有的"复制",一个准确无误的尼采式的形象:

(接上页)aus allen Sternen in die Einsamkeit.

Wir alle fallen. Diese Hand da faellt.
Und sieh dir andre an:es ist in allen.

Und doch ist Einer,welcher dieses Fallen
unendlish sanft in seinen Haenden haelt.

我查看了相应的德文,机翻大体正确,就是缺少"诗意"。况且,所谓的"诗意就是翻译中丢失的东西"。不仅如此,随着机翻的盛行,被本雅明否弃的"转译"将重焕生机,因为获取"错误"与"诗意"的机会将大幅度减少,直译与转译的差异变得无足轻重。

作为"事件"的"同一者的永恒回归"。用不着附加任何宇宙论或心理学的含义，也没有任何偶然性涉足其中，不可通融的必然性会以不可通融的空洞和冷漠君临天下。"同一者的永恒回归"就是同一者的永恒回归，无需任何"人性的，太人性的"解释，也无需附加任何意义，因为它本身就是完美无缺的"复制"；正因为对于"完美无缺"缺少信心才试图去解释；正因为"同一"毫无折扣，看上去才会是"差异"。如果试图去处理"机翻"的意识或者"无意识"，甚至机翻的意向性问题，那么只是把机器重又翻译成了人类，尽管哲学正不遗余力地致力于"去人化"，但面对人机合流却不知所措。希望自己是机器招供了自己非机器的一面，正确的做法是希望自己能像人那样。问题在于，唯名论的反向设想并不成立，因为一种"个性化的机器"委实让人沮丧，沮丧的程度与人类对机器的设想大体相当。"我"在不朽面前尽情地表演，表演的"我"只是"不朽机器"的一种功能。所谓的"人类历史"就是人工智能的史前史；所谓的"人机互动"已经预设了区分。不过，那是一种双向的"模仿游戏"：一旦人更像机器，机器也将更像人，区分将变得无谓。作为一种挪置，一种扮演，一种嬉戏，一种忠贞与背叛的游戏的翻译就此一去不返；憧憬着"完美无缺"的翻译就是憧憬着"翻译的终结"。"机翻"（忽略其技术，保留其寓言，不是进化中的机翻，而是对机翻狂野的想象）是翻译的神话措辞，似乎难以触摸的肌理，出其不意的节奏，捉摸不定的诗意，纷繁多样的语气无不在转瞬之间迎刃而解。对机翻的设想其实是个悖论，因为完美无缺的设想勾销了自身,有缺陷的"机翻"勾销了设想,有缺陷的设想勾销了缺陷。对"机翻"的设想在某种意义上取代了本雅明的"理想译本"或者"神圣文本"。就是说,抽空其神圣的内涵,代之以神圣的形式。可一旦拥有了完美无缺的翻译,也就不再拥有"神圣",因为这就是神圣,于是也就不再需要翻译,因为一台自主翻译的机器就是一台自主写作的机器,翻译与写作别无选择地成为同语反复。一个"抄写员"竟然宣称"我宁愿不",在以后的岁月中巴特比只可能被视为神话中的怪物。翻译《奥德赛》一如奥德修斯的归乡之路:没有翻译的文本是无家可归的文本,没有神圣译本的译本是无家可归的译本;一旦 MT 开始支配一切,"手工译者"将沦为小区门口的磨刀匠人;一旦机翻无所不能,也就等于无物可译。未来唯一的乡愁是对人类"局限"的怀念,因为正是那些诡秘的智慧延缓了复制的速度。作为阿喀琉斯,劳伦斯致命的弱点在于他是奥德修斯;作为奥德修斯,劳伦斯无家可归,因为他就是塞壬;作为塞壬,他命中注定要为自己动人心魄的歌声心醉神迷。或许正是基于这一点,劳伦斯拒绝翻译《奥德赛》最后的"英雄诗篇"。此外,"怀抱着对佩涅罗佩的爱,奥德修斯回归家园。我们不知道她是否爱他"[①]。

① Friedrich A. Kittler, *The Truth of The Technological World*, Stanford University Press 2013, p289.

耻辱的传播学

速度，技术，表演，消失，刺穿空间……劳伦斯没有任何理由回避传播，他的确也没有回避。刚好相反，他扑向传播。传播遮蔽了自我，或者延伸了自我？或者"自我"就是传播，是信息的聚集？总之，传播和信息是对自我的让渡。"不以自己之名而以媒介之名言说的人都不希望死去。"[①]在此意义上，劳伦斯像德里达和鲍里斯·格罗伊斯（Boris Groys）一样是个"埃及人"，不过不是谱系清晰的法老，而是"无人"。两种倾向支配了劳伦斯的一生：同时往线性时间的两端延伸，最终取消了时间。好古和对传播的热爱是最为可见的表征。远在哈罗德·伊尼斯（Harold R. Innis）讨论帝国与传播以前，劳伦斯就已经是个传播学家。与之相应的是对传播的热衷和对传播的抗拒，在另一种意义上，要么是播撒的"散文"，要么是隐匿的"诗篇"；两者并行不悖，同时相互消解。

---

① Boris Groys，*Under suspicion*，Columbia University Press 2012，p79. 一个"埃及人"（彼得·斯洛特戴克语，参见《埃及人德里达》），对格罗伊斯来说，就是"只对不朽的政治学感兴趣——一个人如何变成纯粹的灵魂，不可摧毁的木乃伊，一具生机勃勃的尸体"。

传播自古使然，并非近代的发明。此外，传播的媒介不限于文字，还包括图像和剧场。劳伦斯热衷摄影，就像一个"战地摄影记者"。图像堪称另一种"战地书写"，不仅如此，肖像、漫画、摄影与电影无所不包。"声名远播"既是传播的一部分也是传播的基础。1922 年，洛威尔·托马斯在柯文顿花园的皇家歌剧院、女王大厅和皇家阿尔伯特大厅做系列演讲，辅之幻灯、图片及音效，几乎就是"多媒体"的先驱。劳伦斯隐身其中，观察着正在表演的"自己"。他与托马斯合作，甚至堪称其同谋者。对于空间、背景、场地或场合，观者以及受众，劳伦斯有着非凡的敏感（他的朋友们众口一词，无一不在称颂他天才的视觉记忆力，甚至早在卡赫米士，劳伦斯非凡的视觉记忆力已让莱奥纳德·伍伦叹为观止）。其中的夸大、虚饰和省略成为理查·艾丁顿后来攻击他的藉口。① 如果传播是一个舞台，那么"真"只是传播的背景。媒介不仅是讯息，就像麦克卢汉所说的那样，而且还是"推拿"。《媒介即推拿》（*The Medium is the Massage*），麦克卢汉的《芬尼根守灵夜》，并非论及视觉，而是呈现视觉，因为他试图更改写作的性质：写作变成展示，观摩置换阅读，列奥纳多的"镜中书写"被改制成了传播学元素——一部传播的星河由一系列尺寸大小不一、次序

---

① 理查·艾丁顿的《阿拉伯的劳伦斯：一种传记的探寻》"复制"了劳伦斯的挑衅与受虐，算得上他的镜中影像，也是必然性的一部分，显现为一种时间的迟钝：艾丁顿只是追述了劳伦斯未曾写下的篇章；或者显现为一种时间的加速：在劳伦斯的"云山"藏书中就包括艾丁顿的《一位英雄之死》。想必劳伦斯一定读过这部小说，那不是可能性而是必然性，即便他从未真正阅读过它。

正反不定的"引言"和"引图"组成。几乎就是触摸,甚至算不上辨识。尤其重要的是,讯息既是"规训"又是反规训,规训的讯息更是如此。对劳伦斯来说,最重要的是"看"(see)或洞悉,鉴于"看"的全神贯注,其他器官悉数失效。劳伦斯意识到传播的同时也意识到作为抚慰的传播。他在"自我的舞台"上表演,就像传播福音的人。他的"形象"取代了他的位置,耻辱浸透了舞台,他开始极力补救,但于事无补。将"自我"混同于信息与传播是一种受难行为;反过来,试图将自我与传播区分开来同样如此。劳伦斯针对传播展示出正相反对的姿态:巧妙地纵容,直至推波助澜,同时予以抗拒。当然,抗拒有可能是传播的预谋,是传播的一部分,类似某种"饥饿营销":1922年的牛津版《智慧七柱》只印行了8本;1935年,劳伦斯去世的当年,认捐版《智慧七柱》出版,仅仅在他去世后的一周以内就售出了5万册。

在其生前劳伦斯已开始与亚历山大·科尔达讨论电影的可能性,但电影传播学的非凡成功始终付诸阙如,直到大卫·里恩的《阿拉伯的劳伦斯》的到场。在战场上,速度就是生存与死亡;就传播而言,速度就是传播,反之亦然。速度不仅击穿了空间,而且刷新了我们对空间的认知。劳伦斯从未停止过对速度的渴求,即便速度已经快到无法再快,对他来说依旧太慢。丘吉尔说劳伦斯以不同的速度,在不同的层面上运行。他一刻不停地在寻求某种加速,或者一种加速的外展:骆驼,劳斯莱斯,飞机,摩托车,飞艇……在谈论传播的时候如何付诸传播?换一种说法,传播学家如何传播自身？传播学家无一不是风格的行家，这一点绝非偶然。从麦克卢汉，到弗鲁塞尔，再到基特勒，概莫能外。或许伊尼斯是唯一的例外；《帝国与传播》是传播失败的例证，牛津出版社鉴于此书的滞销甚至拒绝再版。理由很简单：《帝国与传播》是一部论及传播的书，不是传播之书。麦克卢汉接受了教训，但注定要摇摆在一位詹姆斯·乔伊斯学者和一位传播学家之间，他的《古登堡星河》是妥协的结果。《古登堡星河》就是"古登堡星河"，一本星河之书或书的星河：从五花八门的引文到纷繁多样的编排，你所能想到的一切无一不备，你没有想到的一切同样应有尽有。因此，印刷人就是编排人，编排人就是印刷人。麦克卢汉的每一本书都是对"书"的书写，似乎麦克卢汉的"生命之书"，抑或他最隐秘的渴望，就是写出传播学中的《芬尼根守灵夜》，比如他的《媒介即推拿》和《逆流》（Counterblast）。维勒姆·弗鲁塞尔（Vilem Flusser），"数字时代的蒙田"，致力于一种新的"随笔"（Essay），一种新的"生活方式"，一种新的"写作方式"，可以恰如其分地称之为"游牧写作"，"后历史写作"或者"视觉写作"。对弗鲁塞尔来说，游荡在在各种语言之间既是意图又是命运。尽管"视觉写作"乃刻意而为，但某种"传播的偏移"照样会发生，传播信息的速度等同于获取信息的速度，人们会优先选择信息，同时忽略传播信息的方式，忘记了讯息就是信息。讯息在规训它的接受者，需要解码的信息同样如此。克劳德·香农的解码方式只是技术的寓言。在谈论"写作的终结"的同时，弗鲁塞尔遭遇了写作

"写作的终结"的悖论:"鉴于这篇散文试图写作过去的写作,理应用后即弃。鉴于它已然写作了过去的写作(显然写的还远远不够),它理应被视为写作的脚注付之阅读——这有双重含义:作为对已然写下(签下)的一切的肯定,并留存为终结前最后的所写之物(签名)。"①弗鲁塞尔提供了一种《逻辑哲学论》式写作,一种"梯子"写作或一种自毁写作:写作旨在显示,一俟功能完成写作即告结束。基特勒的书写生涯不仅开始于福柯以后,也开始于麦克卢汉和弗鲁塞尔以后,这从根本上决定了基特勒的风格:基特勒着力于一种"福柯式"的话语分析,但特意忽略了福柯的人文气质,变成了不动声色的"机器叙事"。似乎那是对机器的模拟,或者某种伪装的"机器写作":那些精心修饰的德语看上去毫无情感色彩,就像香农的数学算式;安迪·沃霍尔的自白似乎也是基特勒的自白:"我如此作画的原因就是希望自己是一台机器,无论做什么都像机器一样,那正是我想要的。"②基特勒的话语接收事实上是一个虚拟的"基特勒测试":如果你自然而然地接受了它的话语,从未意识到话语风格,那么恭喜你通过了测试,换句话说,你已经是一部机器;如果你感觉到某种不适,那么很不幸,你依然还是一个人。当然,对机器的想象就是想象的机器。不仅如

① Vilem Flusser, *Does Writing have a future?* University of Minnesota Press 2011, p161.

② "思辨实在论者"无不争先恐后地试图成为"机器哲学家"。它们追随怀特海和德勒兹,但不具备前者的辽阔和后者的诗意,它们是对象中的对象,机器中的机器,在没有观众的舞台上费力地彩排着自己的"扮真游戏"。

此,时空不是用来沉思而是用来使用的,对时空的使用蕴涵着神圣或者渎神的力量。弗鲁塞尔有一次说:《圣经》就是最伟大的传播学文本。我们别无选择地置身选择的麻痹状态,似乎转瞬之间已被纷繁而至的信息击倒。对于维利尼奥(Paul Virilio)《信息炸弹》中的表述,麦克卢汉曾先期表达过自己的恐惧。劳伦斯对洛威尔·托马斯的指责并非基于传播,而是基于资质;是否"真实"不是他的兴趣,他感兴趣的是能力。让他难以释怀的是托马斯在"阿拉伯的劳伦斯"名下寄存了低劣的作品,后者几乎出于同样的理由批评了大卫·里恩的《阿拉伯的劳伦斯》,但特意忽略了里恩及其电影在传播学上的后来居上。托马斯·爱德华·劳伦斯,一个中古主义者,一个威廉·莫里斯的信徒,一个超前的传播学家的奇妙结合:自觉地随波逐流,有意识地置身不同的人群,纵容狂乱无序地书写,所有的一切无一不是传播。尤为重要的是,劳伦斯自己就是媒介,是一个传播学文本。唯一残存的能力就是感受耻辱的能力,但耻辱的悖论无从摆脱,因为没有他者就没有耻辱,没有耻辱就没有自我。不过,孤独是传播的麻醉时刻,并非传播的盲点。

洛威尔·托马斯的书备受物议,但其不同寻常之处却被忽略:无所不在的传播学特质。比如书写是一种诱引和挑逗,加上图像的仪式特征:托马斯的图像不仅不是文本的解释,而且鉴于其尺寸的不合常规,过分清晰,或者扑面而来的戏剧性,从而切断了与文本的任何关联。于是要么是传播的结论(托马斯),要么是非传播的结论(李德·哈特或者罗伯特·格里夫斯)。在其他关及劳伦斯的书中,要么图像的功能止于说明或补充,要么几乎没有或干脆没有图像,比如李德·哈特的《T.E.劳伦斯:阿拉伯及其后》。仅有的图像是一幅远景,画质奇差,地图止于标识,且远多于图像。很难想象《战略:间接路线》的作者会是别的样子,但《T.E.劳伦斯:阿拉伯及其后》显然未能掩饰李德·哈特在传播学上的迟钝。对劳伦斯来说,从《智慧七柱》到《沙漠起义记》的距离就是从一种文学文本转换成一种传播学文本,也可以说从一种传播学到另一种传播学的距离,多少类似于弗鲁塞尔所说的那种表达与传达,非指示义与指示义之间的区分。区别是速度和信息的差异,是简单信息和复杂信息的差异。"没有讯息"(no message)并非没有"信息"(information),反过来同样成立:没有"信息"(information)并非"没有讯息"(no message)。信息与讯息的差异,一如香农与麦克卢汉的差异,开始变得无足轻重,"后来被麦克卢汉称为'媒介'的东西就是香农的频道,臣服于数学的精确处理"①。不过,"精确"只是相对的说法,所谓的形式与内容不仅无法截然分开,而且常常可以相互置换。有时候形式就是内容,反之亦然。

超越文本的可能性(比如弗鲁塞尔的"技术图像")不仅意味

---

① James Gleick, *The Information: A History, A Theory, A Flood*, Pantheon Books 2011, p263.

着传播的加速，而且意味着一种新的书写的可能性。把阅读视觉化，比如塞巴尔德(Sebald)的《土星的光环》，或者把倾听视觉化，比如若奈尔(Avital Ronell)的《电话之书》。① 要"学着如何用耳朵阅读"，如同"学着如何用手倾听"。换句话说，如何成就一位"超读者"(Uber Reader)？ 曾经遥不可及的梦想正在有条不紊地成为现实。"在《项迪传》中，劳伦斯·斯特恩以一种精准的奇思妙想来使用编排空间，包括他书中的空白书页，后者意指他不愿设置主体并邀请读者予以填补。空间在这里等同于沉默。"②精心制作的《智慧七柱》既是"游击战"的隐喻又是传播的元素，不仅如此，一种刷新的书写空间乃是传播的可视化，一种可视的传播与一种"后—历史写作"将别无选择地会师于数字时代。③ 劳伦斯的"哲学"就是传播；常规哲学并非例外。传播无所不在，哲学

---

① 《电话之书》(*The Telephone Book*)，一个"德里达主义者"不同寻常的尝试，涉及编排方式，不同的字符、声波曲线，或者倒置，更兼始料不及的沉默，一如通话中尴尬的静音。它当然不是对电话的模仿，即便逐字记录已经不是复制，而是书写差异的证明。当然，相对于《格拉斯》，若奈尔的努力最多只能算是保守和集中的尝试。《格拉斯》算得上激进书写的样本，它将"脚注"提升到正文的位置，互文是"他者"而不是互释，不是空间的重置，而是空间的空间，就像"俄罗斯套盒"被平铺在了纸上："存在论的靠近(der ontischen Nache)的概念是困难的。在这张桌子上的这块玻璃(dem Glas)与这本书(dem Buch)之间构成一种存在论的靠近。"Martin Heidegger, *Gesamtausgabe*, Band15, Vittorio Klostermann 1986, p234. 如果它是玻璃就不是书，反之亦然。不过，那的确是一种"靠近"，就像本雅明的灵氛："纵然伸手可及，依然遥不可及的现象。"(einmalige Erscheinung einer Ferne, so nahe sie sein mag.)

② Walter J. Ong, *Orality and Literacy*, Routledge 2012, p126.

③ Jay David Bolter, *Writing Space*, Lawrence Erlbaum Associates, Inc. 2001.

不是孤岛,毋宁倒是传播的特例,一如教育学是哲学的特例。传播与哲学从一开始就相互蕴含:哲学是哲学的传播,传播是传播的哲学。柏拉图堪称哲学传播的第一位大师,也是规训与传播的典范:袪除德谟克利特,开办柏拉图学园,一边赞成在场和声音的逻各斯,一边留存为文本。"友谊"是传播的通道,这一点自古使然。亚里士多德既是柏拉图哲学最伟大的批评者,也是他最伟大的传播者。"通俗哲学"只是传播的肤浅表达,是"直接传播",但对精通传播学的海德格尔来说,晦涩是一种特别的传播形式,堪称"间接传播"。① "间接传播"的文本俯拾皆是,比如海德格尔

① 对技术的敏感和对时间的使用:使"流俗时间"和"绽出时间"相互重叠,使敞开与遮蔽成为同一与区分。技术就是一切。海德格尔精心配置了自己时间表,加入纳粹或许只是一种愚行,是为自己的"哲学之梦"付出的代价,但那绝非偶然,况且纳粹宣传的速度定然让他难忘,更不用说莱妮·里芬斯塔尔(Leni Riefenstahl)的《意志的胜利》了,嗣后才是"世界图画的时代"与技术问题。《艺术作品的起源》与《意志的胜利》几乎同时面世,那些批评"纳粹党徒"海德格尔的人完全忽略了他从"纳粹机器"中学到了什么。从未有过无辜的观察者,更不用说作为"行动者"的海德格尔了。"海德格尔事件"不过是"当下思想贫弱的象征"(鲍德里亚语),其性质并未伴随着《黑皮书》的出版有任何改变。重要的是如何"摆置"自己的思想,"自己"又如何在摆置中成为思想的零件。这不仅对海德格尔,对其他哲学家也同样适用,甚至在耶稣基督"道成肉身"之前,哲学家就要面对同样的悖论,此后再也无法摆脱这个悖论。"出生,工作,死亡",与其说海德格尔在评说亚里士多德,不如说希望其他人可以如此评说自己:一个特定的生命需要何等不堪,何等平庸,或者何等超然才能与其哲学毫无关联? 无人可以置身事外。君特·盖博(Gunter Gebouer)对比了海德格尔与维特根斯坦:"海德格尔使出浑身解数以获取显赫的社会与政治地位——通过他在大学的校长职位和他在德国哲学中崇高地位——维特根斯坦则避免以任何特定的方式被归置和分类。为了达此目的,他极力保持一种彻底的非政治化,从未持有鲜明的立场,即便是反对反犹主义,看上去也干脆予以忽略。"甚至维特根斯坦的"天真"同样是其哲学的一部(转下页)

《哲学献词》及以后手稿，德里达的《格拉斯》，尤其乔伊斯的《芬尼根守灵夜》。后者提供了"间接传播"的范本：无意识的风格意味着传播的直接性，"风格"卓异的文本则是间接传播的典范。"伟大的著作均由某种外语写就"（普鲁斯特语）。所谓"间接传播"就是解释的传播：不是在阅读中获取信息而是在解释和挣扎中获取信息。与之对应的是作为"世界图像的时代"的一部分的"学术

（接上页）分，"其天真的另一面就是那种可在文化复杂的内在联系中辨识出一种单纯行动的重要性的能力。" Gunter Gebauer, *Wittgenstein's Anthropological Philosophy*, Palgrave 2017, p37 & p256. 如果你试图去关注列维纳斯的生活，那么这位哲学家就会说你"愚蠢"和"矫情"，但他转过身来却说海德格尔的行为不可饶恕。参见 Solomon Malka, *Emmanuel Levinas: His Life and Legacy*, Duquesne University Press, 2006. 在设想中的再次会面中（当然没有发生），列维纳斯声称拒绝与海德格尔，这位他曾经的师傅握手，但后者不会因为列维纳斯的爱恨交加，或者弗拉迪米尔·扬科莱维奇（Vladimir Jankélévitch）的不置一辞而消失，也不会因为哲学家们所宣称的哲学的"超然"而与他们的生命毫无干系。德勒兹在此意义上或许比列维纳斯更加典型：他生命中的"事件"就是毫无事件，或者说，唯一的事件就是让可能的事件消融于哲学——一个刻意的康德式的形象，也是一个刻意的反福柯式的形象，以便他的哲学不被干扰。但是，一个隐匿的哲学家仍然是一个哲学家的"形象"，鸵鸟不会因为把头埋进沙土里就会变成"无头的鸵鸟"，就像拉康的"欲擒故纵"，使"自我"成为"他者"，成为读解的症状。拉康拥有伊丽莎白·卢迪内斯库（Elisabeth Roudinesco）所说的那种"不可遏制的恪守秘密的渴望"，他"烧掉了所有的桥梁，打碎了每一种血亲相连和父亲身份（包括被分析者），为世界提供了一个完全编造的角色（personage）——一个大写的分析者，始终是他者，永远在别处。这个面具顺理成章地覆盖着无人：没有自我的自我呈现。" Mikkel Borch-Jacobsen, *Lacan: The Absolute Master*, Stanford University Press 1991, p3. 西蒙·莱斯（Simon Leys）在评点罗兰·巴特1974年的中国之行时引证了乔治·奥威尔："人不得不隶属于知识阶层才会相信这类事情：没有哪一个普通人会是这样的蠢货。"奥威尔深谙知识分子的属性，但高估了普通人的智慧。

工业"：学术是传播的深层肌理，一个"专家"的梦想就是成为研究对象的脚注。那是对传播让人心碎的表达。传播未必就是畅销和受众，"难以卒读"包含着更多的信息，或许这可以解释传播学家们对"难以卒读"的偏爱，比如《芬尼根守灵夜》之于麦克卢汉，卡夫卡之于弗鲁塞尔，或者《万有引力之虹》之于基特勒。在某种意义上，《芬尼根守灵夜》首先是一部传播学作品，其次才是"文学作品"。确切地说，是颠覆文学的传播学作品，或者颠覆传播的文学作品：不仅传递信息，它本身就是讯息；文字不仅传递信息，文字就是讯息。就像中国的书法：即便你难以辨认，尤其当你难以辨认（比如一个外国人），或者一个不识草书为何物的人面对着《自叙帖》的时候，此时的书法就是讯息；即便你对草书熟稔于心，轻而易举地就能辨识出《自叙帖》的意义：那并非意指信息的分离，反而强化了一种信息叠加。或者说，那是复杂信息的构成元素。相对于作为传播的哲学而言，作为信息的哲学乃是一种播撒。"真"就是对真的甄别，每一个甄别者都要为自己辩护。雅克·德里达几乎完全忽略了传播学绝非偶然，因为他根本用不着研究传播学，他的全部哲学都可以被视为针对传播的研究。不仅那些最具传播学特性的文本，比如《播撒》，《明信片》，尤其《格拉斯》，而且德里达的全部文本均可置于传播之下。技术，诗与哲学（思）缺一不可，德里达承自海德格尔的就是技术。与之相比，作为技术之源的海德格尔对于传播多少有些半推半就。不过，远离尘嚣是传播的背景，他隐居的黑森林小屋几乎就是传播的中心。不仅如此，一个体面的哲学家绝不会接受一家"新闻媒体"的采访；一个对传播耿耿于怀的哲学家绝不会不接受采访：这就是海德格尔的悖论（1966年生日前数天接受采访，1976年去世后数天刊行。自1934年起，海德格尔就开始期待着这样的一次采访，为此他已经准备了三十多年。与其说在"申辩"，不如说在激起更多的波澜：已到了分别的时刻：我去死，你们去活，谁的路更好，只有神知道）。所以，海德格尔与《明镜周刊》的谈话是一个典型的传播学事件。"直接传播"与"间接传播"并非泾渭分明，后者可以转化为前者，但转化的关键是膜拜、迷信与盲从。所有的追捧都有迷信的成分。

尽管"好人难寻"，但"好人"未必是一个好的哲学家，一个劣迹斑斑的人未必不是一个好的哲学家："一个人研习海德格尔越多，有一点就会变得越发清楚：他几乎就是一个身段灵活的江湖骗子，一个不知悔改的恶霸，一个拥有顶级才能的现代主义知识分子。"①海德格尔声名狼藉的"自毁"既是一个伟大哲学家的品格，是他特有的"救赎"，也是"叙拉古之惑"的解答之一。② 堕落

---

① Raymond Geuss, *Changing the Subject：Philosophy from Socrates to Adorno*, Harvard University Press 2017，p249.

② "听着，卡拉瓦乔是个凶手，但没有妨碍他成为一位伟大的画家。你可以同时是一位伟大的哲学家和一个真正的混蛋。"Paul Virilio/Sylvere Lotringer, *Pure War*, Semiotext 2008，p234. 在阿道所推崇的古典时代，这一点是不可想象的，所以在寻找当今时代的典范时，他选择了维特根斯坦与福柯，并谨慎地把海德格尔排除在外。作为伟大哲学家的海德格尔是"技术时代" （转下页）

的深沉和荒谬是他哲学不可或缺的一部分，一位哲学家的无个性和非道德或许更有启示性。仅仅批评海德格尔的"错误"其实意义有限，因为用道德置换哲学只是招供了自己心智的孱弱。在某种意义上，海德格尔就是他自己所憎恶的人：他引导别人向东，自己偏向西行。与其说海德格尔不如维特根斯坦诚实，不如说维特根斯坦试图比海德格尔诚实；如同维特根斯坦是一个实践技术的人，海德格尔则是技术的沉思者一样。"争议"是事实的呈现，更是传播的方式，终极的胜利者既不是"正义"也不是"不义"，而是关及它们的论争。况且，一个哲学家的"不当行为"只会带来更多的喧嚣，丝毫不会危及他在"不朽"中的位置。"宁要错误的萨特，不要正确的阿隆"并非毫无道理，因为"无力诱惑也就无力拯救"（克尔恺郭尔语）。换句话说，无力作恶，也就无力传播；鉴于

（接上页）的产物，是复合传播的一部分。相对于"可见的恶"，不可见的恶更为重要，正是那种无法诚实的智识造就了海德格尔、科耶夫、拉康……那是时代宿命的一部分。依据 Raymond Geuss，即便海德格尔不是纳粹，他对益格鲁哲思所依赖的数学、自然科学、常识、日常语言，及其他资源的轻蔑照样会使其讯息难以接收，从而使海德格尔一直以来都置身于英语世界的边缘（近来大有改观，尤其在北美）。不过英语世界在 Raymond Geuss 看来只是一种"区域现象"（local phenomenon），不足为凭。英语世界的确只是一种"区域现象"，但其他地方也不例外。海德格尔在拉丁美洲和中国的广泛影响力或许更能说明问题，因为"空间"是一个伦理问题，空间中的人同样如此。"数目与区域间的比率决定了战争的品质"：劳伦斯论及"游击战"的箴言不止限于战争。另外，海德格尔的哲学是一种"区域哲学"，即使沉思技术时也是如此。"区域"不仅意指可见的空间坐标，诸如希腊、德国、黑森林等等地理学意义上的点，而且意指空间本身，当然也包括时间：对海德格尔来说，空间是"区域化"的。从未有过"超然的哲学"，以后也不会有。

202

我们对毒品趋之若鹜,对解毒剂敬而远之,一个"好人"的形象不是被固定在尘封的奖状之中,就是被镌刻在被遗忘的墓碑之上:阿隆不遗余力地致力于去魅,致使他的书常常索然无趣。作为亚历山大·科耶夫(二十世纪最伟大的三个江湖术士之一,除去海德格尔,最后一个自然非雅克·拉康莫属;尽管从者如云,利奥·斯特劳斯的智能比率尚不足以厕身这个行列;在人类特选者才得以参与对话的空间中不易觉察的摇摆决定了他们的品质——一种致命的析取:智识的诚实,抑或资质的褪色?否则,拥有超凡魅力者只看到蠢货,蠢货只会看到超凡魅力)的弟子,阿隆着实让人疑惑:不知阿隆无力得其真传,还是在刻意反对自己的师傅?①

毋庸置疑,我们的时代只剩下了诱惑,至于"拯救","只有一个上帝可以拯救我们"。与海德格尔在采访中所测度的哲学传播的迟

---

① 杰夫·拉沃(Jeff Love)在《黑圈》(*The Black Circle*)的结尾为科耶夫刻画了一幅精准的劳伦斯式的画像:就像回到科罗诺斯的俄狄浦斯那样,科耶夫瞥见了困难,但无法认可彼此的和解或者与特定生活方式的和解,他成了流浪者,被恰到好处的名头和功用所掩饰的无根基性在《俄狄浦斯在科罗诺斯》的合唱队的吟唱中获得了让人信服的表达——救赎者终于到来,当冥神掌控了一切,没有婚礼歌声,竖琴或舞蹈,死亡压轴登场。没有出生是最好的奖赏,如果已然出生,次好的奖赏就是从哪里来就尽快地回到哪里去。Jeff Love,*The Black Circle:A Life of Alexandre Kojeve*,Columbia University Press,p288. 科耶夫在当今时代的传人鲍里斯·格罗伊斯为他提供了一个更加有趣的画像,在"后历史"的状况下,科耶夫命中注定成为一位"现成品艺术家",因为他"总是坚称自己从未试图去言说任何新的东西——因为那已经不再可能。他声称自己只是单纯地重复或复制黑格尔的《精神现象学》,没有附加任何东西"。格罗伊斯,连同他笔下的科耶夫几乎是逐字逐句地"复制"了博尔赫斯,《反哲学导论》关及科耶夫的那一章不妨更名为《亚历山大·科耶夫,精神现象学的作者》。Boris Groys,*Introduction to Antiphilosophy*,Verso 2012,p146.

缓(三百年以后)相反,他的采访会以让人眩目的速度在海德格尔的沉迷者中传播。不过线性节点已没有意义,历史已是"后历史":"过去始终是现在,将来是过去的再现,这就是后历史。"[①]海德格尔准确地合着传播的节奏起舞,深沉与苦涩是他的哲学,它们与"直接传播"背道而驰。与其哲学的品质相反,海德格尔不遗余力地致力于直接传播:除去《存在与时间》印行的时间,还有战后复出的节点,持续地清点着弟子们的空间和路径,既需要赞成又需要反对,既需要汉娜·阿伦特又需要卡尔·洛维特。此外,密切关注自己对拉丁世界的影响力,对正在发生的一切了然于胸。[②] 是否出版《黑皮书》从来不是问题,不仅因为《黑皮书》注定会出版,还因为海德格尔"就其本质而言"既不是卡夫卡也不是维特根斯坦,因而根本没有"遗著"。唯一的问题是何时出版? 贯穿始终的"时间"永远都是一个事件。等等不一,不胜枚举。"聚讼纷纭"不会超出他的预期:不管赞成还是反对,"争论者"都是《黑皮书》的牺牲品。海德格尔是自身命运精准的预言家,尽管预测人类的命运时经常出错。不会再有"手稿",因为"手稿文化"已然

---

① Vilem Flusser, *Into Immaterial Culture*, Metaflux 2015, p39.

② 1955 年,解禁的海德格尔访问法国,开启了"宙斯"与"诸神"的会面。拉康甚至特意邀请海德格尔夫妇到拉康在南部的别墅做客。这位哲学家不通法语,那位精神分析学家不通德语,若非借助翻译他们无法交流,一如他们的思想难以融汇:"这位精神分析学家需要一位精神分析学家",海德格尔如是说。海德格尔在法国的传播是一种异域复制,是 unheimlich,"怪异""陌生""不同寻常",或者"不在家",后者是一个海德格尔式的构词法编造。

终结,只有"文件"留存了下来。相对于他的大师海德格尔,德里达选择在键盘上敲出自己的"解构",尽管的确是"手"在敲打键盘(自动敲击键盘或许很快就会出现,"手"只是一个姿态),但海德格尔意义上的"手"已不复存在,取而代之的是"听"或耳朵。当然,那不是物理意义上的"倾听",因为那双谛听"存在"的耳朵将淹没在机器的喧嚣之中。当维特根斯坦说自己至少要等一百年自己才会被理解的时候,其实他在表述着某种"传播的偏移"或者一种劳伦斯式的耻辱。事实上,一种可资使用的"维特根斯坦哲学"始终在进行;正因为他是《哲学研究》的作者,才尤其不应该也无需指望"准确无误"的传播。对维特根斯坦来说,勃拉姆斯是西方音乐最后一位"属人"的大师,但"机器的声音"已在他的音乐中隐约可闻:技术已经悄无声息地切入勃拉姆斯的心灵。当我们聆听勃拉姆斯的时候,难道我们不是在聆听一种独一无二的"机器音乐"?难道我们没有在勃拉姆斯的音乐中先期听到勋伯格和韦伯恩?埃德加·瓦雷兹(Edgard Varèse)机器的轰鸣,以及约翰·凯奇过于喧嚣的沉默?甚至听到了皮埃尔·昂利(Pierre Henry)的电子音乐?那个伟大的"逃逸者"以臻乎完美的手法书写着无懈可击的机器音乐,生怕人类会触碰到他温暖易碎的内心。基特勒甚至说尼采是第一位"机器哲学家"或"机器化的哲学家",因为"书写工具对书写贡献良多":当近乎失明的尼采只能为打字机口述他的哲学时,书写工具已不可逆转地成为书写的一部分,同时也不可避免地成为传播的一部分。伊尼斯针对帝国的工作未必适用于所有的帝国，譬如，书写的快捷（草书就是一例）被用来观看而不是用来传播，发明活字印刷止于发明，竖排繁体改为横排简体并未引发传播革命，潜能始终都是潜能，传播的进化从未迎来"跳跃"的时刻：帝国没有传播，有的只是操控。传播与宣传成为同语反复。如果帝国得以继续，一种完美无缺的集权将被数字时代无孔不入的操控完美无缺地覆盖：作为寓言的始皇帝将在末日盛典中再次加冕。有鉴于此，传播始于对宣传的指认。

相对于一般信息，哲学既是信息也是缓慢抵达的信息。那样的话，哲学仅仅是一套意义系统，是某种"元语言"（昂利·列斐伏尔），还是一种特定的"诗篇"，一如维特根斯坦所说的那样？如果那样的话，是否存在着两种哲学，一种亟需破解的哲学，另一种则是诗篇？不管是哪一种似乎都与传播与信息无涉。"终极之谜"是有待破解的前提，至于"诗篇"，只有对诗篇的解读，没有对诗篇的破解。问题在于，什么是"诗的规则"？如果《哲学研究》是一种特定的诗篇，那么《哲学献词》和《存在与时间》为什么不是？海德格尔的态度其实含混莫名，一方面他未必这么认为，否则"诗的让渡"无从说起，另一反面，一个复活荷尔德林的人就是那个让渡存在的意义的人，于是海德格尔不啻荷尔德林的别名。它们是否遵循同一种规则，或者在遵循不同的规则？你不能要求艺术家遵循同一种规则，但艺术家的确在遵守规则：遵守规则等同于发明规则，所谓的"发明"就是从未来挪置到当下，规则相对于时间的位移使得遵循规则显现为一种"任意",规则的必然性就此显现为一种必然性的规则,或者一种唯名论的表达。当然,所有的观者都参与了发明。不仅如此,《逻辑哲学论》的作者将面对着始料未及的悖论:要么"沉默"是一种使用,要么就是一种信息。归根结蒂,意义就是信息,信息就是传播。①

有鉴于此,传播的劳伦斯与劳伦斯的传播其实是一回事。作为传播的自我是一个哲学问题,哲学的自我是一个传播学问题。劳伦斯是不是传播的先驱并不重要,重要的是他就是传播。是欲擒故纵,是传播中的游击战。换句话说,自我就是传播。没有"真正的自我",甚至"耻辱"都不是,耻辱只是差异的证明,是传播的另一种样式。正因为耻辱是藏身之所,所以无法被洗刷。不仅如此,即便耻辱"真实可信",也要靠另一种传播将其拯救出来,如此以至无穷。传播的速度等同于耻辱播撒的速度。传播是没有道德的,但没有无道德的传播。同样道理,操控传播是不道德的,但操控者是传播的一部分:要么是操控的传播,要么是传播的操控。区别在于比率:传播理应是操控的背景,有时候操控是传播的背景。与笛卡尔刚好相反,对劳伦斯来说,我耻辱,所以我存在。问题在于,没有被传播的耻辱不是耻辱,被传播的耻辱只能是传播。在《审判》的结尾,卡夫卡仍旧没有忘记耻辱:"耻辱将比

---

① 香农有关"信息论"最重要的那份文献的题目中恰恰没有出现"信息",出现的反而是"传播",这一点并非偶然。

他活得更久。"这个判断并非耻辱,因为活得更久的是这个判断,而不是约瑟夫·K。不仅如此,"耻辱"既是劳伦斯也是约瑟夫·K生命的中心,是其存在的样式,但超乎语言和图像之上。传播的悖论贯穿始终:只有耻辱是"真实的",剩下的都是传播;只有传播是"真实的",剩下的都是耻辱。纵然如此,只有对忏悔者而言奥古斯丁的《忏悔录》才是忏悔,否则空有华丽言辞;只有对耻辱者而言传播中的劳伦斯才是耻辱,否则徒存光辉形象。不仅耻辱,甚至"死亡"也不例外,对戴安·阿勃斯来说死亡就是传播。于是"逻辑的结论"不是其他,而是用摄像机录下自己的死亡,真相陷于迷雾或者根本没有真相。鉴于意义是传播的食物,作为"怪兽"的传播将会吞噬一切。所有的"清白无辜"都没有意义。

命名的意义：
克尔恺郭尔，佩索阿和 T.E.劳伦斯

什么是名字的名字？

颜色就像棺材，你永远无法穿越的透明。

如何才能不知道这么多？

——阿莱杭德娜·皮扎尼克《遥远的秋天》

他将青史留名。

——乔治五世

一

匿名，或伪名，意味着真名存在，如果没有真名或本名就没有匿名。对于《克拉底鲁》(*Cratylus*)，伪-狄奥尼修斯(Pseudo-Dionysius)，亚伯拉罕·阿布拉菲亚(Abraham Abulafia)，约瑟夫·吉卡提拉(Rabbi Joseph Gikatilla)和克尔恺郭尔来说未必如此；对于阿拉伯的劳伦斯和佩索阿来说刚好相反：每一个名字都是真名，反过来同样成立，每一个名字都是匿名，因为真名就是匿

名的拼接。换句话说,所谓的"真名"就是下一个名字。为了反对匿名,佩索阿甚至将那些差异的名字称为"异名"。对"命名"的沉迷将一位圣徒、一位诗人和一位战士连在了一起,同时也将一个基督徒、一个宇宙论者和一位神秘主义者连在了一起。即便止于"专名",而不是像《圣经》或柏拉图那样试图为万物命名,专名的意义依旧是不确定的。对柏拉图来说,为万物命名旨在为"本质"命名,《克拉底鲁》唯一想做的就是逃离具体之物。如果命名指向某物,而非名字本身就是某物("喀巴拉主义者所言说的上帝的语言没有语法……这个字母世界取之不尽的宝藏是自明的:甚至于,喀巴拉的每一个字母都是一个自足的世界"[①]),甚至不是唯名论者所提供的那种独一无二的固定,那么命名连同命名之物都将在逃逸之中。自《创世记》以后,除去对上帝的称颂,对命名的沉迷时常与神秘、不确定、虔敬和渎神相连。上帝无以名状,却可以为万物命名;在古埃及,去呼唤他或她的名字就是将其复活:永生的前提就是专名的存在;对一个渎神者来说,上帝不过是父亲,等待着被谋杀。它们的关系错综复杂,并且从不确定:名字与名字,命名与指称,指称与指称,以及它们之间纷繁多样的关系。名字既存在又不存在,命名是一个"他异化"的过程,命名的可能正因为其不可能:致力于消失的悖论而不是消失,因为一旦

---

① Gershom Scholem, *Judaica 3: Studien zur juedischen Mystik*, Suhrkamp Verlag 1973, p66.

对消失置若罔闻,消失就将存在;一旦把消失作为消失,消失就将消失。命名无他,不过是探究,呼喊,行动,馈赠,消失,重复,复制……命名是一种拼接,其意义会在拼接中自动生成。

二

克尔恺郭尔的问题分成几个部分:真名、匿名,它们之间的关系和张力。但真正的问题,首要的问题,也是唯一的问题,就是"如何成为一个基督徒",或者说"作为一个作者"不过是在"基督教世界中成为一个基督徒"。从一开始克尔恺郭尔别无选择地面对着致命的"非此即彼":圣徒或作者?匿名或者真名?既不是圣徒又不是作者,或者既是圣徒又是作者?"悖论首先在于,上帝,永生者,已然作为一个个人进入了时间。"①命名的循环正像"后记"或"附言"的循环,难以遏制,周而复始:"它的'后记'甚至不是其终词,而是充当了嗣后'附言'的序,后者并非结论,因为紧随其后的是'两个笔记',它们的前面还有一个新的'序',嗣后是更多的书写,接着是一个附加的'附言',其真正的附言却是另一个附言,它急切的祈求'只是再多一个字'。"②"自我剖析"是否真诚其实不可判定,其"严肃性"同样如此:因为"我是一个街角流

---

① Soren Kierkegaard, *Concluding Unscientific Postscript to Philosophical Fragments*, Vol. I, 5Princeton University Press 1992, p596.

② Joakim Garff, *Soren Kierkegaard:A Biography*, Princeton University Press 2007, p552.

浪者,一个游手好闲者,一个无所事事者(flaneur),一只轻浮的鸟,一颗出类拔萃的,甚或是一颗才华横溢的头脑,机智,等等,——但我完全缺少'严肃性'."①克尔恺郭尔预示了一个常规诗人应有的样子,但佩索阿不是常规诗人:"于是,所写下的一切都是我的,只有当'我'(I)借助可以听到的台词,把创造的生活观,诗意化的实在的个人性放置在他的嘴巴里,因为我与它们的关系甚至比一个诗人与它们的关系更加遥远,后者可以把角色诗意化(poetizes),但他自己在前言中依旧是作者。也就是说,在非个人化或者个人化的意义上,我置身第三人称的位置,是一个'推动者'(souffleur),他诗意地制造了作者们,序是他们的制作,一如他们的名字。"②不过,在匿名与真名之间没有"非此即彼":与匿名相连的是压迫性的才华(克尔恺郭尔的才华甚至比尼采更具压迫性,但他通过悖论获得一种克制,并将其命名为"神恩"。除了早期,尼采始终没有获得这种克制,或许纵身一跃正是他所要的。相对而言,维特根斯坦深谙此道。另外,不妨试着把贝拉·塔尔的《都灵之马》视为"同一者的永恒回归"的极端克制或过分浮夸的表达)在艰难换气时吐露的真实,与真名相连的则是被压抑的才华与销蚀的诚实。才华其实是一种罪恶,是赎罪的材料,因此雷吉娜·奥尔森只是献祭的前奏,真正的祭品是克尔恺郭尔

---

① Soren Kierkegaard, *The Point of View*, Princeton University Press 1998, p61.

② Soren Kierkegaard, *Concluding Unscientific Postscript to Philosophical Fragments*, Vol. I, 5Princeton University Press 1992, p625.

的才华,两者的相连才是献祭的悖论:如果没有弃绝雷吉娜就不会有才华,正因为献出了雷吉娜,才华也将随之而去。那些"匿名们"与克尔恺郭尔之间书写着心潮澎湃的赋格曲,足以匹敌塞壬动人心魄的歌声:"A","A,B,and A.F...","Anti-Climacus","Constantin Constantius","Frater Taciturnus","H. H.","Hilarius Bookbinder","Inter et Inter","Johannes Climacus","Johannes de silentio","Johannes the Seducer","Judge William","Nicolaus Notabene","The One Still Living","Petrus Minor","Quidam","Victor Eremita","Vigilius Haufniensis","William Afham","The Young Man"。列举不能穷尽它们,辨析同样不能。克尔恺郭尔的读者面对着克尔恺郭尔的"作品"就像面对着佩涅洛佩绵延不绝的编织,从而雄辩地确证了克尔恺郭尔的清白无辜。一方面是一个宗教作者,渴望成为一个基督徒;另一方面,只有首先是一个"作者"才有可能是一个基督徒。"如果随笔中能找到任何关于我的信息,那么信息如下:我是一个天才——不是一个使徒,不是一个殉道者。"除非克尔恺郭尔是一个真正的基督徒,一个虔敬的人,并且他的读者也是如此,否则悖论将如影随形:如果你不是一个虔敬的人,你就不能对克尔恺郭尔做出判断;如果你是一个虔敬的人,你就不会做出判断。我用"真名"书写"培育辞",但"我不是基督徒",我只是一个"宗教作者",所以我用匿名写作美学作品,间接交流是直接交流的基础。只有辩证运动才是唯一可能的运动。问题在于,如果只是一个反讽作者,那么什么时候可以把反讽当"真",或者任何时候都不可以?"如果我不是基督徒,那么其他人更不配。"这个判断说明不了什么,因为"认定"是所有告解的前提,即便只是对"行动"的认定。也只有在这种意义上,《观点》才有意义,因为它不是一部文学作品,而是一次行动,否则留给我们的只有从天才到天才的摇摆。谁都知道那是一种"秘密的分享",一种辩证运动,不是一种知识。克尔恺郭尔与劳伦斯一样拥有完全的自觉,或许只有"神恩"除外,因为那正是"神恩"有可能降临的原因。有鉴于此,"必须以直接交流作结"①。当克尔恺郭尔说"我需要诚实"的时候,那并不是说他就是诚实的。亚伯拉罕是不是别人眼中的"凶手"不是亚伯拉罕关心的问题,但克尔恺郭尔不是亚伯拉罕。

三

上帝谦卑的仆人,献祭的亚伯拉罕,匿名的舞台,引诱者的空间,拿掉这一切,剩下的就是佩索阿的"异名"。像 T. E. 劳伦斯一样,佩索阿生于 1888 年,死于 1935 年。鉴于他们对异名的热爱,不妨设想佩索阿的某个异名叫"劳伦斯",或者劳伦斯的某个名字叫"佩索阿"。《不安之书》既是一本踪迹之书也是一本渎神之书,并且佩索阿也像劳伦斯一样醉心于消失:就像星辰投入星丛。

---

① "在我看来,任何通过让人迷惑的引证来利用我的诗意的人或多或少要么是江湖术士要么就是酒徒。"Soren Kierkegaard, *The Point of View*, Princeton University Press 1998, p288.

当一个宇宙诗人试图为万物命名时,那就不妨设想所有的名字都拥有指称,就像约翰·洛克写下了《富内斯》,一个记忆的实在论者,更确切地说,既是一个癫狂的唯名论者又是一个癫狂的实在论者:"十七世纪,洛克假定(并拒斥)了一种不可能的语言,每一个具体的物,每一块石头,每一只鸟,每一根枝条都拥有自己的名字;富内斯设想了一种相似的语言,但因为过分抽象、过分含混而弃之不用。"①那是"美好的时代",也是维特根斯坦在《哲学研究》的序言中所批评的时代。如若没有上帝,那么一个只有细节没有关系的宇宙将是一个发疯的宇宙:假定每一个物都拥有自我,那么他者是他者的自我,自我则是他者的他者,于是就会像《逻辑哲学论》所说的那样,一种彻底贯彻的唯我论与一种实在论将会完美重合。首先自行解除武装,其次是对上帝的褫夺。费尔南多·佩索阿,一首由名字组成的诗,一副无脸的面具:"我怀有最相互冲突的意见,最不相同的信念。因为从来不是我在思考,言说或行动。永远只是我的一个梦,我片刻拥有它,它为我思考,言说或行动。我张开嘴,但却是我——另一个(I-another)在言说。我感觉唯一的一件属于我自己的事物是一种高度的无力,一种浩瀚的虚无,一种对生命万物的无能。我不懂任何真正行为的姿态……我从未学会如何存在。我获得万物,只要在我之内。我乐于给阅读这本书的人留下一种印象,那就是你正涉足感觉的梦魇。对我们来说一度是道

---

① Jorge Luis Borges, *Labyrinths*, A New Direction Books, p65.

德的其实是美学的。曾经是社会的，现在是个人的。"①

像书信作者一样，诗人是断片作者（在某种意义上可以解释在一个"碎片阅读"的时代诗人和诗的读者没有减少反而增多的原因）。佩索阿的散文作品也是断片之作，比如《不安之书》就可被恰当地视为一本"诗集"。相对于其他"异名"，"佩索阿本名"（Pessoa in person）未必更"真实"，之所以更为人所知，只是文化、肉身和习俗使然。佩索阿是他者的发明。佩索阿和劳伦斯的读者会倾向于同一；佩索阿像劳伦斯一样则置身游荡与逃逸之中。佩索阿没有母语，或者只有一种间接的母语，就像弗鲁塞尔，后者可以用德语、英语、法语和葡萄牙语写作，唯独不用他的"母语"捷克语写作，或者执拗地使母语变成一种"外语"。佩索阿的"宇宙诗篇"由异名构建而成，每一个"异名"之下寄存着不同的诗篇，不同"异名"之间，甚至不同"异名"的不同诗篇之间，不同诗篇的不同关系之间构成了佩索阿宇宙的每一颗可能的星辰。但是"Pessoa in person"既是实在又是隐喻，鉴于实在是有限的，而隐喻是无限的，因此应该设想不可计数的异名。阿兰·巴丢或许根本错爱了佩索阿，否则如何拼接一个柏拉图主义者、一个宇宙诗人和一个毛泽东主义者？在弄明白"自己"之前如何把自己与一位难以规范的"宇宙诗人"拼接在一起？这是"哲学家巴丢"的任务，于是他别无选择，只能把佩索阿置于柏拉图主义与反柏拉图

---

① Fernando Pessoa, *The Book of Disquiet*, Penguin Books 2002, p188.

主义,可感世界与可知世界之间:"思—诗的使命既不是忠诚于柏拉图主义,也不是它的倒置。"①但是,试图调和柏拉图和诗人意味着要么追随柏拉图将诗人逐出理想国,要么启动一种自我批评,把作为诗人的柏拉图视为自身的敌人。"哲学会在召唤那消失的滞留中,在对事件的每一次命名,或者对其诗性本质的事件化在场的每一次命名中将其辨认出来。"②每一个名字都有一种与之相应的特质,每一个名字都不一样,特质也将随之不同。他需要考虑异名间的关系,或者没有关系的关系。佩索阿"不可计数"的异名(依据 Richard Zenith,能够统计的异名大约是 75 个,即使上帝也只拥有 70 个名字)都是"真实存在的",或者说,他们在经验上没有任何的摇摆,一切都像户口簿一样确定无疑:"就像某人为了证明报纸所载为真,就买了好多份早报。"(《哲学研究》§ 265)

四

如何同时命名存在之物和不存在之物? 劳伦斯既存在又不存在。如果 T. E. 劳伦斯,"阿拉伯的劳伦斯"、T. E. 萧、J. H. 罗斯、耐德(Ned)指称同一个人,那就用不着众多的名字,如果并非如此,那么它们分别指称什么? 它们是什么关系? 如果它们指称关系,那么"关系"就是一种存在,问题在于,那是哪一种关系? 它

---

① Alain Badiou, *Handbook of Inaesthetics*, Stanford University Press 2005, p44.
② Ibid, p26.

们的指称又是什么关系？渴望界限分明只是一种愿望。T.E.萧与T.E.劳伦斯既密切相关又毫无关系，正如后者与"阿拉伯的劳伦斯"的关系。T.E.劳伦斯希望能一劳永逸地消除"阿拉伯的劳伦斯"，但很快J.H.罗斯就在皇家空军被认出。劳伦斯当然知道"自己"会被认出，正因为会被认出才要逃逸，于是逃逸的结论就是最终会被认出：劳伦斯需要一种认领和分别。一种逃离并不是一种弃绝，而是对逻辑空间的一种全新的分享，并在他者面前被阻断为一个事件。命名似乎成为一种实在的空间措辞："阿拉伯的劳伦斯"隶属于阿拉比亚，J.H.罗斯短暂地隶属皇家空军，T.E.萧短暂地隶属皇家坦克营，然后隶属皇家空军。它们可以付之恰如其分地分割，就像芝诺不动的飞矢。就这样，命名不仅是一种没有胜算的"内战"，而且还是一种协同，后者发生在名字与名字之间，名字与认出它的人之间，名字与没有认出它的人之间。一种名副其实的"命名的游击战"：敌人无所不在，协同同样如此。一旦区分变得模糊，消失就会现身。劳伦斯翻译《奥德赛》不是偶然的，因为奥德修斯像劳伦斯一样拥有变幻的名字：对库克罗普斯们是"无人"，对费埃克斯人来说是奥德修斯，对父亲则是"所有不幸的儿子"。只有"无人"是劳伦斯渴望拥有但没有拥有的，不过"无人"指称什么，一种自指悖论吗？奥德修斯使用"专名"以便使其指称存在，但在"日常使用"中会指向非存在。"你叫什么名字？""我的名字叫无人。""是不是有人用暴力或阴谋伤害了你？""无人用阴谋伤害我。"日常语境的持续更迭最终被拼接成了荷马的语境。当然,所有的库克罗普斯们都会留意到波吕斐摩斯惨不忍睹的喊叫声,逻辑的结论当然就是宙斯:无从解释的解释最终都会归于宙斯。有鉴于此,讨论"空名"是没有意义的。当你呼喊空名的时候,你注定将孤立无援:波吕斐摩斯终于被杀。库克罗普斯们认定"无人"并不指称什么,但其意义却确定无疑,因此他们按兵不动。绝不是因为奥德修斯认定所有人都是克里普克,而是因为荷马把某个可能的克里普克剪辑到一个典型的后期维特根斯坦的语境之中:如果不是同一就不是名称,如果是同一就注定与自身不相同一。

对劳伦斯来说,名字既是逃逸的车站也是藏身之所。劳伦斯既是劳伦斯又不是劳伦斯,正如"我是无人"或者"我是无名之辈"(I am nobody)一样。指称只是指称的眩晕。不妨把劳伦斯的名字次第相连,上一个充作下一个的指称,然后再行复制。回溯的尽头是一个发明,不是一个指称:托马斯·爱德华·劳伦斯并非"本名",但本名无处可寻,因为父亲或者谱系学无法确保它的意义,"劳伦斯"不具备谱系学的意义。"被称为劳伦斯的人没有任何先辈(只是最近的臆想,不比萧或者罗斯或者我的其他任何名字更有根基)。"(LA761)比如,Ned,不过是母亲眼中的儿子,兄弟眼中的兄弟,至于 338171 T.E.,那只是一个记号,就像 K 一样,与维多利亚·奥坎波相伴生。[①] 劳伦斯致力于"消失","劳伦斯"

[①] 劳伦斯天性中的邪恶之一正在于他会在不知不觉间让那些最睿智也(转下页)

指向消失的踪迹。不过踪迹是一个过程，就像谷峰起伏的山峦："阿拉伯的劳伦斯"，T. E. 劳伦斯，J. H. 罗斯，T. E. 萧，Ned，338171 T. E.，一如卡夫卡的自我缩减，或者一个渐弱音，直到沉默最终到来。当然，沉默不是无声而是沸腾的结论：哲学的内在性在命名中被置换为一种"游击内战"，然后在与绝对展开的战斗中败下阵来；失败是获致某种超验性的基础，并因这种超验性归于消失。不是置身内在性与超越性的中途，而是逃亡在两者之间：端点因为逃亡的节律同样置身逃亡之中。此外，史诗中的诸神在《神谱》中拥有确切的指称，但赫西俄德在使用它们的时候就像在使用邻居的名字。相反，劳伦斯使用阿拉伯人的名字的时候像在使用诸神的名字；一连串的名字，一连串相互撞击的音符，尽管很难构成旋律，但却拼接成全新的音乐姿态。劳伦斯拒绝提供历史信息以供甄别，只是将它们胡乱地拼接在一起。阿古斯·卡

（接上页）最超然的读者情不自禁地爱上他，从而唤醒人类最脆弱也最执迷不悟的情感。338171 T.E. 与同类作品判然有别：这本洗练的劳伦斯传记用 T. E. L 爱恨交加的法语写就，出自一个阿根廷人的手笔，写得克制而体面，但情感激荡，堪称《铸造》的西班牙文译者维多利亚写给死去的 Ned 的一封冗长的"情书"："她爱他"，A. W. 劳伦斯如是说。她不仅爱他而且慧心易感，这本"传记"的价值除了温情与爱恋还有共情和洞察，它们寄存于书页之中，洋溢在字里行间。"害怕他鄙视其肉欲的那个身体的交融，害怕拒绝招供其空洞的那个随风飘荡的灵魂。害怕不得进入的那个虚空的神秘，害怕被妒忌的星辰所监视的无限空间的永恒沉默，害怕曾目睹他写下'把我的意志书写在星辰之上'的那些见证者们，害怕星辰的荟萃会吐露他对自己的隐藏：一种对爱畏葸不前的欲望，每一次弃绝都举足轻重，每一种受难都硕果累累。"Victoria Ocampo, *338171 T. E.*, Victor Gollancz LTD 1963, p127.

尔德认为劳伦斯之所以如此,是因为他在史诗的意义上使用"专名",旨在制造一种瞬间多样性(momentous multitudinousness)的史诗效果:"下午,努里·萨拉(Nuri Shalaan),与特拉德(Trad)和卡里德(Khalid),法力斯(Faris),杜兹(Durzi),以及卡法吉(Khaffaji)一道露面。奥达·阿布·塔伊(Auda abu Tayi)已到,与默罕默德·艾拉·达赫兰(Mohammed el Dheilan),还有法赫德(Fahad)和阿德胡布(Adhub),泽本(Zebn)的领导者,连同伊本·巴尼(ibn Bani),塞拉辛(Serahin)的主管,以及赛迪耶赫(Serdiyeh)的伊本·根涅(ibn Genj)。马吉德·伊本·苏坦(Majid ibn Sultan),听说我们进攻阿曼(Amman)的消息属实就一路骑行而来……"①唯愿名字就是《圣经》中的"第七封印"或者压住孙悟空的那道咒语。命名不过是喊叫与耳语。不仅如此,将智识隔绝于情感本身就是一种情感。

五

迈农的"非存在"与罗素的"摹状词"是同一个问题的两面:固定非存在一如消除它,只是一个梦而已。既非存在,亦非非存在,毋宁是在存在与非存在之间的无限空间中逃逸。说"非存在"不存在就是说非存在存在。对劳伦斯来说,一个意识中的构造物不仅是一个意识中的构造物,而是一种生成,换句话说,他发明的

---

① Angus Calder, *Disasters and Heroes*, University of Wales Press 2004,p156.

"生活世界"和"他者"与实在的生活世界和他者刚好相合。哲学的构造物只是一种累赘。当然，踪迹同样不是线索。"奥卡姆剃刀"不是毫无道理，但"实体"不会因罗素而减少，也不会因迈农而坚实。梦，虚拟，白日梦，幻觉是否存在不是一个问题，而是一种能力。名字不是我的名字，不是他（她或它）的名字，甚至不是我与他者的关系，名字本身就是他者，命名不可能之物，或者朝向不可能的关系。

六

　　暮年的德里达邂逅了维特根斯坦早年迷恋的诗人安格鲁斯·什里什乌斯（Angelus Silesius）。隐匿只是意图之一，即便结果显而易见。从"名字不仅是无（nothing），甚至无论如何都不是它所命名之物，不是'可命名的'，或者著名的，而且冒险去束缚，奴役，或者去裹挟他者，去连接所呼叫者，甚至在任何决定，决心，任何自由之前呼唤他或者她做出回应"的那一刻起人们就开始了质疑。[①] 什里什乌斯说：变成无就是变成上帝（Nichts werden ist Gott werden）。问题在于，除非那是一个"礼物"，一种馈赠，否则"变成（becoming）如何成为思想？Werden（变成）：同时是出生和变化，赋形和转变。走向存在（being）开始于无，作为无（nothing），作为上帝（God），作为无（Nothing），作为无自身

---

① Jacques Derrida，*On the Name*，Stanford University Press 1995，p84.

(Nothing itself)，推动自身的这个出生（birth）没有许诺，作为变成—上帝（becoming-God）——或者无——的变成—自己（becoming-self）看上去是不可能的，不止不可能，是最不可能的可能，比不可能更加不可能，如果不可能只是可能的单纯否定的样式的话"①。

七

不是消失而是始终在消失之中。存在的是具体之名而不是抽象之名或者名字一般，存在就是朝向消失的存在，名字背后一无所有（上帝的一无所有）。就像悬挂在宇宙之幕上的钉子，名字将自己扣紧在宇宙的苍茫之处，名字本身却明灭不定。命名就是事件。

八

弗雷格提及"不存在"的奥德修斯，但没有提到"我的名字是无人（My name is No-man）"（依据劳伦斯的译文）："只要这部史诗被视为艺术作品，那么对于名字'奥德修斯'是否拥有指称我们就没有兴趣。对真的渴求始终在引领我们从意义进到所意指的事物。"②一个命题的真值就是它的指称。克里普克很困惑"单称

---

① Jacques Derrida, *On the Name*, p84.

① Jacques Derrida, *On the Name*, p84.
② Gottlob Frege, *Funktion*, *Begriff*, *Bedeutung*：*Fuenf Logische Studien*, Vandenhoeck & Ruprecht 2008, p30.

存在陈述"(singular existence statement)的否定形式，诸如"独角兽不存在""夏洛克·福尔摩斯不存在""圣诞老人不存在"，等等不一，于是他得出结论："就存在的陈述而言，如果没有真命题，那就压根儿没有这类命题。"[1]

九

命名不是名称，而是一个动词。所谓的"命名"(naming)就是"phasis，是不与某个判断相连的语词馈赠"，以与"命题"(proposition kataphasis 就某物说点什么)相区别。因此在神秘教派中，没有"宣称"(logos apophantios)的位置，只有"名字"(anoma)的位置。名字就像是一种"接触"(touching)和一种"看"(seeing)。[2]

十

伴随着每一次呼喊的都是一种信息，即便你只是对着空无呼喊，但是你无法确定信息的回馈。如果人类只能在命名"彼此"中才能命名自己，那么命名正在成为编号，"彼此"正在丧失。于是，不再有物可以命名，也不再有命名。

---

[1] Saul Kripke, *Reference and Existence*, Oxford University Press 2013，p159.
[2] Giorgio Agamben & Monica Ferrando, *The Unspeakable Girl*，Seagull Books 2014，p20.

十一

"与所有的主题化相比,上帝之名的超越性不也变成了消除
(effacement)?这种消除不也正是那种迫使我走向他人的律令
(commandment)?"①指向"绝对他者"的前提是把邻居视为他者,
同时也把"自己"视为他者。所谓的"自己"不过是一支飞矢,既射
向自己又射向他处。即便那确实只是一支空箭,但空箭事实上从
来都不是空的:射出的方向,飞翔的声音,空气的流动,等等。当
你说"一时失手"或者下意识地将其射出的时候,你已经给出了理
由。没有哪一支箭会在无限的空间中孤独地飞翔,也没有哪一串
名字可以顺势相连,就像你手中的那串糖葫芦那样。

十二

"……他训练自己消失……借助物理上的缩减,他从**他自身**
卸去力量,从而在其中占据更小的份额;这种禁欲主义同样被用
来抵御力量。这同一种针对消失的偏好也会在他与自己名字的
关系中显露出来。在《审判》与《城堡》中,他把自己的名字削减到
首字母 K,在致费丽丝的书信中,他的名字变得越来越短,直到最
后彻底消失。"②消失和变得抽象是一回事,长篇是拼接的短篇,

---

① Emmanuel Levinas,*Beyond the Verse*,Indiana University Press 1994,p124.
② Elias Canetti,*Kafka's Other Trial*,Schocken Books Inc. 1974,p89.

短篇是抽象的过程，正在消失或者渐趋抽象的卡夫卡在《地洞》《绝食艺术家》《歌手约瑟芬，或耗子听众》，尤其在《一条狗的研究》中达于极致：小说变成了音乐；不是标题音乐而是无标题音乐，不是抽象音乐而是音乐的抽象。卡夫卡说自己不懂音乐不是偶然的：一个依据本能书写音乐的人毋须懂得音乐。

十三

如同"命名"是一个动词一样，命名的意义等同于捕捉虚空的努力或这种努力的失败。所有的艰苦卓绝最终都将消失在黑暗之中。不过，消失不是消亡，就像劳伦斯对"游击战"的刻画，那是"一种影响，一个观念，某种无从触摸，难以摧毁的物，没有前或者后，就像一种气体在游弋"（SPS198）。有时候命名不过是一种简单的行为："动物听到呼喊它们的名字就会跑过来，就像人一样。"（维特根斯坦语）

落叶,尘土与星辰

因为主啊,我可以选择所有的花朵,但我选择了尘世上悲伤的玫瑰,这就是为什么我的双脚开裂,我的双眼因为汗水而盲视。

——托马斯·爱德华·劳伦斯《智慧七柱》

从梦开始的一切或许将以梦结束。"我们曾一起战斗,眼前的回忆关及空旷之地的磅礴,狂野之风的味道,阳光,我们为之奋斗的希望。感觉就像清晨,那个我们就要为之沉醉的世界的清新。我们不只为那些难以言表而又虚无缥缈的观念焦灼不安,而且会为之战斗。"(LL262)"风中的落叶"在《智慧七柱》中就已出现,在《铸造》中再次出现,"叶子,秋天最初的转变,一枚一枚地,稀有地,悲伤地坠落,似乎它们也意识到了每一次的失去。"(TM190)在劳伦斯生命的晚期,"落叶"的形象一再地出现,"天空破晓,阳光闪耀,黑夜降临,我上床睡觉。我曾经做的,正在做的,将要做的,让我困扰也让我迷惑。你是否曾经是一枚秋之落叶,并为此感到困惑? 那就是我的感受。"(LSL537)离开皇家空军后他曾经告诉罗杰斯，说他"当下的感受只有困扰。我设想树叶的感受必定也是如此，当它们从树上飘落直到死去的时候"。(LSL524)落叶就像一只"干瘪的橘子"，劳伦斯晚期喜欢的另一个隐喻：你当然不能指望"一只干瘪的橘子还能榨出汁来"。他甚至为一篇名为《风中树叶》文章草拟了开头。树叶是消失的隐喻，无法阻止的坠落，恰似跌落的星辰。曾经的"我"要"把我的意志书写在星空之上"，现在的"我"只是一枚落叶，很难想象落叶会是夜空中的星辰……唯当把星辰画尽，劳伦斯才会现身。不管星辰还是落叶，劳伦斯都是空间的表演者，就像皮娜·鲍什诡异的舞步正穿梭在星际之间。1935 年 5 月 13 日，劳伦斯驾驶他的 Brough GW2275 去往博文顿(Bovington)军营投寄电报，回来的路上为了躲避两个骑车少年撞到了树上，昏迷六天后死于军营医院。劳伦斯终其一生沉迷于速度，最终死于速度。在那昏迷的六天中，我们不知道他是否沉入梦幻，我们唯一知道的是："阿拉伯的劳伦斯"在勇敢、怯懦、骄傲、耻辱、光荣、逃亡、速度、躲闪、表演与受虐的飞奔中就此一去不回。"他的死配得上他的生"：《无神论者望弥撒》中的这句话好像是特意写给劳伦斯的，纵然"英雄是直视死亡的人，是真实的死亡，而不单单是死亡的图画……一个戏子可以扮演大量的角色，末了他自己必定作为人死去"，即便如此，我们还是无法对死亡的主体做出区分，我们不知道那是一个个人的死亡，一位英雄的死亡，一次天衣无缝的谋杀，还是一幕完美无缺的死亡表演。① 倾诉滔滔不绝,内心从未敞开,即便倾诉的对象是上帝或者他自己;没有人比劳伦斯更能洞察别人的内心,但他自己的内心却始终被迷雾笼罩:"或许我只是一卷易感的胶卷,伴随着投射到我身上的物体而变成白色或黑色:如果这样的话,下周,明年甚或明天又能为今天备下什么样的希望?"(LSL151)不知道那是一次意外,一个阴谋,一种意愿,抑或生命本身无懈可击的设计?飞翔的速度支撑着意外,但他灵异的天性好像在告诉我们:"死亡"拥有意愿的成分。尽管猝然而至的死亡引发了丘吉尔难以言表的惋惜:"我希望他中止退隐,担起重责,直面正在危及这个国家的危险。"(LL845)但死亡是他的事业,远比阻击纳粹或者拯救帝国更为重要:"我受够了政治,受够了东方,受够了理智。哦,主啊,我是如此疲惫!我如此渴望能躺下,睡眠并死去。死是最好的,因为没有起床号……"劳伦斯终其一生都在不间断地操练死亡:在徒步荒野之际,在两年艰苦卓绝的阿拉伯战争中,在飞机失事的时刻,在风驰电掣的摩托车上,他定然无数次地设想过自己的死亡:"死亡是我路上的仆人,直到我们靠近,看到你在等候:当你微笑的时候,他妒忌地越顶而过,把我们分开,带你进入他的死寂之中。"(SPS/SPO 题头)爱与死的钟摆摆向了另外一极。终极时刻的致命躲闪不知是良善与高贵的

① 劳伦斯的死一如他的生,层层迷雾弥漫其上,堪称"真拟"的最佳范本,伴随着层出不穷的探究、推测、谎言、流言、编造、猜测、猜疑和传说。参见 Andrew R. B. Simpson, *Another Life: Lawrence After Arabia*, Spellmount, 2011。

惊鸿一瞥,因为他用自己的死换回了他人的生,还是自虐的点睛之笔? 我们没有答案,也不会有答案。"我的意志已去,我害怕孤独,唯恐周围的风、力量或欲望会把我空洞的灵魂带走。"(SPS514)在西蒙娜·韦依眼中,劳伦斯是一位"真正的圣徒",还顺手附加了一个自我解构者难以固定的形象:"谁对帝国的力量了若指掌,同时又能嗤之以鼻?(T. E. 劳伦斯,阿拉伯的解放者,就是这样一个人,但他已经死去)或许某些基督徒非常接近圣徒,但看上去寥若晨星。"[1]如果"圣徒"注定与堕落与升腾,罪恶与救赎紧密相连,那么没有谁,包括韦依自己,会比劳伦斯更配得上这个称谓,也没有谁会像劳伦斯那样把脆弱与敏感,勇敢与无畏,天才与践行,悲悯与残酷,表演与虚饰,沉默与隐匿,对绝对性的寻求与破碎的绝对性集于一身。对劳伦斯的追忆、追杀、追逐、追随和追寻此起彼伏,从未停止,但他始终都是速度游戏的胜出者。死亡没有改变什么,逃亡一如既往,身后是紧追不舍的追逐者。"重新回到聚光灯下","他"是"我们"的一部分,尽管他究竟是谁我们所知不多,而我们其实是"他们"的一部分。对技术、机器与他者的热忱,对消失的孜孜不倦或许是保全自己的方式,一如法老完整无缺的脸是他们永生的前提;或许只有那样,他才可以作为"人"完整无缺地回归。劳伦斯或许只是一个悠长的梦,一张难

---

① Simone Weil, *Intimations of Christianity Among the Ancient Greeks*, ARK Paperbacks 1987 , p116.

以触摸的脸，我们若有若无的想象，一个短暂的白日梦，某种模糊的记忆，一段苦涩的情感，一道击穿我们的闪电，双眼忍住的泪水，一封无法抵达的书信，一种猝然而至或者渐行渐远的消失……他的政治遗产一如他的艺术遗产，看上去含混莫名："伴随最近的备忘，对今天的阿拉伯人来说，英国在其九十年前崛起的背后所扮演的角色始终未被忘记，很大程度上也不可饶恕。"①事实上，劳伦斯成功地把《智慧七柱》和《铸造》变成了"艺术"，先于马塞尔·杜尚把"自己"变成了最伟大的"行为艺术家"，尽管如何定义艺术，谁在定义艺术依旧语焉不详。落叶在我们脚下，只是源于我们站立的位置。一旦你变换自己的位置，你会发现每一枚落叶都将闪闪发光，每一枚落叶都将是一颗熠熠生辉的星辰。此外，作为"实在"的劳伦斯拥有一种眩晕和躲闪，似乎躲闪在"似乎是"和"不太是"之间，躲闪在真实与梦幻之间。劳伦斯不是单数，作为星辰的劳伦斯不可胜数：每一次移动都是一次星际跳跃；每一次假装跟别人无异，末了都会重新发明自己。于是，每一个劳伦斯都是散落或升起的星辰，有名或无名的劳伦斯纷至沓来，纷然落下或者次第升起。就像莱布尼茨的单子，但未必像单子那样没有窗口，因为或明亮或暗淡的星光不仅点亮了自己也照亮了其他，不仅如此，彼此的光芒会在空间或非空间中相遇，交织成或折射出无尽的光芒。于是"难以计数的劳伦斯"借助想象组成璀璨

---

① James Barr，*Setting the Desert on Fire*，W. W. Norton & Company 2008，p323.

的星辰之河。不过,"热情赞美和剧烈诋毁都是一知半解的结果;了解英雄主义的真正动机或意图常常会使其变得无关紧要或者漫不经心或者依直觉而行。你不可能钦佩星辰,因为它们只是自然中的火焰和泥土"(AD223)。

严格而言,劳伦斯没有像理查·艾丁顿认为的那样夸大了自己的作用,也没有像约翰·马克所说的那样在政治的泥淖中赋予自己一种夸张的道德责任,甚至也不是汉娜·阿伦特眼中的劳伦斯:"什么也没剩下,除了某种无从解释的体面。"劳伦斯在"游击哲学"的罅隙中脱身而去,就像存在的一缕烟尘;他的在场就是他的消失:"我是一个爱尔兰无名之辈。我做了某些事情。是一种失败。我变成了一个爱尔兰无名之辈。"一位英雄的自我消解确证了一位英雄的存在。劳伦斯"哲学"的启示性所携带的责任超越了任何"可见的责任",这一点恰恰是不可见的。"真"似乎可以凌空攫取,然后被死命地攥在手中,直到生命结束,但"那只手"的归属并不明晰,是否"真实"同样不得而知。或许这个人耽于梦幻,那个人长于行动,其他人老于世故,但只有劳伦斯能将白日梦、行动和对日常生活的洞察集于一身。换句话说,他固有的高深莫测源自梦幻的力量,对手边之物的变形,让人赞叹的行动力。多年以前,劳伦斯绝无仅有的呈现不啻对英雄、传奇、表演和所有真拟的回忆;多年以后,当人工智能试图回忆人类时,它们会在劳伦斯的传奇中找到最佳切片;至于他自己,他既不回忆也不预期,而是永恒的当下。劳伦斯在自己有生之年的自我估价中是一个

"双重失败者"：未能兑现他对阿拉伯人的诺言，也未能像自己所期许的那样成为一位成功的"艺术家"——"我认为自己比大多数退伍军人写得要好；但是在我与我眼中的那些我曾与之交谈过的伟大作家的'写作'之间隔着一条深渊。"（LSL432）因此"生命中最心痛的事情之一就是开始明白自己不够好。比某些人好，几乎比我这类人中的绝大多数都要好，但我不在乎相对。在某处有一个理想标准（ideal standard），只有它是重要的；但我找不到它。于是我漫无目的"（LSL496）。没有哪一位劳伦斯的读者会错过《智慧七柱》的副标题"胜利"的反讽，"失败"既是"上帝赋予人的自由"又是他经久不衰的主题："对明眼人来说，失败是唯一的目的。我们必须彻彻底底地坚信，没有成功，有的只是与死亡的搏斗和对失败的渴求。"只有死亡，连同死亡的隐喻才是最后的赢家。修普诺斯一刻不停地伴随着他短暂而又异常清醒的生命历程，当这位睡神煽动翅膀的时候，整个世界似乎都已经睡去，但对于渴望入睡又难以成眠的劳伦斯来说，那不过是一个冗长的梦而已。不过，曾经失败的零落拼接成二十世纪最动人心魄的作品之一，任何从整体中逃逸的努力，任何佯装的集体，任何对个人与孤独的沉醉，任何挥之不去的机器梦魇，都会让"我们"不由自主地想起劳伦斯。他似乎总有能力重新回到聚光灯下，就像基督持续不断地复活。"阿拉伯的劳伦斯"，T. E. 劳伦斯，T. E. 萧，J. H. 罗斯，或弱或强的呼喊声，不易觉察的移动，永不停歇地飞奔在空间与非空间，地方与非地方，虚空与非虚空之中，从逃逸之中逃逸，就像克拉丽丝·李斯佩克朵孜孜以求的"指向虚空的激情"。即使劳伦斯逃逸的轨迹刻画出星辰的轮廓,那依然是一个失败者忧伤的星际漫游,即便在某些时刻,就像在曾经的时刻,他会沉醉于风景的冷漠:"所有的天际线都缥缈而美好,在每日生计之外,我满足于坐在那里,直到黑夜降临,看着所有的一切都消融在单一的黑色中。"(LSL430)在诸神远去的时代,伴随着机器声的震耳欲聋,劳伦斯贡献了人类历史上空前绝后的表演,就此更新了空间概念:不是在空间之中表演,而是表演本身使得空间得以可能;同时也更新了"观者"的生命,使他们别无选择地成为"客串"。劳伦斯未及谢幕就绝尘而去,但其身影会在我们的记忆中不朽,不仅劳伦斯,"我们所有的人都会被记住,不仅如此,我们的灵魂会在亚伯拉罕的怀中摇晃"①。

---

① Albert Borgmann, *Holding on to reality*, The University of Chicago Press 2000, p233. 在那本备受物议的《英国与中东:奥斯曼帝国的毁灭 1914—1921》(作为博士论文被牛津否决)中,埃里·凯杜里专辟一章论及劳伦斯。尽管字里行间不乏冷嘲热讽,关于《智慧七柱》的判断也完全不着边际,但他的结论却准确无误:"关于他值得我们知道的一切我们一无所知,既不知道驱使他的力量,也不知道他所寻找的启示。我们试图追随他逼近人类经验苍白的极端,他在那里能够明确无误地展示给我们的只有存在的神秘,人类动机的不可测知,以及意志的孤寂。" Elie Kedourie, *England and the Middle East: The Destruction of the Ottoman Empire* 1914-1921, Mansell Publishing Limited 1987, p88. 一切都是过眼烟云,我们都将孤独地死去,唯有"神秘"永存:"在我们的有生之年,我们不可能获得荣誉或耻辱;在我死后,我的骨头不会在意。"(LL672)

本书附录包括 T.E.劳伦斯为查尔斯·道蒂的《阿拉比亚沙漠纪行》专门撰写的导言,以及劳伦斯著名的《二十七条律令》。前者译自卡西莫(Cosimo,Inc.)2010 版的《阿拉比亚沙漠纪行》,后者译自杰瑞米·威尔森的《阿拉伯的劳伦斯》的附录 IV。多亏劳伦斯的多方奔走,1888 年印行的《阿拉比亚沙漠纪行》绝版多年后于 1921 年再版。不同的文本呈现出迥然相异的 T.E.劳伦斯:稀有和深奥的头脑,不羁的心灵,精微的洞察力,高度的操作性,非凡的敏感与共情,无畏的直言,冷血的超然,以及其他。顺便说一句,劳伦斯的《导言》在为查尔斯·道蒂和贝都因人精心画像的同时,也把自己刻画其中;《二十七条律令》具有浓烈的莫里斯·德·萨克森风格:纵然天资过人,却时常鄙夷不屑,如果骄傲让人心安理得,那么谦逊让人胆战心惊。

附录 I:《阿拉比亚沙漠纪行》导言

不得不对《阿拉比亚沙漠》说点什么并不让人舒服。我研读它已有十年,逐渐视其为特异之作,异乎寻常,是同类中的圣经。现在回头审视其优缺点看上去是荒谬的。我不认为道蒂先生之前或之后的任何游历者有资格礼赞这本书,更没有资格去苛责它。你对阿拉比亚了解的越多,你在《阿拉比亚沙漠》中发现的就会越多。你在那里游历得越多,你就会越发尊崇作者的洞见、判断和才智。之所以称其为纯粹且质朴的"道蒂",是因为它是一部经典,而道蒂先生的人格几近无瑕。知道他竟然是一位健在的活人着实让人震惊。这本书没有日期也永远不会变老。论及阿拉比亚沙漠,它是第一本书且至关重要;如果它并未被经常提及,或者没有被充分阅读,那是因为它极其稀缺。研习阿拉伯的学生无不渴望人手一册。

然而,现今已无需向学生们推荐道蒂。道蒂无人不知。这本书面对的是非专业的公众,如果他们渴望阅读一部伟大的散文作品,愿意了解一位与贝都因人一起生活了两年的英国诗人的漫游记录,他们一定会对此书欣喜异常。时下的阿拉比亚游历者对它的判断或许更有分量。我曾与许多游历者谈及此书。我们都同意,所有的沙漠,山丘与平地,熔岩地带,村庄,帐篷,人与动物,无不以无可挑剔的词句,栩栩如生地呈现其中,以致难以从记忆中抹去。它是真正的阿拉比亚,里面有它土地的味道和污浊,它的高贵与自由。它没有东方游记中惯有的感伤,或仅仅止于写景状物。道蒂的完备无以复加。减一分太少,增一分太多。他把所有的阿拉比亚尽收囊中,只为后继者留下了特为专家们准备的下脚料。我们会就沙漠的某个部分或它的某段历史撰写书籍;但在我们的时代,再也没有另一幅图画会无所不包,因为一切的一切无一不为一位大师所言及。

很多天资优异的英国人曾经游历过阿拉比亚,其中的绝大多数都有著作存世。但没有人像道蒂那样带走如此丰赡的奖品,这个奖品的优点正是他自己孤立无援的优点。很多事情对他不利。四十年前的沙漠对于陌生人远没有今天这么好客。土耳其尚未衰落,瓦哈比运动(Wahabi movement)正在部落中持续地激起狂热。在他所涉足的几乎所有区域,作为欧洲人和基督徒的道蒂都是一个先驱。他当然很穷。他独自跟随香客从大马士革出发,被扔在了米丹·萨利赫(Medain Salih),手里徒留片言只语的引荐。他衣衫褴褛,走在沙漠上极为触目,就像一个赤贫之人,他游历时也是如此。在一个更乐意投资魔法的社会里他试图靠理性的行医来养活自己。

那时候的他是一个病人。开始时身体虚弱,阿拉伯高原的气候恼人多变,忽冷忽热,植被贫瘠。他在英国长大,那里气候温润,食物多样。他作为客人来到阿拉伯的帐篷,分享他们吝啬的好客,仅凭对他们来说业已足够的那点给养支撑自己。他们待他就像自己人。在春季是骆驼奶,在一年中食物匮乏的那几个月,每日聊以果腹的只有稀少的食物或肉食,这样的食谱对于他们精瘦的身体已经足够,但对一个英国人来说就是挨饿。惯于久坐的人定会苦不堪言,但道蒂一直在流浪,在烧灼的太阳下或者在刺骨的寒风中流浪,常常从日出到日落都在骆驼上,如果不是骑到深夜的话。在最好的季节里游历阿拉比亚,带上随行的仆人,脚力强劲的骑兽,帐篷,以及你自己的厨房;那是一种难堪的经验。尽管有着身体的劣势,但道蒂像本地人那样直面一切,带回家的珍品超过了我们所有人。他努力中的那种纯粹的忍耐令人惊叹。

他曾在某处半是歉意地谈及自己的局限,声称他的书乃是一个饥饿者所见,一个疲惫者所言;纵然如此,他好像已然记下了一切。我们所有人都会在沙漠里的某些时刻变得疲惫不堪,有些人会在那里饥饿难耐,但是没有人能像道蒂那样克服身体的局限。他把自己的艰难时刻提取到书页之间,藉此演变成了自己的肯定力量,充溢在字里行间的那种艰辛和无助会让每一个阿拉伯的游历者身临其境地联想到自己的狼狈岁月。即使在这些时刻,在这危险丛生的两年中这些时刻经常发生,道蒂观察的热忱从未有丝毫的减退。他继续向我们呈现他故事中的环境,人物和地方,兴致一如既往:这不仅是他心智强健的高度证明,也是作为想象寄寓之地的阿拉比亚以及阿拉伯各部落对他和对我们的吸引力的高度证明。

他的书是其强有力人格的无意识见证。鉴于其讲述方式的不偏不倚,对善恶不置可否,他只是间接地(这部书从来不是病态的,从来不是内省的),几乎是不情愿地在书中向我们敞开了自己。他拒绝成为自己故事中的主角。然而他的确是其旅程的英雄,阿拉伯人知道他有多么伟大。我曾经在他涉足过大部分区域的西阿拉比亚待过九个月,发现他已经成为沙漠的历史。那是四十多年以前,那个时段的许多事情即便在我们国家也已被忘记。对沙漠来说就更为长久,因为普通生活的艰辛只为身体补充元气留下了极少的机会,因而人们生命短促,他们对陌生人,对家庭树(the family tree)以外的事件的记忆转瞬即逝。道蒂访问的对象是他们的父辈或者父辈的父辈,然而他们都知道他是谁。他们传诵着他的故事,把那个极其睿智体面,高大而又让人难忘的人物变成了传奇,他走向他们,就像一个外部世界的使者。他对他们人性中寻常烦恼所持的超然姿态点亮了他们的想象力。他极其耐心,慷慨和悲悯,赢得了他们毫无保留的信任。[①]

他们说道蒂似乎只是对身为一个基督徒感到骄傲,从未涉足

[①] As for this paragraph and a few sentences in the appendix Ⅱ I am particularly grateful to my friend Derek, without his help I cannot put it plainly and clearly. Of course, my gratitude does not extend to making him share respensibility for the translation.

他们的信仰。他嗜书如命，但对于生存的艺术却极尽其简，对骆驼不管不问，信任每一个人，非常安静。他是他们所见到的第一个英国人。鉴于他的高贵和友善，他们很乐意给他的其他同胞一个机会。他就这样为自己的宗教开拓了道路。紧随其后的是威尔弗瑞德·布朗特先生（Mr. Wilfred Blunt），格特鲁德·贝尔小姐，以及其他非凡人物。他们巩固了沙漠对英国人的印象，并给予我们一种优势，对后来者来说那也是一种巨大的责任。多亏有了他们，一个英国人才会发现自己在阿拉比亚受到欢迎，可以四处游历。的确不太舒适，那是因为环境恶劣，但沿着道蒂历尽艰辛所开辟的道路前行却是安全的。没有其他国家能够幸运到拥有这样的大使。我们受到了礼遇，除非我们的不当行为证明我们配不上此等礼遇。这对于那个因其两年漫游生活中的德性而让一个游牧民族铭刻于心的人来说不啻一座丰碑。

我们重点输出两类英国人，他们在异域之地把自己分成两个对立的阶层。有些人深刻地感受到来自本土民众的影响，并试图调整自己以适应当地的环境和气氛。为了谦卑地削足适履，他们压抑了自身中所有的那些与本地习惯和色调不相谐和的一切。他们尽力模仿本地人，在日常生活中避免冲突。然而却不能规避模仿的结果，一个空洞和无用之物。他们像本地人但不是他们中的一员，他们可以辨识的半截差异所给予他们的虚假影响时常大于他们的优点。他们绝妙地模仿他们，致使他们回头模仿自己，从而使他们变得怪异和不自然。另一类英国人规模更大。他们在同样的流放环境中借助对业已舍弃的生活的回忆强化了自己的特征。为了抵御异域环境，他们在自己的英格兰寻求庇护。他们坚守自己的冷漠，自己的豁免权，使自己的孤独和虚弱变得更加生动。通过对抗得以让生活在一起的他们印象深刻，通过给予他们一个例证从而让本地人知道什么才是一个完完全全的英国人，一个彻头彻尾的外国人。

　　道蒂是第二个阶层中的伟大一员，那个更干净的阶层。他说自己从来不是一个东方人，尽管太阳把他晒成了阿拉伯人；但他的诸多价值观都与他们相去分明。他的观察是彻头彻尾英国式的；然而他的外在形象，他的举止，他的话语都是阿拉伯式的，是沙漠中的游牧阿拉伯人。沙漠抑制深思熟虑的判断；其裸露与公开促使其居民坦诚以待。那里的人们会猝不及防且毫无保留地说出自己的内心所想。沙漠中的语词洗练直接。道蒂敏锐地感受到这种无孔不入的坦诚（甚至很少有旅游杂志能对气候和地理展示出这种敏感），他在部落之中也会像他们一样直抒胸臆。甚至在村子里面也坚守着一种不合时宜和不可通融的耿直，坚定地抗拒城里阿拉伯人文过饰非的政治话语。他出身于循规蹈矩的英国乡下，对游牧生活的这种偏爱会让他略显怪异；实际上一个英国人，尤其一个有家室的英国人会发现部落比村庄更对他的口味，而无论在哪里道蒂都是那个直言不讳的"贝都因人"。他的"固守公正的意见，反对含混其辞的世界"常常是不明智的——但始终值得尊重，阿拉伯人尊重他这一点，即便当下的他们对他恨之入骨。

同样,像天气一样变化多端的是他的语调和判断的突然转变。沙漠是转瞬即逝的感觉之地,朝三暮四的意见之地。人们无力审慎思虑数日,以便达致合理而均衡的思想。他们好时立马说好,坏时立马说坏。道蒂在自己身上为我们映射了这一点。上一个段落是冷酷的判断;下一个段落是温暖的友善。他的记录伴随着他的经验而起伏,借助阅读全书而不是其中的某一个部分,你才会对他风云激荡和事件倍出的岁月获致一个多面的同情视野。

这部书的现实主义无所不包。道蒂试图精确地说出他所看到的全部真实。如果有什么偏移那就是偏向阿拉伯人,因为他是如此地喜爱他们;这个民族陌生的吸引力,他们的疏离和独立让他如此难忘,以至于他乐于通过谨慎表述他们的缺点以呈现他们的德性。"一旦有什么人与阿拉伯人生活在一起,感受到沙漠以后,那么他今生今世就再也不会失去它。"对此他有着切身的体会。游牧生活的考验,最为深刻地腐蚀着所有的社会规范,鉴于我们的缘故,他才更加竭尽全力地描画出它未经修饰的样子,因为生命过于艰苦,过于空洞,以至于只有最强壮和最坚定的人才能够存活下来。再没有什么会比记录他的日常偶发与困顿,他沿途感受的文字更加有力和真实的了。他画中的闪米特人端坐在阴沟里,但其眉毛碰到了天庭,最大可能地集合了他们的力量与虚弱,而其思想的奇怪冲突会在我们与他们的初次会面中迅速提升我们的好奇心。

为了试图解决他们的谜题,我们中的许多人曾远赴他们的社区,目睹了他们毫不含糊的坚硬信仰,一种近乎数学般的限制,借助其非同情的形式将我们拒之门外。闪米特人配置视觉时没有中间色。他们是原色(primary colours)民族,尤其黑白两色。在他们眼中,世界横竖成行。他们是一个确定的民族,对怀疑(我们时代的荆棘王冠)不屑一顾。他们不理解我们的形而上学疑难,我们的自我一质疑。他们只知道真与非真,信与非信,没有我们在明暗之间的逡巡不定。

　　闪米特人不仅在其视觉中是黑白两色,在其内在配置中也是如此;黑白分明不仅仅意指清晰,还意指并立。他们的思考极易走极端。他们心甘情愿地立于言过其实之中。有时候那种巨大的不一致看上去将他们悉数支配。他们摒除妥协,将思想的逻辑推至荒谬的终极,却没有在正相反对的结论中看到不相融和之处。他们冷酷的头脑和判断摇摆在渐近线与渐近线之间,他们如此泰然自若,以致几乎没有意识到自己让人目眩的飞翔。

　　他们是心胸狭窄的民族,了无生气的智能始终被搁置。他们想象丰富但没有创造力。在当今的亚洲只有少得可怜的阿拉伯艺术,几乎可以说没什么艺术,尽管他们的统治者热衷赞助,也曾在建筑、陶艺和手工领域激发邻居家的才智焕发之士。他们无意创建伟大的工业,也无处可见他们的心智或实体组织。他们没有发明任何哲学或神话学体系。他们是一个最健康的民族,把生命的礼物视为自明,从不质疑。对他们来说,这是加之于人的命定之事，是一种用益权（usufruct），超出我们的掌控。自杀几乎不可能，死亡没有悲伤。

他们是一个突发的、激变的和奇思妙想的民族，是一个个人天才的部族。他们的运动相对于平静的日常让人震惊，他们的伟人相对于他们大众的卑微更加伟大。他们的信念出于本能，他们的活动凭借直觉。他们最大的产业是他们的信条。他们是启示宗教的垄断者，总会发现身体与精神的二元对立，并侧重于后者。他们与物质的深刻对立致使他们去祈愿贫瘠，弃绝和贫困：此种环境无情地窒息了沙漠的心智。他们总是在寻求那些与人类无涉之物。

贝都因人生于斯长于斯，全心全意地拥抱对于志愿者来说过于严酷的贫瘠。只可意会不可言传的理由在于，他在那里发现了自己无可争议的自由。为了获致被饥饿和死亡所威逼的个人自由，他丢掉了所有的自然牵绊，所有舒适的奢侈或纠葛。他并没有在贫困中看到良品；依然享受着可以支付的小小的劣习和奢侈——咖啡，净水，女人。他的生命中拥有空气和风，太阳与光芒，开阔的空间和伟大的空寂。自然中没有人力所致，没有丰饶；只有头顶蓝天和脚下大地，他们生存的节奏和唯一的庇护就是上帝。这唯一的上帝对阿拉伯人来说不是拟人的，不是可触的或者道德的或者伦理的上帝，也不会特别地与世界和他自己相关联。他独自伟大，却秉有家的特性，一种日常性，规范着他们的饮食，他们的战斗和他们的欲望；是他们最平常的思想和陪伴，对于那些其上帝被持规谨严的祈祷面纱所隔开的人们来说这根本不可能。把上帝代入他们的脆弱和欲念之中没有让他们有任何违和之感。他是他们的语汇中最常见的那一个。

这个沙漠信条是一种传承。阿拉伯人并不十分看重。他从来都不是福音传道士或者改宗者。借助对世界，以及对潜存身上的只有财富和诱惑才能唤醒的复杂的可能性闭上双眼，他在上帝之中达于对自身深沉的压缩。他获取了一种坚定的忠诚和一种强有力的忠诚，但那是何等狭窄的区域！他了无生气的经验将其人类的良善扭曲成他藏身其中的那个荒芜的形象。与之相应，他伤害自己，不仅为了自由，而且为了取悦自己。在疼痛中追逐自乐，残酷比良善意味的更多。没有哪一种快乐对沙漠阿拉伯人来说会比自愿退隐更让人心驰神往。他在自弃、弃绝和自律中发现奢侈，在刻苦的自私中独善其身。他的沙漠由精神的冰屋铸就，里面是为所有的时代保存着一种完整却不容增益的统一的上帝观念。

道蒂不动声色地与这些人混在一起，观察他们的生活，并逐字逐句地记录下来。借助阿拉伯人的举止和欧洲人的心，他保持了完美的判断。鉴于对其抱有充分的同情，他得以劝诱他们向自己吐露心底的想法。当两年的磨难终于结束的时候，他的笔记本（前此一直是用来表达生活艺术的写作艺术）带走了沙漠的灵魂，一个非凡而自足的共同体完整无缺的生存，自闭于流俗世界的沙漠之中，在一个我们对其完全陌生的环境中经营着自己的生活。

基于生存的经济原因他们需要骆驼,这些富庶高地的荆棘和植物最适宜骆驼生长。沙漠不利于其他的发展,但却极其适宜于此。饲养骆驼使贝都因人成为游牧民族。骆驼只能生存于沙漠的牧场上,鉴于牧场稀少,大批骆驼会迅速耗尽任何一个区域。于是它们连同它们的主人必须迁徙到另一个区域,他们就这样逐月逐月地回旋在被这个季节所下的最大的周期性冬雨所决定的植物回春的节律之中。

沙漠的社会构成基于部落,部分因为源初的家族情感,部分因为自我保存的本能,迫使巨大的人群因为相互支持集结在了一起。借助隶属于一个显赫的部落让每一个人意识到他所拥有的名义家族(nominal kinsman)的坚强后援,如果他受到伤害就会有人支持他,如果他参与了某个邪恶团体,那么他同样要承担重负并履行不当行为。这种集体责任使得人们谨小慎微;使得惩罚异常容易。冒犯者被逐出体制,成为流放者,直到他与部落人的公共意见再次达成和解为止。

沙漠中的每一个部落都有其辖区。这些部落辖区的范围与性质由饲养骆驼的经济原理来决定。每一个部落在每一个平常的年份整年都会拥有很好的放牧机会,每一个部落每一年都有足够的水源供给每一个家庭;但乡间的贫困迫使部落再行内部细分。水源通常都是单个水井(常常都是水量非常匮乏的水井),小块的牧场分散在隐蔽的山谷里或者岩石上的绿洲之中。它们不可能在一时一地供给所有的部落,因此部落分成了宗派,并且始终作为宗派而生存,每一个宗派都会借助整个部落的轨道漫游在自身特有的周期之中。

这是一个文盲社会,所以每一个宗派要保持足够的小,以便所有的成年人都可以经常见面,当面谈论共同事务。诸如此类的一般性交往,加上他们帐篷中的公开生活使得沙漠成为没有任何隐私可言的地方。男人与男人公开地生活在一起。那是一个变动不居,每一个男性成员都拥有平等发声的权利和机会的社会。日课或酋长的咖啡聚会是他们的教育,是为每一个成长到可以走路和说话的男人准备的大学。

那也是他们的新闻办公室,他们的法庭,他们的政治表达,他们的政府。他们每天都把自己所有的想法,所有的经验,所有的意见带到那里并公之于众。他们彼此热切争论,于是沙漠社会始终得以生机勃勃,引向更高的道德层面,宽容新的思想。通常谣传他们像他们所聚居的沙漠一样一成不变;但他们常常展示出异常的接受能力,对有用的革新持开放态度。他们少得可怜的既得利益使得转变生活方式变得简单易行;即便如此,发现他们会全心全意地去袭用适合其生存的发明仍旧让人备觉惊异。咖啡,火力,曼切斯特棉花都是新事物,但看上去如此自然,以至于人们几乎难以设想没有它们的沙漠生活。

结论在于,人们可以预见这样一本写于四十年前的书在今天看来会在此类细小的方面不够准确,但是假如道蒂的书仅只本着科学精神写就,依赖表述而非事物的精神,那么它早已过时。让人高兴的是，讲述的美妙，真实的生活，丰富多彩的个性与地貌画廊将存之永久，并将作为针对沙漠的所有真知灼见的至关重要的基础而始终不可替代。嗣后四十年间素材的更迭尚不足以真正铭记于册。

自道蒂时代伊始，来自耶路撒冷的多米尼克僧侣就开始着手研究米丹·萨利赫的铭刻，一些小的观点可以增补进去。后来的旅行者在哈达耶（Haddaj）寻找提伊玛（Teima）巨石，最终到手并运往欧洲。道蒂所收藏的这些原始的阿拉伯手卷已被超越；但道蒂坐拥发现它们的持久声望。他的地图，他的某些地理信息已被罗列其中，并与后来的信息建立了关联。手持相机的人们现已穷尽了他曾滞留几周并曾对之做过动人描绘的哈拉特（Aueyrid harrat）。我们通过相机知晓了它们精确的外貌；但是阅读道蒂可以让一个人知道他能感受到什么。克罗斯利（Crossley）与劳斯莱斯汽车已在瓦迪·胡姆赫（Wadi Humth）拓展了道路，正是道蒂首先向欧洲指明了那里的重要性。飞机已经盘旋过他曾经如此艰苦攀爬过的山脉。不幸的是，那些坐在汽车和飞机上的人们却无法就他们飞掠而过的国家写下如此感人至深的篇章。

阿拉比亚的另一变化来自汗志铁路，从大马士革到麦地那的路段 1909 年开通，沿公路朝拜的大军就此消亡。埃米尔艾拉·哈桑（Emir el Haj）和他的人民现在改乘火车，每年一次的骆驼之旅已然死去。道蒂曾经绘声绘色地刻画过的那条香客之路鉴于缺少那些朝圣者的脚去打磨，现今已了无生气，他在去往米丹·

萨利赫的长途跋涉中曾经畅饮过的那些 Kellas 和水塘,现在至多充作铁路沿线的警卫室,剩下的正在变成废墟。

像它以前的王朝一样,赫伊尔(Hail)的拉希德王朝(Rashid Dynasty)自登基伊始就揭开了血腥的一页。沙特(Saud),最后的埃米尔,1920 年被谋杀,家族唯一的幸存者是一个婴儿,其孱弱促成了沙马尔部落的野心游戏。另一方面,多亏了当今的埃米尔阿卜杜勒-阿齐兹(Abd el-Aziz)的勇敢和能量,看上去正在衰落的利雅得(Riath)的瓦哈比(Wahabi)王朝才得以突然在这个时代获得了复兴。他用武力征服了所有的内志(Nejd)地区,以一种全新的不可通融的方式复兴了瓦哈比(Wahaby)教派,把半岛所有的内沙漠地区置于自己的信仰之下。菲尔比先生(H. St. J. Philby)战争期间曾在利雅得滞留,在他的运作下,埃米尔最小的儿子被派往这个国家负责公务。他们在英国期间曾拜访过道蒂先生。

在其冒险的结尾,道蒂曾在塔伊夫(Taif)接受过麦加的圣嗣长(Sherifate of Mecca)的款待,后者于 1916 年基于民族原则起兵反抗土耳其,借此争取成为阿拉伯世界的精神主导。作为英帝国的盟友,道蒂足迹所至的西部阿拉伯人曾在我们的帮助下身先士卒。谢里夫的四个儿子分别出任城里阿拉伯人和汗志阿拉伯部落的头领,且乐于接受英国军官的帮助以获致他们在沙漠中的自由。所有古老的名字都能在我们的队伍中找到。有哈伯(Harb)、朱赫曼(Juheyma)和比利(Billi),道蒂曾经提到过他们。

他过去的房东姆阿赫伯（Abu Shamah Moahib）加入了我们，且作战英勇。毛特劳格（Motlog）的儿子菲尔汗（Ferhan）夺取了阿兰达（Allayda），然后与另一位泰玛村民（Fejr）一道从土耳其大本营拿下了泰玛（Teyma）和卡伊巴（Kheybar），并把它们献予侯赛因国王。①

沙马尔（Shammar）部落后来加入了我们，来自卡西姆（Kasim）、安尼扎（Aneyza）、博利达（Boreyda）和茹斯（Russ）的志愿者也加入到抵抗土耳其人的共同战斗之中。我们占领了米丹·萨利赫和艾拉·阿里（El Ally），一直往北直到特布科（Tebuk）和马恩（Maan），以及伯尼·萨赫（Beni Sakhr）的乡下，沿朝圣之路直到大马士革，并在道蒂曾经开启他漫游的那条回程之路上布置了我们的武装。"阿拉比亚沙漠"（Arabia Deserta），作为冒险和游历的记录（或许是我们语言中最伟大的），以及游牧生活的伟大画卷，阅读它曾经是一种快乐，现已成为军事手册，帮助我们在东方走向胜利。那些曾允许道蒂在其禁地游荡的阿拉伯人为自己的子孙后代完成了一笔绝佳的投资。

在这次战争的伟大经历中，沙漠中动机的焦点开始转换，政治革命来到了阿拉伯人面前。在道蒂时期，就像他的书所显示的那样，人们主要被区分为穆斯林和基督徒。昨天这个区分变得模糊；要么是与我们并肩作战的盟友，要么就与中央政权站在一起。

①参见 Charles Montagu Doughty, *Travels in Arabia Deserta*, Vol. II, p579。

西部阿拉伯人已在这四十年间学会了足够多的欧洲理念，并把民族自立接受为行动的基础。他们接受得如此彻底，以至于为了赢得民族自立的权利，开始投身于反对土耳其苏丹——他们曾经的哈里发（Caliph）——的战斗中去。一直是沙漠的动机和特征的宗教开始臣服于政治，曾经的圣城麦加已成为新政权的临时首都。曾经针对基督徒的敌意现在开始针对试图干涉阿拉伯语区内部事务的外国人。

不过，这个导入已经太长。那些惯于从书的开篇阅读的人会因为我的缘故延迟阅读道蒂，我的自以为是也因此变本加厉，因为我把自己的名字写在了我认为我们文学中最伟大的散文作品之一的边上。它是这样一种书，拥有强劲的开端，以一种绝无仅有的风格写就，如此密实，如此沉雄，遣词造句如此无可挑剔，因此也要求着一位艰苦卓绝的读者。它看上去不会轻易写就；但它的几页纸让你学到的有关阿拉伯的东西会比其他人所写的一切加在一起还要多，你越贴近它，它的风格就会越发贴合它的题材，也就会越发自然地合乎你的口味。

沿朝圣之路一路向前的香客大军的历史，泽德（Zeyd）帐篷的图片，连同对赫伊尔的伊本·拉西德（Ibn Rashid）庭院，卡伊巴的黑人村庄，阿内扎（Aneyza）的城市生活，从西内亚德（West Neid）穿越沙漠直到麦加的朝圣队伍的刻画，一个比一个精彩，接近塔伊夫的时候达到了书的高潮，热情过后是一个舒缓的篇章，通向吉达，默罕默德·纳斯夫（Mohammed Nasif）的家，以及英国领事馆。

去完成一次这样的游历对一个普通人来说已经足以自傲。道蒂先生并不满足，直到他用一本书去验证这次游历，一如他用这次游历来验证这本书。去游历并去书写，在双重的力量中，道蒂一时罕有其匹。

附录II：二十七条律令

　　下列笔记表述为戒令（commandment）的形式是为了清晰起见并节省字数。不过，它们只是我的个人结论，是我在汗志工作期间逐渐累积而成，现作为掩护马（stalking horses）诉于文字，以备阿拉伯军队中的新手使用。它们针对的是贝都因人：城里人或叙利亚人需要完全不同的对待。当然，它们也不符合其他任何人的需要，或者可以不加变通地适用于任何特定情境。如何处理汗志阿拉伯人问题是一门艺术，不是科学。会有例外，但没有显明的规则。我们在那里拥有巨大的机遇：谢里夫信任我们，并给予我们一种德国人想在土耳其人那里赢得的位置（针对他们的政府）。如果我们足够圆融，我们可以立刻获取他的善良意愿，开展我们的工作——但是，为了成功我们不得不投入我们所拥有的所有利益，能量和手段。

　　1. 只有最初几周还算轻松。糟糕的开端是很难弥补的，阿拉伯人会从我们所忽略的外在举止形成自己的判断。一旦你进入了某个部落的内部交际圈，你就可以游刃有余。

　　2. 竭尽所能地去学习有关阿什拉夫（Ashraf）和贝都因的一

切。了解他们的家庭,宗族与部落,朋友和敌人,水井,山丘和道路。通过倾听和侧面探访来完成。不要提问题。说他们的阿拉伯方言,而非你的母语。在弄懂他们的暗示之前避免交流太深,否则等着你的就是砖头。开始的时候不妨有点僵硬。

3. 涉及商业谈判,最好由军队、派别或者你所供职的党派头目出面。不要向任何人发号施令,不管直接与其下属打交道的诱惑(基于效率的理由)有多么大,只为指挥官(C.O.)保留你的办法或建议。你的职责是提供建议,你的建议要直呈管理者。让他看到你对职责的自觉,他的角色就是你共享计划的执行人。

4. 赢得并保持领导对你的信心。尽力在他人面前维护他的权威。绝不要拒绝或废止他所提出的架构;但要确保他会在第一时间私下地提供给你。永远表示赞同,在称赞之余不知不觉地改动它们,似乎提议来自于他自己,直到它们合乎你的心意为止。一旦达此目的,你就把他与它绑在一起,迫使他尽可能地坚定前行,但私底下除他(他也未必很清楚)以外没有人意识到你所施加的压力。

5. 尽你所能与你的领导保持经常性的无障碍接触。与他生活在一起,就餐时或者有人在场时你可以自然地待在他的帐篷里。正式拜访并提出建议的效果反而不如闲聊中时不时顺口说出的想法。当权势更大的沙伊赫们首次光临布置任务时,帐篷要清场。如果他们的第一印象是外国人得到了谢里夫的信任,那将给阿拉伯人带来巨大伤害。

6. 避免与上司的下属过从甚密。与他们持续的接触会使你不可能免于私议或逾越阿拉伯指挥官基于你的建议下达给他们的指令,如此暴露他职位的弱点将会彻底摧毁你自己的职位。

7. 轻松随意地对待你队伍中的下级军官。你以这种方式居高临下。如果领导是一个谢里夫,那么待之以礼。他会回之以礼,你与他彼此相像,高于其他人。在阿拉伯人之间,优先权(Precedence)是一件极其严肃的事情,你必须得到它。

8. 你最理想的位置就是你在场但不被注意。不要太亲密,太扎眼,或者太热情。避免太久或太经常地被视为任何部落酋长的同伙,即便他是远征军的指挥官。为了工作你必须超越嫉妒。如果你与一个部落或宗族,以及它们不可避免的的死对头有勾连,你就会失去特权。谢里夫超越血仇与地方敌对势力之上,是构成统一阿拉伯各部族的唯一原则。因而,让你的名字始终与一位谢里夫的名字相连,分享他对部落的观点。行动到来的时刻,公开置身他的麾下。贝都因人会有样学样。

9. 放大并扩展正在形成中的把谢里夫们(Sherifs)视为阿拉伯土生土长的贵族的观念。部落间的妒忌使得任何沙伊赫(Sheikh,酋长)都不可能获得领导位置,统一阿拉伯游牧部落的唯一希望是把阿什拉夫(Ashraf)公推为统治阶层。谢里夫们就其举止和生活而言半是城里人半是游牧人且拥有统治的本能。但仅靠优点和金钱不足以赢得确认:阿拉伯人尊崇血统,先知寄希望于阿什拉夫的最后成功。

10. 无论公开还是私下都要称呼你的谢里夫为"希迪"(Sidi)。其他人可以直呼其名，无需挂上头衔。在私密谈话中称一位沙伊赫为"阿卜阿纳德"（Abu Annad），"阿克红阿利亚"（Akhu Alia），或者其他类似的绰号。

11. 外国人和基督徒在阿拉比亚不受欢迎。不管你受到多么友善和不拘礼节的接待，始终牢记你的根基并不牢靠。晃动你跟前的谢里夫就像晃动一面旗帜，藏起你的心思和个性。如果你成功了，你将拥有几百公顷国土，统帅数千子民，仅凭这一点就值得出卖你的外在举止。

12. 保持幽默感。你每天都需要它。干巴巴的反讽是最有用的类型。见机行事而非无所顾忌将会双倍影响领导者。如果把指摘包装在微笑下面，它将比最狂暴的言词推进得更远，持续得更久。模拟或戏仿有其价值，但要少用，因为它远比幽默高雅。不要引发对一个谢里夫的嘲笑，除非在谢里夫们之间。

13. 决不要对一个阿拉伯人动粗——你在自降身价。或许你认为因此而明显增进的外在尊重会给你加分，其实你所做的只是在你和他们的内在自我之间筑起了一堵墙。如果全都搞砸了的确很难让你保持沉默，但你越能控制脾气，对你就越有利。无论如何，你自己不能失控。

14. 贝都因人很难驱使，但易于引领，如果你有足够的耐心与他们周旋的话。越少明显干涉，你就越有影响。他们愿意听从你的建议，也愿意做你希望他们去做的事情，但他们并不愿意你或者其他人意识到这一点。只有自净其心，你才会发现他们心底深处对善良意志的真正热爱。

15. 不要凡事都亲力亲为。你做得完美无缺不如他们的差强人意。这是他们的战争，你只是帮助他们，并不是代他们赢得战争。事实上，在阿拉比亚极端怪异的环境下，你的实际工作或许不如你认为的那么好。

16. 如果可能，无需过分大方，提前准备好礼物。恰如其分的礼物对赢得多疑酋长的信任最为有效。没有回礼就不要接受礼物，你可以暂缓回礼（但要让他们知道你绝对会回礼），如果你需要赠予者为你做特定服务的话。不要让他们冲你要东西，因为贪婪只会让他们把你视为一头下奶的牛。

17. 与一个部落人在一起的时候一定要佩戴阿拉伯头巾。贝都因人对帽子有一种恶意的偏见，认为我们坚持佩戴帽子（或许起源于对口述的英式执念）是基于某些不道德或者非宗教的原则。厚重的阿拉伯头巾是防晒佳品，如果你在公开场合戴了一顶帽子，那么你最好的阿拉伯朋友都会为你感到羞耻。

18. 不建议伪装。除非在特定场合，否则要让他们清楚地知道你是英国军官和基督徒。与此同时，在与部落人交往时如果能身着阿拉伯服饰就会赢得身着制服所不可能赢得的信任和亲近。不过，这样做也是危险和困难的。如果你穿得像他们一样，他们对你就不会有特殊的准入。沙滩禁忌不会针对一个外国人，但会针对身着阿拉伯服饰的你。你就像一个演员那样置身异域的舞台,连续数月夜以继日地扮演着某一个角色,没有休息,如履薄冰。完全的成功可遇不可求,那意味着阿拉伯人已经忘记了你的陌生性,会当着你的面畅所欲言,把你视为他们中的一员;一半的成功(我们绝大多数人更愿意去争取——另外一种代价太高)对英国人来说更易获得,不论身心你都会在他们所认为的舒适中坚持得更久。并且一旦你被土耳其人捕获,他们也不会绞死你。

19. 如果要穿阿拉伯服饰就穿最好的。衣服在部落中非常重要,你必须穿着得体,在他们之中轻松自如。如果得到允许,那就穿得像一个谢里夫。

20. 既然身着阿拉伯服饰,不如干脆做一个阿拉伯人。把你的英国朋友和习俗留在岸上,完全依从阿拉伯的习惯。一旦开始与阿拉伯人坦诚相对,那么欧洲人就可以在阿拉伯人自己的游戏中击败他们,因为我们的动机更强,比他们更用心。如果能胜过他们,你就向彻底的成功跨出了一大步。但是,用一种陌生的、半懂不懂的语言去生活和思考的劳累,野蛮的食物,奇怪的衣服,更加奇怪的生活方式,完全没有隐私和安宁,甚至不可能明白连续数月用心模仿他人的意义,都为你平添了与贝都因人、天气、土耳其人打交道的通常困难之外的压力。鉴于这一切,没有深思熟虑就不要选择这条道路。

21. 宗教上的争论是常有的事。随性说出你的观点,避免批评他们的观点,除非你知道观点是外在的,你可以付之有力的证明从而明显处于上风。伊斯兰教对贝都因人来说就是一种如此无孔不入的元素，以致虔敬内涵其中，没有热情，无需依据外在做出判断。不要基于他们的行动就认定他们粗心大意。他们对其信仰的真理深信不疑，如此紧密和深刻，几成无意识。他们的宗教对他们来说就像睡眠或食物一样自然而然。

22. 不要去尝试强推你的战争知识。汗志人讨厌常规战术。尽可能透彻而迅速地掌握贝都因人的战争原理，在了解他们以前，你的建议对谢里夫没有好处。数不清的历代部落突袭教会了他们远非我们能够知晓的某些业务。他们在熟悉的条件下会打得很好，但陌生的事件会引发恐慌。保持较小规模的战队。他们的袭击团队通常从一百人到两百人不等，如果你组建了一个庞大的团队，那只会让他们困惑。另外，擅长统领团队突击队的酋长们还没有开明到要去学习应对相当于数个步兵营或炮兵营的兵力。不要尝试非常之事，除非诉诸贝都因人本就强大的体育本能，或者成功显而易见。如果目标让他们中意（战利品），他们会像恶魔那样进攻。他们是了不起的侦察员，其机动性会给予你赢得区域战争的优势，并且会充分利用自己对国家的了解（不要把部落人带到他们不熟悉的地方）和瞪羚猎手，后者构成优势兵力的一部分，是击杀可见目标的神枪手。一个部落的酋长不能向另一个部落人发号施令。一个谢里夫有必要统帅一支混合的部落武装。如果战利品举目可见，并且机会均等，那你就赢了。不要浪费贝都因人的进攻堑壕（他们不能忍受伤亡），或者试图去防守一个阵地，他们做不到静若处子。你越能入乡随俗就越不正统，也就越有可能掌控土耳其人,鉴于他们缺少主动权,指望你也会如此。不要止步雷池。

23. 贝都因人给予你的有关行动或不行动的公开理由可能是真的,但总是有更好的理由供你去分别。在你的论证成形之前,你必须发现这些内在理由(它们会被拒斥,但依然有效)。幻觉比逻辑推导更有效果:他们不喜欢简练的表达。他们的心灵一如我们的心灵,但基于不同的前提。对阿拉伯人来说,没有什么是无理由的,不可理解的,或者不可思议的。如果你对此类事情经验老到,对他们的偏见了然于胸,那么在几乎每一件事情上你都能预知他们的观点和可能的行动。

24. 不要搞混贝都因人和叙利亚人,受过训练的人和部落成员。不然你会两头落空,因为他们彼此憎恨。我从未见过一例成功的合作,倒是目睹了不少失败的例证。尤其土耳其军队的前官员,无论他们在情感、血统和语言上有多么的阿拉伯,他们都绝无希望与贝都因人厮混在一起。他们在战术上心胸狭窄,不可能调整自己以适应非正规战争,他们在阿拉伯礼仪上笨拙异常,且自命不凡到如此地步,以致哪怕对部落人保持几分钟的彬彬有礼都不可能,他们在行动上毫无耐心,通常在路上也毫无希望。你的命令(如果你不明智到要去颁发命令的地步)更有可能被贝都因人,而不是被信奉默罕默德的叙利亚军官遵守。阿拉伯城里人和阿拉伯部落成员视彼此为穷亲戚——穷亲戚比素昧平生的穷人更让人讨厌。

25. 避免肆意地谈及妇女,尽管普通的阿拉伯人也有口无遮拦之辈。这个话题像宗教一样困难,他们的标准与我们的标准判然有别,英语中无伤大雅的评论在他们看来多有冒犯,一如他们的某些说法如果照直翻译,对我们来说同样如此。

26. 对待仆人之事要慎之又慎。如果你想要一个世故老练的仆人,你不得不选择一个埃及人,或者一个苏丹人,除非你非常幸运,否则他会让你前功尽弃。阿拉伯人会为你煮食米饭和咖啡,如果是清理靴子或者洗衣服这类特别不男人的活儿,他们会留给你自己。汗志的奴隶是最好的,但规则禁止英国主人拥有他们,所以只能出借给你。不管怎样,去乡下的时候都要带一个或两个埃及人在身边,他们是阿拉比亚最有用的向导,深通骆驼的习性。

27. 与阿拉伯人相处的关键是坚持不懈地研究他们。始终保持警觉;绝不说任何不合适的话,绝不做任何不必要的事;始终盯紧你自己和你的同伴:充耳就闻,探究表面下的一切,阅读他们的性格,找到他们的品位和他们的弱点,对你发现的一切守口如瓶。埋头在阿拉伯的圈子中,除了手头的工作,对其他无关的一切充耳不闻,如此这般你的头脑就会只沉醉于一件事情,你会对你的职责领会得足够深刻,从而不会因为轻微懈怠而多做几周的工作。一分辛劳一分收获。

文献缩写表

AD   John E. Mack，A Prince of Our Disorder，Harvard University Press，1998.

CCII   T. E. Lawrence，Crusader Castles，Michael Haag，1986.

CCI   T. E. Lawrence，Crusader Castles，Oxford University Press，2004.

D   T. E. Lawrence，The Diary of T. E. Lawrence 1911，BN Publishing 2008.

HLLB   The Home Letters of T. E. Lawrence, and his Brothers, The Macmi-llan Company，1954.

IL   Stephen E. Tabachnick & Christopher Matheson，Images of Lawrence, Jonathan Cape，1988.

LA   Jeremy Wilson，Lawrence of Arabia，William Heinemann Ltd，1990.

LB   Robert Graves and Liddell Hart，T. E. Lawrence to his Biograp-hers，1963.

LF   T. E. Lawrence by his Friends，Ed. by A. W. Lawrence，1937.

LL   The Letters of T. E. Lawrence，Ed. by David Garnett，1938.

LSL   The Selected Letters，Ed. by Malcolm Brown，Paragon House，1992.

L   T. E. Lawrence，Letters to E. L. Leeds，The Whittington Press，1988.

M   T. E. Lawrence，Minorities，Doubleday & Company，Inc，1972.

OH   T. E. Lawrence，The Odyssey of Homer，Oxford University Press，1991.

RD   T. E. Lawrence，Revolt in the Desert，The Folio Society，1986.

SDA   T. E. Lawrence，Secret Despatches From Arabia，Bellew Publishing，1991.

SPO   T. E. Lawrence，Seven Pillars of Wisdom，The complete 1922"Oxford" Text，J. and N. Wilson，2004.

SPS   T. E. Lawrence，Seven Pillars of Wisdom，Penguin Books，1976. Subscri-bers' edition.

TM   T. E. Lawrence，The Mint，Jonathan Cape，1973.

WP   T. E. Lawrence in War and Peace，Ed. by Malcolm Brown，Greenhill Books，2005.

WZ   C. Leonard Woolley and T. E. Lawrence，The Wilderness of Zin，Stacey International，2003.

后　记

　　暮色时分,我坐在"温盖特广场"旁边的一家酒吧里,谋划着如何为《阿拉伯的劳伦斯:空间的游戏》撰写"后记"。这个广场以奥德·温盖特(Orde Wingate)命名,他是劳伦斯的远亲,也是劳伦斯曾经的上司雷吉纳尔德·温盖特爵士(Sir Reginald Wingate)的堂侄。丘吉尔对奥德称赞有加,说他是"一个本应举足轻重的天才",却因为"过分疯狂而难委重任"。奥德批评《智慧七柱》,认为劳伦斯浪漫化了战争,厌恶别人赠予的"苏丹的劳伦斯"的名号,似乎劳伦斯对他毫无影响。而事实刚好相反:他招供或回避劳伦斯影响的方式就是刻意地与其不同,比如,劳伦斯协助阿拉伯人,温盖特就支持犹太人,加上作为特种部队的先驱,奥德深刻地影响了犹太人,后者感念不忘,于是有了这个广场。当温盖特说"流行是贫弱的记号"时,或许他还在心情复杂地惦记着自己的那位远亲。

　　酒吧里没有几个人,一个人在浏览一份希伯来报纸,另一个人正对着窗外的夕阳发呆,手里拿着一杯啤酒。老板沉默寡言,并不殷勤,让我想起多年前的达勒姆。我至今还清楚地记得那座清幽古城中冷清的莎士比亚酒馆,傍河的意大利餐馆中的烤鱼和啤酒,蜿蜒地消失在浓荫背后的无声河流,举目可见的那座罗曼式教堂的方形双塔,以及我匆忙滞留一晚的达勒姆城堡。城堡的房间非常简陋,房内只有一张桌子,一把椅子,一张小床,房间有轻微发霉的气息。窗口窄小,装有铁制窗棂,我站在窗前,囚徒似地张望着对面的达勒姆大教堂,不由地想起被囚禁在巴士底狱的萨德侯爵。同样的情景在多塞特再次被复制。2011 年夏天,我动身前往多塞特。临行前一个英国朋友告诉我那里民风彪悍,让我多加留意。途中我在多切斯特稍作停留,想感受一下哈代的城市。遍寻一遭我未能找到哈代的痕迹,只在一个小店偶遇一张卡片,上面刻印着爱因斯坦让人会心的名言——只有两件事情无穷无尽:无边的宇宙和人类的愚蠢。一个英国姑娘看我一脸迷茫,问我是否需要帮助? 我谢绝了她的好意,但至今还清楚地记得她闪亮的双眼和明媚的笑容。那天晚上我投宿在 Wareham 的一家酒店,准备次日徒步去往劳伦斯在"云山"的小屋,途中会经过博文顿(Bovington)军营。我的背包里提前塞了一本的 W. G. 塞巴尔德的《土星的光环》,那位"条顿博尔赫斯"是我那个时期反复阅读的作家。我喜欢他装模作样的学究派头,看上去轻微落魄,不修边幅,以及文与图的赋格,绝妙的互文,伸手可及的忧伤。他像劳伦斯那样看上去在讲述历史和事实,其实在刻画自己的幻想和想象。当然,谁都知道那只是他的面具,藉此把尖利的创造力隐藏在让人惬意的庸常和"真实"之中。其实途中没有时间阅读,带一本书在身边只是为了增加安全感,就像行走时手擒一根拐杖那样。英军的坦克不时在我身边轰然而过,加上士兵投向一个外国人的犹疑眼光,我的后脑不禁泛起一阵凉意。参观者络绎不绝涌向劳伦斯在云山的房子。卧室质朴无华,让人一睹难忘。后来的我常常会毫无根由地想起房间里那个朴素的烛台和壁炉,以及楼上的唱机。卧室的中央是一张床,周围的书架上堆满了各种图片、画像和书籍,劳伦斯趴在床上阅读《尤利西斯》的照片不时会浮现在我的脑际,尽管那张照片摄于军营,那是在卡拉奇,时间是他写作《铸造》期间。我拨开人群,仔细地从头到尾审阅了他的藏书。我满腹狐疑,不知道那些书籍算不算"现成品"?

我饥肠辘辘地回到 Wareham 的时候已经暮色四合。稍事休息后我去了附近一家餐馆就餐,据说劳伦斯生前经常光顾那里。我选择了一个靠窗的位子坐下,吃惊地发现左手的墙上赫然写着几个字:"'阿拉伯的劳伦斯'曾在这个位子上消磨过许多惬意的咖啡时光。"我坐在他曾经坐过的那个位子上,顿感一阵茫然,似乎劳伦斯就在目前,但却不知道该对他说些什么?我盯着夜晚空寂的街道,思绪杂乱,无以言表。不过,有一点我很确定:绝不能告诉他说自己写了一本关于他的书,否则会立马被干掉。街道的尽头是圣马丁教堂,里面安放着埃里克·坎宁顿为劳伦斯镌刻的波特兰石灰岩全身雕像。除了各种隐喻,劳伦斯"但丁式的鼻子"也一并被完美呈现。像劳伦斯一样,我对教堂质朴无华的建筑喜爱有加,曾试图进入,不巧因礼拜关闭。我深夜时分才疲惫不堪地回到了旅馆,楼下的酒吧依旧灯火辉煌。顾客不多,都自顾自地呆坐在自己的角落里:此情此景似曾相识,之前和之后的经历会不断地在不同的空间中自动复制这种场景,多少会让人想起爱德华·霍珀让人心碎的酒吧。我向神情冷漠、烈焰红唇的老板娘要了一杯雪莉酒,随便跟她交谈了几句,然后起身回房。那是我喝过的最好的雪莉酒。我疲惫已极,但辗转反侧,难以成眠。无序的时间节点纷至沓来,次第而至的时间就是空间的铺陈:100年前,劳伦斯带领阿拉伯人攻陷大马士革,离开大马士革前,劳伦斯拜谒了萨拉丁,尽管十字军败于后者之手。738年,依据洛夫克拉夫特,光天化日之下,叙利亚的疯狂诗人阿卜杜·阿尔哈萨德被不可见的怪物吞噬。有一点其实经常被忽略,洛夫克拉夫特与其他同类作者其实判然有别,他是一位风格圣手:让人沉醉的英文拥有一种难以言传的节律。乍一看去,洛夫克拉夫特的文字与他所刻画的事物有一种刻意的对比,事实上他沉着的风格与他所呈现的超验恐怖正相谐和。洛夫克拉夫特的文字精简、洗练、克制,韵律不易觉察,但却无所不在,看似平淡无奇,其实诡异难测,较之他的大师埃德加·爱伦·坡毫不逊色。洛夫克拉夫特从容不迫的笔法预示着他对阿尔哈萨德,不可见的怪物,自己的身后之名无不深信不疑。名声对洛夫克拉夫特来说就是捕捉虚拟之物,是凌空攫取,不啻他正在草拟的小说。710年前的1208年,苏赫拉瓦迪(Shihab al-Din Yahya Suhrawardi)在阿勒颇被萨拉丁斩首(依据 Mehdi Amin Razavi)。传奇的苏赫拉瓦迪不仅创立了"照明学派",而且还分析蚂蚁的语言,书写"鸟的论文",并且试图矫正伊本·西拿的亚里士多德主义,最后被抗击十字军的苏丹处决。苏赫拉瓦迪究竟是哲学家还是神秘主义者其实无从判定,况且神秘主义一向无从判定:昂利·科斑投身伊斯兰神秘主义研究之前曾专程赴弗莱堡拜会了"神秘主义者"海德格尔,完全无视海德格尔对神秘主义的回避。后者对西方哲学史了如指掌,对谢林推崇有加,但对普罗提诺不置一辞,极少谈及埃克哈特大师,更不用说雅克布·伯麦(Jakob Böhme)了。但是,如果没有后三者,谢林几乎不可想象。在似睡非睡的某个时刻,不可言喻的镜头从我脑际一闪而过:1920年3月,罗伯特·格里夫斯第一次见到了 T. E. 劳伦斯,后者那时候正与牛津全灵学院的一位教授讨论叙利亚的希腊哲学家对早期基督教的影响,尤其加利利湖旁边的加大拉大学的重要性,他还提到圣詹姆斯曾在书信里援引过一位加大拉哲学家,格里夫斯认为那位哲学家就是麦那萨库斯(Mnasalcus)。像过往的失眠岁月一样,我在迷迷糊糊中捱到凌晨,然后在章法全无的闪回中精疲力竭,最后昏然睡下。我梦中的景象是加利利湖边的烤鱼。多年以后当我和友人在加利利湖边品尝烤鱼的时候我不由自主地想起了那个梦。

当天晚些时候我乘车从多塞特赶回哈德福德,到站时天色已晚,暴雨如注。我独自从公交车下来,雨幕淹没了村庄,要穿过一条泥泞小路才能到达我住的地方。我费力地在那条小路上挣扎前行,周遭空无一人,只能听到雨声和我的双脚陷进泥水里的声音。路过平时购物的那家超市时，我依稀能看到里面尚有人影闪动，就在那一刻，我不知为什么略微感到一丝安宁。很多年后我已无法确定那是回忆还是想象？不知道是梦中景象还是真实事件？或许在某个未知车站等车时的那种忐忑会让我更加确定，因为那种感觉极度陌生又似曾相识，就像我在狂风暴雨中乘火车穿过整个苏格兰抵达一个不知名小岛时的感觉。我再也想不起那个小岛的名字，与当年的房东也已失去联系，但那种茫然无助却又欣喜莫名的感觉一如昨日。在写给我的最后那封信中，房东告诉我说 Cleo 死了：她止于陈述事实，没有附着任何情感。在以后的岁月中我时常会想起那只猫，在我滞留哈德福德的一年间，她总是跟前跟后，每当我坐在沙发上阅读的时候，她都会一声不响地蜷缩在我的腿上。

酒馆老板招呼顾客的希伯来语把我从思绪中唤回，才猛然想起要写"后记"的事情。我从未写过后记，不知如何下笔，只好就此作罢。放弃的那一刻顿觉轻松异常，并且无端地想起我的外公；当我还是个少年的时候他曾经向我说起风烛残年的自己：怯懦让我长寿。或许那是我的"白日梦"，或许是的，或许不是，我不知道，也不确定。

阿　难

2018 年 10 月 1 日　耶路撒冷

图书在版编目(CIP)数据

阿拉伯的劳伦斯：空间的游戏/阿难著.—上海：上海三联书店,2020.6

ISBN 978-7-5426-7033-5

Ⅰ.①阿… Ⅱ.①阿… Ⅲ.①劳伦斯(Lawrence, Thomas Edward 1888-1935)-人物研究
Ⅳ.①K835.615.2

中国版本图书馆 CIP 数据核字(2020)第 063740 号

阿拉伯的劳伦斯：空间的游戏

著　　者／阿　难

责任编辑／黄　韬
装帧设计／徐　徐
监　　制／姚　军
责任校对／张大伟　王凌霄

出版发行／上海三联书店
　　　　　(200030)中国上海市漕溪北路331号A座6楼
邮购电话／021-22895540
印　　刷／上海展强印刷有限公司

版　　次／2020年6月第1版
印　　次／2020年6月第1次印刷
开　　本／890×1240　1/32
字　　数／250千字
印　　张／9.125
书　　号／ISBN 978-7-5426-7033-5/K·580
定　　价／58.00元

敬启读者,如发现本书有印装质量问题,请与印刷厂联系 021-66366565